한유민의 그럴법한 생활법률 특강

한유민의 그럴법한 생활법률 특강

한유민 · 조태욱 지음

휴먼큐브

법률의 부지不知는 용서받지 못한다

법(法)

명사 국가의 강제력을 수반하는 사회규범. 국가 및 공공 기관이 제정한 법률, 명령, 규칙, 조례 따위이다.

표준국어대사전에 나와 있는 법의 정의입니다. 이렇게만 놓고 보면 법은 우리와 아주 먼 것처럼 느껴지고, 가까이 갈 일이 없도록 하는 것이 바람직한 것처럼 느껴집니다. "법대로 하자"라는 말이 "제대로 싸워보자"라는 의미로 쓰이는 것을 생각하면 더욱 그렇습니다. 하지만 현실은 그렇지 않습니다.

"임차한 사무실에 비가 샙니다."
"종업원이 휴대폰과 카메라에 음료수를 쏟았습니다."
"상속에 관해 궁금한 점이 있습니다."

"제가 체불임금을 회사 명의로 공증을 받아놓은 게 있어서……"

"휴대폰 계약 위반에 관한 법률 문의 드립니다."

법률구조공단 홈페이지의 상담 게시판에서 흔하게 볼 수 있는 글들의 제목입니다. 이렇듯 법에 대한 우리의 인식과 달리 우리는 일상생활에서 법의 도움을 받아야 하는 수많은 상황에 맞닥뜨리게 됩니다. 하지만 정작 법의 도움이 필요한 상황에서는 법을 잘 알지 못해 제대로 대처할 수 없는 경우가 많습니다. 공부를 하고 싶어도 용어가 난해할 뿐 아니라 분량도 방대해서 일반인들이 공부하기는 쉽지 않습니다. 우리의 일상에 가장 가까이 있는 법 중 하나인 민법 같은 경우는 법대생들 사이에서도 "민법 기본서는 위험한 물건, 살상용으로 제작된 건 아니지만 사람을 살상할 수도 있는 물건이다"이라는 농담이 있을 정도로 방대한 분량을 자랑하니까요.

그렇지만 법이 너무 어렵다고 법을 모르는 채로 살아갈 수는 없습니다. 로마 격언 중 "Ignorantia legis neminem excusat"라는 말이 있습니다. "법률의 부지不知는 용서받지 못한다"는 뜻이지요. 인간이 공동체를 이루고 살아가는 데 필요한 약속을 모르고 살다가 어느 날 뭔가 잘못을 저질렀을 때 "나는 그런 법이 있었는지도 몰랐다"고 억지를 부리거나 우긴다고 해서 법의 심판을 피해갈 수 없다는 말입니다. 비슷하지만 조금 다른 말로 "Vigilantibus non dormientibus æquitas subvenit"라는 말도 있습니다. "깨어 있으라, 잠자는 권리는 보호받지 못한다"라는 말인데, 흔히 "권리 위에 잠자는 자는 보호받지 못한다"라고 알려져 있습니다. 권리를 찾기 위해 노력하지 않으면 권리를 보호받을 수 없다는 것이죠.

이렇듯 혹시나 나도 모르는 사이에 잘못을 저지르지 않기 위해서, 또 나의 권리를 알고 지키기 위해서는 법을 알고 이해하는 것이 필수적입니다. 법은 사회 질서를 유지하고 인권 보장과 정의 구현을 위해 반드시 필요한 것이죠. 그러나 최근 실시한 국민 법의식 조사 결과에 따르면, 대다수 국민들은 법이란 권위적이고 친근하지 않으며 법대로만 산다고 해서 훌륭한 것은 아니라고 대답하는 등 법에 대한 부정적인 인식이 강했습니다. 이런 부정적인 인식은 권위주의 시대를 거치면서 형성된 국가에 대한 무조건적인 거부감과 사회 지도층의 잦은 탈법 행위 등 여러 가지 요인이 작용해 형성되었다고 할 수 있습니다. 하지만 무엇보다 중요한 것은 법이 우리의 생활 속에 살아 숨 쉬고 있다는 인식을 심어주는 실용적인 법 교육이 제대로 이루어지지 않았기 때문입니다.

법은 추상적인 것이 아니라 구체적이고 실천적인 것입니다. 기본적인 법률 상식만 있어도 해결할 수 있는 문제인데도 제대로 대처하지 못해 피해를 당하는 사례를 접할 때마다 안타까움을 금할 수 없습니다. 이런 이유로 법을 보다 쉽고 재미있게 접할 수 있게 해주는, 법을 편리한 생활 도구처럼 유익하게 사용할 수 있는 안내서가 있으면 좋겠다는 생각이 들었고, 그래서 이 책을 펴내게 되었습니다.

이 책의 구성을 보면, 일상 관련 법률은 크게 민법과 형법으로 나누었습니다. 민법 부분은 착오에 빠져 계약을 한 경우, 온라인 쇼핑몰에서 환불을 하고자 하는 경우, 밥솥을 구매했는데 밥솥에 하자가 있어서 피해를 입은 경우와 같이 일상생활에서 흔히 접할 수 있는 사례를 위주로 구성했습니다. 형법 부분에서는 채무불이행과 사기의 차이, 형사 합의금과 보험금의 관계, 교통사고 처리 절차 등 자칫 실수해서 입을 수 있는 피해를 어떻게 막을 수 있는지 설명했고, 그 뒤에는 비즈니스 속 법률을 통해서 사업 중에 겪을 수 있는 법적 문제를 다뤘습니다. 어려운 법률 용어는 각 케이스의 마지막에 있는 상식 박스와 부록에서 설명하여 보다 쉽게 이해할 수 있도록 했습니다.

아마 저 혼자만의 힘으로는 이 책이 완성될 수 없었을 것입니다. 이 책의 시작과 끝을 책임져준 휴먼큐브 출판사 황상욱 대표님, 책 집필 시작부터 완성까지 무려 1년 가까운 시간 동안 응원해준 사랑하는 아내와 어여쁜 채원, 지원, 연우, 윤호, 자료 수집과 구성에 도움을 준 윤석기 법무관, 김희진, 오세현, 정승화 조교에게 감사드립니다.

한때 '법 없이도 살 사람'이라는 말이 칭찬이었던 때가 있었지만, 이제 그런 시대는 지나갔습니다. 이제는 법을 알아야 나에게 혹시나 닥칠 수 있는 위기를 이겨낼 수 있는 시대입니다. 이 책을 읽으시는 여러분이 이 책을 통해 법을 보다 가까운 것으로 느끼고, 또한 법에 쓰여 있는 나의 권리를 당당하게 주장하실 수 있게 되기를 진심으로 소망합니다.

2014년 가을비 내리는 밤 연구실에서
한유민·조태욱 드림

이 책을 읽기 전, 나의 법률 상식 지수는?

모든 국민은 인간으로서의 존엄과 가치를 가지며, 행복을 추구할 권리를 가진다. 국가는 개인이 가지는 불가침의 기본적 인권을 확인하고, 이를 보장할 의무를 진다. — 대한민국 헌법 제10조 —

"Ignorantia legis neminem excusat."
법률의 부지(不知)는 용서받지 못한다.

"Vigilantibus non dormientibus æquitas subvenit."
깨어 있으라, 잠자는 권리는 보호받지 못한다.

『한유민의 그럴법한 생활법률 특강』을 읽기 전에 내가 얼마나 법에 대한 상식을 갖추고 있는지 알아보도록 합시다. 아래 질문에 Yes 혹은 No로 대답한 후 정답을 확인해보고, 정답 문항에 1점씩 매긴 다음 점수를 합산하여 나의 법률 상식 지수를 확인해보세요.

01. 태아는 상속을 받을 수 없다.
□ Yes　　　　　　　□ No

02. 채권은 계약 당사자가 아닌 제3자에게도 주장할 수 있다.
□ Yes　　　　　　　□ No

03. 상품 안전성의 결함으로 손해를 입은 경우 제조자에게 과실이 있었음을 소비자가 입증해야 한다.
□ Yes　　　　　　　□ No

04. 저작권법 위반으로 벌금형을 선고받으면 민사상 손해배상은 하지 않아도 된다.
□ Yes　　　　　　　□ No

05. 집에 파손이 생겨 임차인이 이를 수리했을 경우 임대인은 반드시 그 수리 비용을 임차인에게 상환해야 한다.
□ Yes　　　　　　　□ No

06. 사업자가 임금 및 퇴직금을 지급하지 않는 것은 민사상 채무불이행에 해당할 뿐, 형사처벌의 대상은 아니다.
□ Yes　　　　　　　□ No

07. 온라인 쇼핑몰에서 "구매 3일 이내에만 구매 취소 가능"이라고 명시된 물품을 구입한 경우 구입 후 3일이 지나면 단순 변심에 의한 환불을 할 수 없다.

☐ Yes　　　　　　☐ No

08. 민사소송을 당했을 경우 상대방이 터무니없는 거짓말을 하고 있다면 법원에 출석하지 않아도 상대방의 주장은 법원에서 받아들여지지 않는다.

☐ Yes　　　　　　☐ No

09. 상속을 받을 때 피상속인의 적극재산(부동산, 은행예금 등)과 소극재산(빚 등의 채무) 중 소극재산에 대한 상속만을 포기할 수 있다.

☐ Yes　　　　　　☐ No

10. 자녀에 대한 친권이 소멸하면 법적으로 부모로서 인정받지 못한다.

☐ Yes　　　　　　☐ No

11. 사유재산 제도하에서 소유권의 행사는 제한 없이 인정된다.

☐ Yes　　　　　　☐ No

12. 신용카드로 할부 거래를 하면 매도인은 신용카드사로부터 매매 대금을 할부로 받게 된다.

☐ Yes　　　　　　☐ No

13. 민사상 채무불이행을 한 경우 반드시 사기죄로 처벌받게 된다.

☐ Yes　　　　　　☐ No

14. 형사상 합의를 하면 가해자는 죄목을 불문하고 그 처벌을 면하게 된다.

☐ Yes　　　　　　☐ No

15. 과실범도 원칙적으로 형사처벌 대상이다.

☐ Yes　　　　　　☐ No

16. 범죄 피해를 당했더라도 가해자들을 찾지 못하면 국가로부터 범죄 피해자 지원을 받을 수 없다.

☐ Yes　　　　　　☐ No

17. 10세 이상의 소년은 범죄를 저지를 우려가 있다는 이유만으로는 보호처분을 받지 않는다.

☐ Yes　　　　　　☐ No

18. 미성년자는 혼인을 했더라도 법정대리인의 동의가 있어야 유효한 법률행위를 할 수 있다.

☐ Yes　　　　　　☐ No

19. 프랜차이즈 업주와 가맹점 업주는 계약 관계에 있으므로 가맹점 업주는 프랜차이즈 업주의 요구 사항을 모두 따라야만 한다.

☐ Yes　　　　　　☐ No

20. 사자使者와 대리인은 법적으로 동일한 개념이다.

☐ Yes　　　　　　☐ No

정답은 다음 페이지에

[정답과 해설]

정답은 모두 No입니다.

01. 민법 제1000조 3항(태아는 상속 순위에 관해서는 이미 출생한 것으로 본다)에 따라 태아도 상속권을 갖습니다. 다만 무사히 살아서 태어날 때에 한합니다.

02. 채권은 계약 당사자에게만 주장할 수 있습니다. 제3자에게도 주장할 수 있는 것은 물권입니다.

03. 상품 안전성의 결함으로 손해를 입은 경우에는 제조사의 과실이 있었던 것으로 추정합니다. 제조자에게 과실이 없었을 경우에는 제조사가 이 사실을 증명해야 합니다.

04. 형사상 벌금형과 민사상 손해배상은 별개이기 때문에 벌금형을 선고받았더라도 피해자에게 별도로 손해배상을 해야 합니다.

05. 임차인이 주거로 사용하는 데 지장이 없는 사소한 정도에 불과한 경우에는 임대인이 이를 수선해주어야 할 의무가 없으므로 임차인은 임대인에게 그 비용의 상환을 청구할 수 없습니다.

06. 월급을 지급하지 않는 것은 민사상 채무불이행일 뿐만 아니라 근로기준법 위반 및 근로자퇴직급여 보장법 위반에 해당되어 형사처벌 대상입니다.

07. 온라인 쇼핑몰에서 물건을 구입했을 때 일부 품목에 해당하는 특별한 경우(복제가 가능한 품목의 포장을 훼손하는 등)를 제외하고는 구입 후 7일 이내에 환불할 수 있습니다.

08. 민사소송에서 법원에 출석하지 않으면 법원은 상대방의 주장을 전부 인정하고 이에 따라 판결하게 됩니다.

09. 상속을 받을 때에는 적극재산과 소극재산을 모두 상속받거나(단순승인) 모두 포기해야(상속 포기) 합니다. 적극재산과 소극재산 중 어느 쪽이 많은지 알 수 없는 경우에는 한정승인을 할 수 있습니다.

10. 자녀에 대한 친권이 소멸하더라도 법적으로 부모의 지위는 인정됩니다.

11. 소유권이 사유재산 제도의 핵심으로 아주 강하게 보장되는 것은 사실이지만, 남용할 경우 민법 제2조 2항(권리는 남용하지 못한다)에 따라 제한될 수 있습니다.

12. 신용카드로 할부 거래를 하면 매도인은 신용카드사로부터 매매 대금을 일시불로 받게 되고, 매수인은 신용카드사에 할부금을 매달 지급해야 합니다.

13. 사기죄로 처벌되기 위해서는 가해자가 피해자에게 고의로 기망행위를 하여 재산상 이득을 얻어야 합니다. 이러한 구성요건을 충족하지 않을 경우 민사상 채무불이행을 했더라도 사기죄로 처벌받지는 않습니다.

14. 형사상 합의를 했더라도 친고죄, 반의사불벌죄의 경우에만 처벌을 면할 수 있고, 합의 사실이 감형 사유는 될 수 있지만 반드시 처벌을 면하게 되는 것은 아닙니다.

15. 과실범은 원칙적으로 형사처벌 대상이 아니며, 법률에서 과실범을 처벌하도록 명시한 경우(과실치사, 과실치상 등)에만 형사처벌을 받습니다.

16. 범죄 피해자 지원은 가해자를 붙잡았느냐의 여부와 상관없이 '범죄 피해자 보호법'에서 정하는 바에 따라 받을 수 있습니다. 예를 들어 범죄 피해자 구조금 제도의 경우 범죄행위로 인해 사망 또는 중상해를 당하고서도 가해자가 누구인지 알 수 없거나 가해자에게 아무런 자력이 없는 관계로 피해의 전부 또는 일부를 보상받지 못하고 생계유지가 곤란한 사정이 있을 경우, 국가에서 범죄 피해자 또는 유족에게 일정한 금액의 구조금을 지급하게 됩니다.

17. 성격이나 환경에 비추어 앞으로 형벌 법령에 저촉되는 행위를 할 우려가 있는 10세 이상의 소년은 '우범소년'이라고 하여 보호처분을 받을 수 있습니다.

18. 미성년자가 혼인을 하면 민법 제826조의 2(미성년자가 혼인을 한 때에는 성년자로 본다)에 따라 성년자로 간주하게 되고, 법정대리인의 동의가 없어도 유효한 법률행위를 할 수 있습니다.

19. 우리 민법에서는 객관적으로 급부와 반대급부 사이에 현저한 불균형이 존재하고, 주관적으로 그러한 법률행위가 피해 당사자의 궁박, 경솔, 무경험을 이용하여 이루어진 경우에 이러한 불공정한 내용을 목적으로 하는 법률행위에 대해 무효로 한다고 규정하고 있습니다. 따라서 가맹점 업주는 프랜차이즈 업주가 심히 부당한 요구를 할 경우 이에 따를 필요는 없습니다.

20. 대리인은 대리권을 수여해준 본인(계약 당사자)의 이름으로 법률행위를 하여 본인과 상대방 사이에 직접 법률효과가 생기게 하는 지위를 가집니다. 반면 사자는 본인의 의사를 그대로 전달 및 표시하는 지위만을 갖습니다.

[결과 체크]

0 ~ 5점 : 법 없이도 살 수 있는 당신. 하지만 법률의 부지(不知)는 용서받지 못한다는 점도 기억하세요. 이제부터 법에서 나의 권리에 대해 뭐라고 말하는지 차근차근 알아가도록 합시다!

6 ~ 10점 : 이 시대를 살기 위해 필요한 생활법률 지식을 조금은 알고 있지만 어려운 문제가 나오면 이내 고개를 숙이게 되는 당신. 하지만 걱정 마세요. 이 책을 다 읽을 때면 당신의 생활법률 지식은 훨씬 업그레이드되어 있을 테니까요!

11 ~ 15점 : 내 권리를 지킬 수 있는 당신은 살면서 손해를 보지는 않을 사람. 하지만 더 많이 알아둔다면 더 많은 권리를 지킬 수 있겠죠?

16 ~ 20점 : 막강한 생활법률 지식으로 무장하고 현대사회를 헤쳐나가고 있는 당신은 어디에서도 꿀리지 않는 생활법률 박사. 하지만 방심은 금물! 이 책을 읽어보면서 나의 생활법률 지식을 다시 한 번 점검해봅시다.

Part 1

일상 속 법률_민사 편

Part 2

일상 속 법률_형사 편

Part 3

비즈니스 속 법률

Part 1

일상 속 법률
민사 편

법률행위란 무엇인가?

개리는 평소에 짝사랑하던 지효에게 화이트데이를 이용하여 고백하기로 결심했다. 그래서 개리는 사탕가게에 가서 가게 주인인 광수에게 5만원을 지불하고 예쁘게 포장된 사탕을 산 후 지효의 집 앞에 찾아가 지효에게 고백을 했다.

그런데 지효는 사실 예전부터 사귀던 남자가 있었고, 개리는 보기 좋게 지효에게 차이고 말았다.

집으로 돌아가는 길에 개리는 지효가 자신에게 학교 리포트를 대신 제출하게 하거나 밥을 얻어먹기만 하는 등 자신의 감정을 이용했다는 생각이 들자 화가 치밀어 올라, 옆에 주차되어 있던 종국의 자동차 앞문을 발로 차고 지나가던 도둑고양이에게 돌멩이를 던져 화풀이를 하면서 다시는 호구남이 되지 않겠다고 맹세했다.

개리는 화이트데이에 어떠한 법률행위를 한 것일까?

이 사례에서 먼저 알고 가야 할 법률 용어는 바로 '법률행위'입니다. 법률행위란 어떤 사람이 일정한 ※법률효과를 바라며 행한 행위로서, 당사자·목적·의사표시가 그 구성요건이 됩니다. 일상에서 수많은 법률행위가 일어나는데, 그중에 대표적인 예로 사과를 사고파는 행위를 들 수 있습니다. 손님이 사과를 구입할 목적으로 사과 주인에게 구입하겠다는 의사표시를 하고, 사과 주인이 이를 받아들여 사과를 팔려는 의사표시를 한다면 손님은 사과값을 지불할 의무와 사과를 받을 권리를 갖게 되는 것이지요. 이와 반대로 사과 주인은 사과를 줄 의무와 사과값을 받을 권리를 갖게 됩니다.

법률행위와 대비되는 개념으로 '사실행위'라는 것이 있습니다. 이는 위에서 말했던 법률행위의 구성요건인 당사자·목적·의사표시 중 하나의 요건이라도 부족하여 어떠한 법률효과도 발생하지 않는 행위를 말합니다. 예를 들면 법률행위의 당사자가 아닌 개구리가 뛰어다니는 행위, 어린아이가 아무런 목적도 없이 연못에 돌을 던지는 행위 등이 사실행위라 할 수 있습니다. 사실행위는 어떠한 법률효과도 발생하지 않기 때문에 어린아이가 연못에 돌을 던졌다 해도 어린아이에게 법적인 권리나 의무가 주어지는 것이 아니랍니다.

마지막으로 법률행위와 비슷하지만 조금 다른 '준법률행위'라는 용어도 있습니다. 준법률행위란 당사자의 의사와는 상관없이 법률에 의해 일정한 법률효과가 부여되는 것을 말합니다. 일상생활에서 자주 일어나는 대표적인 예로 불법행위를 들 수 있습니다. 가령 학생이 학교에 지각하여 급히 길을 뛰어가다가 앞에 있던 어린아이를 미처 보지 못하고 뒤에서 밀어 어린아이가 다친 경우, 학생은 아이와 어떠한 법률행위를 할 목적이 있었다거나 아이에게 법률행위를 바라는 의사표시를 한 바가 없다 하더라도 과실에 의한 불법행위가 성립되어 어린아이에게 손해배상을 해줄 책임을 지게 됩니다. 정리하자면, 법률행위의 구성요건이 결여되어 법률행위가 성립되지 않는 경우라 하더라도 권리를 부여하거나 의무를 지게 할 필요성이 있을 때에는 법률에서 법률행위에 준하여 법률효과를 부여하는 것이지요.

자, 그럼 지금 배운 법률 지식을 토대로 앞의 사례를 다시 살펴볼까요? 본 사례에서 개리는 우선 사탕가게에 가서 가게 주인인 광수와 매매계약을 하는 법률행위를 했습니다. 사탕을 구매한다는 의사표시를 광수에게 했고 광수가 이를 받아들여 매매계약이 성립되었기에 개리는 광수로부터 법률상 사탕을 받을 권리를 취득했고 동시에 광수에게 사탕값을 지급할 의무를 지게 된 것입니다. 개리는 대금 5만원을 지급함으로써 의무를 이행했고, 광수 또한 개리에게 사탕을 주었으므로 광수는 법률상 얻은 권리를 실현했다고 볼 수 있겠지요.

다음으로 개리는 종국의 자동차 앞문을 발로 찼습니다. 이를 법률적으로 따져본다면 개리는 종국의 자동차를 손괴할 목적으로 앞문을 발로 찼고 종국에게 어떠한 의사표시를 하지는 않았지요. 따라서 법률행위의 구성요건이 부족하기 때문에 이를 법률행위라고 볼 수는 없습니다. 하지만 개리의 위와 같은 행위는 준법률행위인 고의에 의한 불법행위가 되어 자동차를 파손한 부분에 대해 종국에게 손해배상을 해야 할 의무를 지게 된답니다. 또한 형법에 규정되어 있는 손괴죄도 성립하므로 종국이 개리를 고소한다면 개리는 *형사처벌을 면할 수 없습니다.

마지막으로 개리는 지나가던 도둑고양이에게 돌멩이를 던졌죠. 이를 법률적으로 본다면 개리는 주인 없는 고양이에게 상해를 가할 목적으로 돌멩이를 던진 것이고, 법률적으로 권리를 얻거나 의무를 질 의사표시도 하지 않았기 때문에 법률행위에 해당하지 않습니다. 따라서 이는 단순한 사실행위에 불과해 개리에게 아무런 법률효과도 발생하지 않는다고 할 수 있죠.

참고로 만일 고양이에게 주인이 있었다면 이는 준법률행위인 고의에 의한 불법행위에 해당하여 개리는 고양이 주인에게 손해배상을 해줄 의무를 지게 됩니다. 또한 형사적으로는 손괴죄가 성립될 수 있으며, 주인이 없는 동물이라 해도 상해를 입히는 경우 동물보호법에 따라 처벌될 수 있습니다.

상식 Box!

법률효과 : 법률상 권리를 얻거나 의무를 지는 효과. 법적으로 강제가 되지 않는 도의적인 책임과는 구별되며, 만일 법률상의 권리·의무를 이행하지 않을 때에는 민사소송을 통해 법적으로 이행을 강제할 수 있다.

형사처벌 : 형사는 민사와는 다르게 법률에 처벌 규정이 있어야만 처벌할 수 있는데 이를 '죄형법정주의'라 한다. A와 B 사이에 징역 1년을 살고 나오기로 계약했다 하더라도 어떠한 법률효과가 이루어지는 것이 아니고, 민사의 준법률행위처럼 법률에 처벌 규정이 있는 경우에만 형사적으로 처벌받게 되는 것이다.

태아도 권리 행사가 가능할까?

재석은 배우자 경은과 화목한 가정을 꾸리고 살아가는 직장인이다. 만삭인 배우자 경은의 뱃속에는 쌍둥이 하하와 홍철이 있다.

그런데 재석은 어느 날 퇴근길에 어떤 운전자의 과실로 인해 차에 치여 즉사하고 말았다. 재석의 사망 소식을 들은 배우자 경은은 정신적 충격으로 태아 중 하하를 유산했고, 이후 남은 태아 홍철은 무사히 태어났다.

이러한 경우 하하와 홍철은 운전자에게 아버지 재석의 사망으로 인한 손해배상청구권을 행사할 수 있을까?

이 사례에서 먼저 알고 가야 할 법률 용어는 '권리능력'입니다. 법률행위의 당사자가 될 수 있는 능력을 권리능력이라고 합니다. 즉 법적인 권리와 의무의 주체가 될 수 있는 능력을 뜻합니다. 이 권리능력은 자연인(사람)과 법인에게만 인정됩니다. 따라서 자연인 혹은 법인만이 법률행위의 당사자가 되어 법률행위를 할 수 있답니다. 그렇다면 아직 세상 밖으로 나오지는 못하고 어머니 뱃속에 있는 태아에게도 권리능력이 인정될 수 있을까요? 만약 인정한다면 어느 시점부터 권리능력을 인정받을 수 있을까요?

우리 민법은 제3조(권리능력의 존속기간)에서 "사람은 생존한 동안 권리와 의무의 주체가 된다"고 규정합니다. 생존이라는 것은 최소한 출생 이후를 의미하기 때문에, 우리 민법에 따르면 원칙적으로 태아는 권리능력을 가지지 못하는 것이지요. 단, 모든 권리능력이 부정되는 것이 아니고, 법률이 규정하는 특별한 경우에는 태아도 권리능력을 갖도록 규정하고 있습니다. 이러한 규정 형태를 '개별적 보호주의'라고 합니다. 우리 민법에서 태아에게 권리능력을 인정하는 경우는, ① 불법행위에 기초한 손해배상청구권 ② 상속 ③ *유증과 사인증여 ④ *인지청구권 등이며, 이러한 경우에 한해 태아는 법률행위의 당사자로 인정되어 권리능력을 얻게 됩니다.

그런데 위와 같은 일정한 경우에 태아에게 권리능력이 인정된다 하더라도 그 권리능력을 언제 인정할 수 있는지가 문제 될 수 있습니다. 만일 태아 상태일 때라도 권리능력이 인정된다면 부모가 태아를 법정대리하여 태아에게 권리를 주거나 의무를 지게 할 수 있는데, 이후에 사산하여 태아가 출생하지 않는다면 법적 안정성을 해칠 우려가 있기 때문이지요.

이에 대해 우리 판례는 태아 상태에 있을 때 권리능력을 인정하는 것이 아니라, 태아가 살아서 출생한다는 조건하에 법률행위가 있었던 시점으로 *소급하여 태아에게 권리능력을 인정하고 있습니다.

우리 민법에서 인정되는 상속을 예로 들어봅시다. 아버지가 사망하여 어머니 뱃속에 있는 태아가 재산을 상속했다 하더라도 태아가 사산으로 출생하지 못한다면 태아는 권리능력이 없어 상속의 법률효과가 이루어지지 않습니다. 하지만 태아가 살아서 출생하는 경우에는 아버지가 재산을 상속한 시점으로 거슬러올라가 그 시기에 태아에게 권리능력이 있었던 것으로 소급 적용하여 태아는 그 시점에 재산을 상속받게 되는 것입니다.

자, 그럼 지금 배운 법률 지식을 토대로 앞의 사례를 다시 살펴볼까요? 일단 이 사례에서 재석의 배우자인 경은은 자연인으로 사고를 낸 운전자에 대해 손해배상청구권을 갖는다는 점은 반박의 여지가 없지요. 문제는 운전자의 불법행위 당시 자연인이 아닌 태아였던 하하와 홍철의 경우인데, 이 사례는 운전자의 불법행위에 의한 손해배상청구권이 문제가 되므로 태아에게 권리능력이 인정되는 경우에 해당됩니다.

그런데 태아 하하의 경우에는 살아서 출생하지 못했기 때문에 권리능력이 인정되지 않으므로 하하는 법률행위의 당사자가 될 수 없어 아무런 법률상 권리가 없고, 때문에 운전자의 불법행위에 대한 손해배상청구권을 취득하지 못합니다. 태아 홍철의 경우에는 살아서 출생했기 때문에 권리능력이 인정됩니다. 따라서 아버지 재석이 사고로 사망한 당시에 홍철은 출생한 것과 같이 권리능력이 인정되므로 법률상 당사자가 될 수 있고, 태아 홍철은 아버지 재석의 사망으로 인한 정신적 고통으로 발생한 손해를 가해자에게 청구할 수 있겠지요. 또한 태아 홍철에게는 상속권도 인정되므로 가해자에 대한 아버지 재석의 손해배상청구권을 상속받아 행사할 수도 있을 것입니다.

상식 Box!

유증과 사인증여 : 유증은 유언에 의하여 유산의 전부 또는 일부를 무상으로 타인에게 주는 행위이며, 사인증여는 증여자가 생전에 맺은 증여계약으로 이루어지는 무상증여로서 그 효력은 증여자의 사망 후에 발생한다.

인지청구권 : 혼인 외의 출생자에 대하여 생부 또는 생모가 자기의 아이라고 인정함으로써 법률상의 친자 관계를 발생시키도록 하는 인지를 청구할 수 있는 권리를 말한다.

소급 : 과거까지 거슬러올라간다는 뜻으로, 특정한 기간 그 이전 모두를 포함한다.

성관계를 대가로 돈을 받았다면?

현재 고등학교에 재학 중인 여학생 서현(17세)은 스마트폰 채팅 앱을 통해 대기업에 다니고 있다는 회사원 영욱(35세)을 알게 되었다. 서현은 평소 학교폭력에 시달려 우울증을 앓고 있었는데 영욱이 자신의 말을 잘 들어주고 따뜻한 말로 격려해주자 영욱에게 호감을 가지게 되었고, 서현과 영욱은 만나서 밥도 먹고 영화도 보는 사이가 되었다. 그러던 중 영욱이 서현에게 오빠 동생 이상의 관계로 발전하고 싶다면서 자신과 성관계를 할 시에는 용돈 조로 한 달에 50만원을 주겠다고 제의했고, 평소 놀기를 좋아하던 서현은 이를 거절하지 못하고 50만원을 받아 그날 나이트에서 전부 써버렸다.

이후 영욱은 자신은 준비가 되었다며 자신의 오피스텔에서 잠자리를 갖자고 서현에게 문자를 보냈고, 서현은 막상 영욱이 잠자리를 요구하자 내키지 않아 차일피일 미루었다. 그러자 영욱은 서현에게 계약을 맺었으니 잠자리를 하거나 안 그럴 거면 50만원을 돌려달라며 화를 냈다.

서현은 영욱의 요구에 응할 의무가 있을까?

    우리 민법은 선량한 풍속 기타 사회질서에 위반하는 사항을 내용으로 하는 법률행위는 무효로 하고 있습니다. 앞 장에서 살펴보았듯이 법률행위를 구성하는 요소는 당사자·목적·의사표시입니다. 하지만 당사자·목적·의사표시의 구성요건을 모두 구비하여 법률행위가 유효하게 성립한다 하더라도, 그 법률행위의 목적이 사회적으로 용인되기에는 막대한 해악을 끼칠 우려가 있다고 판단되는 경우에는 법률행위를 무효로 보아 어떠한 법률효과도 부여하지 않습니다.

    이러한 법률규정을 '강행규정'이라고 하는데, 강행규정은 사석자지의 영역에 한계를 정하는 것으로서 당사자의 의사에 의해 배제 또는 변경될 수 없습니다. 따라서 당사자 사이에 부수적으로 민법상 반사회적 법률행위에 관한 규정을 배제하기로 계약했다 하더라도 이와 같은 계약 역시 무효입니다. 모든 법률행위의 목적은 사회적 타당성을 갖춰야 하고, 사회적 타당성이 결여된 경우에는 절대적 무효에 해당되어 법률행위를 한 당사자들이 무효를 알고 이를 *추인한다 하더라도 어떠한 법률행위의 효력도 발생하지 않습니다.

자, 그럼 지금 배운 법률 지식을 토대로 앞의 사례를 다시 살펴볼까요? 먼저 서현과 영욱은 계약서를 갖고 계약을 한 것이 아니라 말을 통하여, 즉 구두로 서로의 의사를 합치했습니다. 여기서 짚고 넘어가야 할 점은 계약은 서면으로 작성되어야만 유효한 것이 아니라 구두로 합의를 한 경우에도 유효하게 성립한다는 것입니다. 간혹 문서에 의하지 않은 계약은 효력이 없다고 생각하거나 공증을 하면 더욱 확실한 효력을 가진다고 생각하는 경우가 있는데, 계약은 의사 합치의 문제이지 그 형식은 전혀 문제가 되지 않습니다. 따라서 구두에 의한 계약도 당연히 유효하며, 그 효력 역시 문서에 의한 경우 또는 공증을 한 경우와 다르지 않습니다. 실질적인 차이라면 소송을 제기했을 때 계약의 존재 및 내용에 대한 입증의 난이도가 달라진다는 점입니다. 즉, 구두로 한 계약이라면 문서에 비하여 그 내용을 입증하기가 더 어렵겠지요.

그러므로 서현과 영욱 사이에는 영욱이 서현에게 한 달에 50만원을 지급하고 서현은 영욱과 잠자리를 갖는다는 내용의 구두계약이 성립되었다고 볼 수 있습니다.

그런데 서현과 영욱의 계약은 금전 지급을 대가로 미성년자와 성관계를 갖는다는 내용이므로, 그 법률행위의 목적이 선량한 풍속 기타 사회질서에 위반된다고 볼 수 있지요. 따라서 서현과 영욱의 계약은 무효이고 아무런 법률효과도 발생하지 않기 때문에 서현은 영욱의 잠자리 요구에 응할 의무가 없습니다.

또한 성립한 계약이 무효에 해당한다 하더라도 그러한 법률행위를 취소할 수 있는 권한이 사라지는 것은 아니기 때문에 서현은 미성년자임을 이유로 위 계약을 취소할 수도 있습니다. 계약이 취소되는 경우 쌍방은 처음부터 계약이 없던 것과 같은 상태로 되돌아가야 하는데, 이를 '원상회복'이라 합니다. 계약을 취소한다고 해서 모든 문제가 해결되는 것은 아닙니다. 계약이 취소되는 경우 그 계약은 처음부터 무효인 것으로 보아 취소된 계약에 근거해 주고받은 것이 있다면 이를 상호 간에 반환해야 하지요. 단, 이러한 반환 과정에서도 미성년자와 같은 제한행위능력자는 특별한 보호를 받아 언제나 받은 이익이 현존하는 한도 내에서만 상환할 책임이 있습니다. 하지만 거래 상대방은 미성년자임을 알고 계약했다면 계약으로 얻은 이익을 전부 반환할 책임이 있습니다.

따라서 서현이 계약을 취소하는 경우 서현은 현존 이익이 없음을 주장해 이미 소비된 50만원을 반환할 필요가 없습니다. 그러나 만약 서현이 50만원을 생활비 등 반드시 지출해야 하는 용도로 사용했다면, 이로써 서현은 원래 자신이 부담했어야 할 생활비 50만원을 아끼게 된 것이기 때문에 50만원의 이익은 현존한다고 보아 반환할 책임이 있습니다. 이 부분에 대해서는 언뜻 결과만 놓고 본다면 납득하기 어려운 점이 있으나, 심도 있는 논의가 필요한 부분이라는 점에서 부담 없이 받아들이면 될 듯합니다.

만일 서현이 계약을 취소하는 것이 아니라 반사회적 계약이므로 영욱과의 계약이 무효임을 주장하는 경우, 원상회복으로 서현이 이미 받은 50만원을 부당이득으로 보아 영욱에게 돌려주어야 하는지가 문제가 됩니다. 여기서 우리 민법은 불법적인 원인으로 재산을 급여하거나 노동을 제공한 때에는 그 이익의 반환을 청구하지 못한다고 정하여, 법의 이념에 어긋나는 행위에 대해 그 이익의 반환을 인정하지 않습니다.

서현과 영욱 사이의 계약은 선량한 풍속 기타 사회질서에 위반되는 계약에 해당되고 이러한 계약을 원인으로 영욱이 서현에게 제공한 50만원은 불법원인급여에 해당됩니다. 따라서 서현은 영욱에게 불법원인급여인 50만원을 돌려주지 않아도 되는 것이지요.

참고로 형사적으로는 영욱은 청소년인 서현의 성을 사려고 했던 행위로 아동·청소년의 성보호에 관한 법률을 위반했기 때문에 형사처벌을 면하지 못할 것입니다. 덧붙여서 실제 성관계에 이르지 못하였다 해도 만 19세 미만의 자에게 성을 팔도록 권유하는 행위만으로도 1년 이하의 징역 또는 1,000만원 이하의 벌금형에 처해진답니다.

 상식 Box!

추인 : 불완전한 법률행위를 사후에 보충하여 확정적으로 유효하게 하는 일방적 의사표시를 뜻한다.

착오에 빠져
법률행위를 했다면?

동완은 골동품을 모으는 것이 취미이다. 어느 날 동완이 친구 전진의 집에 놀러 가게 되었는데, 전진은 자신의 집안 대대로 내려오는 고려자기라며 거실에 전시되어 있는 도자기를 자랑했다.

동완은 그 도자기가 너무 가지고 싶어서 전진을 설득해 500만원에 구입하기로 했다. 전진에게 대금을 치르고 도자기를 집에 가져온 동완은 신이 나서 골동품상인 에릭을 초청하여 고려자기를 싼값에 구입했다고 자랑했다.

그런데 에릭은 동완이 구입한 고려자기가 진품이 아니라 가짜라고 했고, 이에 화가 난 동완은 전진에게 계약이 무효라면서 환불을 요청했다. 이에 대해 전진은 도자기에 대한 구입계약을 했고, 도자기를 동완에게 건네준 이상 계약은 종료되었으므로 환불해줄 수가 없다고 주장하고 있다.

동완은 대금을 돌려받을 수 있을까?

　법률행위가 성립하기 위해서는 당사자·목적·의사표시가 있어야 하죠. 그런데 이 3가지 구성요건을 모두 충족하나 의사표시에 하자가 있는 경우 문제가 된답니다. 당사자가 착오로 법률행위의 목적으로 바랐던 것과는 다르게 의사표시를 한 경우에, 그 법률효과를 하자 있는 의사표시 내용 그대로 인정하는 것은 의사표시자에게 가혹한 일이 될 수 있기 때문이지요.

　이에 따라 우리 민법은 ① 의사표시의 중요 부분에 착오가 있고, ② 의사표시자에게 중대한 과실이 없는 경우에만 착오로 의사표시를 한 법률행위를 취소할 수 있다고 규정하고 있습니다. 이는 의사표시자의 이익과 거래의 안전을 모두 고려하여 절충하려는 취지이지요.

우리 민법에서 정하고 있는 착오는 원래는 A물품을 구입하려고 했는데 착오로 인해 실제로는 B물품을 구입하는 경우와 같이 내심의 효과의사와 표시상의 효과의사가 다른 경우입니다. 그런데 앞의 사례와 같이 A물품을 구입할 의사로 A물품을 구입했는데, 다만 그 물품이 고려자기인 줄로 잘못 알고 구입한 것과 같은 경우는 법에서 다루고 있지 않기 때문에, 이러한 경우에도 민법에서 규정한 착오와 동일한 것으로 보아 법률행위의 취소를 인정할 수 있는지가 문제 됩니다.

이와 같이 내심의 효과의사와 표시상의 효과의사가 일치하여 그 물품을 갖기는 하지만 그 동기에 착오가 있는 경우를 '동기의 착오'라고 부르는데, 우리 판례는 동기의 착오인 경우 그 동기가 상대방에게 표시된 경우에는 의사표시자는 착오를 이유로 의사표시를 취소할 수 있다고 하고 있습니다. 또한 동기가 상대방의 부정한 방법에 의하여 유발되거나 상대방으로부터 제공된 경우에는 의사표시자를 더욱 보호할 필요가 있으므로 그 동기가 표시되었는지 여부를 묻지 않고 의사표시 착오를 이유로 취소할 수 있다고 보고 있습니다.

자, 그럼 지금 배운 법률 지식을 토대로 앞의 사례를 다시 살펴볼까요? 이 사례의 경우 동완과 전진 모두 해당 도자기를 매매 대상으로 했다는 점에서 우리 민법이 규정한 착오의 경우에는 해당하지 않으나, 동완과 전진 모두 해당 도자기가 고려자기인 줄 알았으므로 매매계약의 양 당사자 모두가 동기의 착오에 빠진 경우에 해당합니다.

그리고 본 사안에서는 전진이 동완에게 도자기가 고려자기라고 소개를 하는 바람에 동완이 동기의 착오에 빠졌다는 사실을 알 수 있지요. 따라서 동기가 거래 상대방인 전진으로부터 제공되었다고 볼 수 있으므로 동완은 착오에 의한 의사표시임을 이유로 도자기에 대한 매수 의사표시를 취소하고, 도자기를 전진에게 되돌려주면서 매매 대금 500만원을 돌려줄 것을 요구할 수 있답니다.

법률행위의 해석과 표현대리

유천은 사업 실패로 3억원 상당의 빚을 지게 되었다. 그러다 자신의 아버지인 윤호에게 시가 10억원 상당의 甲토지가 있다는 것을 이용하여, 윤호의 승낙 없이 윤호의 인감도장 및 이전등기에 필요한 서류를 집에서 가지고 나왔고, 이러한 사정을 모르는 창민에게 유천은 마치 자신이 윤호인 양 행동하여 甲토지를 매매 대금 10억원에 팔아버리고 창민으로부터 10억원을 지급받은 후 창민 명의로 이전등기까지 해주었다.

윤호는 자신의 소유인 甲토지에 저당권을 설정하고 대출을 받으러 은행에 갔다가 자신의 토지가 창민에게 이전등기 되어 있다는 사실을 알고 창민에게 이전등기를 말소해줄 것을 청구했다.

이러한 경우 창민의 입장에서는 어떠한 주장을 해야 하는 것일까?

이 사례에서 먼저 알고 가야 할 법률 상식은 '법률행위의 해석'입니다. 사람들이 법률행위를 하면서 의사표시를 하더라도 그 의사표시가 언제나 명확한 것은 아니므로 당사자들 사이에 다툼이 생기는 것이 일상이지요. 이러한 경우 당사자가 표시한 의사표시가 어떠한 내용을 가지는 것인지 명확하게 할 필요가 있는데, 이는 법률행위의 해석을 통해 이루어집니다. 즉 법률행위의 해석이란 법률행위의 내용을 확정하는 것을 말합니다.

법률행위의 해석 중에는 '자연적 해석'이 있습니다. 자연적 해석이란 의사표시자의 언어 표현에 구속되지 않고, 의사표시자의 본래 내심적 의사에 따라 법률행위를 해석하는 것을 말합니다. 즉 의사표시자가 어떠한 방식으로 표현을 했든 간에 당사자들 사이에 의사표시에 대해 사실상 일치하는 이해가 있는 경우 그 사실상 일치하여 이해한 대로 의사표시의 효력을 인정하는 것입니다.

예를 들면 갱단의 일원인 명수가 준하에게 피아노 10대를 구입하겠다고 의사표시를 했는데, 갱단 사이에서 피아노는 총기를 의미하는 은어로 통용되고 있었고 명수와 준하 모두 피아노를 총기로 이해한 경우, 명수와 준하 사이에는 명수가 의사표시한 피아노가 아닌 명수와 준하 모두 내심적으로 일치한 총기에 대해서 매매계약이 성립하게 되는 것입니다.

자연적 해석과 다른 해석으로 '규범적 해석'이 있습니다. 당사자들 사이에 법률행위가 있었고 앞서 살핀 자연적 해석에 따라 진의를 확정 짓지 못하면 규범적 해석에 의해 법률행위를 해석합니다. 이러한 경우에는 거래의 안정성을 위해 상대방의 신뢰를 우선적으로 보호할 필요가 있으므로, 상대방의 신뢰가 보호할 가치가 있는 경우 상대방이 이해한 대로 법률효과가 발생하게 됩니다. 판례에 의하면 의사표시자가 돈을 다 수령하지 않았음에도 영수증에 '총완결'이라고 기재한 경우, 의사표시자가 더 받을 돈을 탕감한 것으로 규범적으로 해석하여 판시한 경우가 있습니다.

법률행위 해석과 함께 알아야 할 법률 상식으로는 '표현대리'라는 법률 용어가 있습니다. 표현대리란 대리인에게 대리권이 없음에도 마치 대리권이 있는 것과 같은 외관이 존재하고 본인이 그러한 외관의 형성에 기여하여 책임을 져야 할 사정이 있는 경우에, 그러한 무권대리행위에 대하여 대리권이 있는 것처럼 보아 본인에게 책임을 지우는 제도를 말합니다.

*표현대리는 본질적으로 *무권대리에 해당합니다. 따라서 대리인에게 대리권이 존재하는 유권대리인 경우에는 표현대리가 성립될 여지가 없으며, 또한 대리인에게 대리권이 존재하지 않았지만 표현대리가 성립한다 하더라도 그러한 대리인의 무권대리가 유권대리로 전환되는 것도 아닙니다.

다시 말하자면 무권대리임에도 불구하고 상대방의 신뢰를 보호하기 위하여 대리권이 있는 것과 같이 본인에게 책임을 지우는 것이지 대리인에게 없었던 대리권이 생기는 것은 아니라는 뜻입니다. 판례도 "표현대리가 성립된다고 하여 무권대리의 성질이 유권대리로 전환되는 것은 아니다"라고 판시하여 표현대리의 성질이 무권대리임을 분명히 하고 있습니다.

그렇다면 표현대리의 종류에는 이떤 것이 있을까요? 우리 민법에서는 표현대리에 대하여 ① 대리인에게 대리권이 없음에도 본인이 대리권을 수여하였음을 상대방에게 표시한 경우 본인이 책임을 지게 하고 있고(민법 제125조), ② 대리인이 대리권을 수여받고(기본 대리권이 존재함) 그 대리권의 범위를 넘어 법률행위를 한 경우 상대방이 대리권의 범위를 넘는 부분에 대하여도 권한이 있다고 믿었고 그러한 믿음에 정당한 이유가 있으면 본인이 책임을 지게 하며(민법 제126조), ③ 대리인이 대리권을 가지고 있다가 대리권이 소멸한 경우, 대리권 소멸 후에 법률행위를 했더라도 대리권의 소멸을 과실 없이 몰랐던 상대방에 대하여는 본인이 책임을 지도록 규정한다(민법 제129조)고 말하고 있습니다.

자, 그럼 지금 배운 법률 지식을 토대로 앞의 사례를 다시 살펴볼까요? 먼저 이 사례에서 계약의 당사자가 누구인지를 알아야 합니다. 유천은 창민과 토지에 대한 매매계약을 체결하면서 자신이 마치 윤호인 것처럼 행동하여 법률행위를 했지요. 따라서 과연 토지 매매계약의 당사자가 유천인지 아니면 윤호인지 확정할 필요가 있습니다. 이러한 경우 법률적인 구조를 살펴보면, 유천은 자신이 마치 윤호인 것처럼 의사를 표시했고, 상대방 창민은 이러한 사정을 모르고 계약 당사자가 윤호인 줄로만 알고 법률행위를 했습니다.

따라서 창민은 유천이 대리권이 없는 무권한자라는 사실을 몰랐고, 자연적 해석에 따라 창민이 무권한자와 계약한 것으로 인정할 수는 없습니다. 그러므로 규범적 해석에 의하여 창민의 입장에 서서 유천의 법률행위를 해석해야 하겠죠. 창민은 유천이 윤호인 줄 알고 매매계약을 체결하였으며 통상 부동산 매매계약은 그 명의자가 중요하기 때문에 甲토지의 명의자인 윤호가 매매계약의 당사자라고 생각한 창민의 신뢰는 보호할 가치가 크다고 할 것입니다. 결국 甲토지에 대한 매매계약의 당사자는 규범적 해석에 따라 윤호와 창민이라고 보아야 합니다.

그렇다면 甲토지 매매계약과 창민이 했던 이전등기의 과정은 효력이 있는 것일까요? 앞서 살핀 바와 같이 토지의 매매계약 당사자는 윤호와 창민이고, 유천은 아무런 대리권도 없으면서 윤호 명의로 법률행위를 한 것이므로 유천의 이러한 행위는 무권대리에 해당합니다. 유천의 무권대리행위는 본인인 윤호가 토지 매매계약을 승인하지 않는 이상 무효이며, 이러한 무효인 법률행위를 원인으로 한 창민 명의의 이전등기 역시 원인 무효입니다.

그렇다면 유천의 행위에 대하여 표현대리가 성립할까 하는 의문이 들 것입니다. 대리인이 거래 상대방에게 자신이 대리인임을 표시하고 법률행위를 하는 경우뿐만 아니라 대리인이 자신이 마치 본인인 것처럼 기망하여 행세하는 경우에도 표현대리가 성립할 수 있는지가 문제 되는 것이지요.

이에 대하여 판례는 다른 사람의 명의를 모용한 사람(모용자)에게 기본 대리권이 있고, 상대방이 모용자가 본인의 권한을 행사하는 것을 믿는 데 정당한 사유가 있다면 표현대리가 성립할 수 있다고 판시하고 있습니다. 그런데 본 사안의 경우, 유천에게는 윤호를 대리할 만한 어떠한 기본 대리권도 없기 때문에 표현대리가 성립할 여지가 없다고 할 것입니다.

그렇다면 창민에게는 어떠한 구제 방법이 있는 것일까요? 이미 유천에게 매매 대금 조로 10억원을 지급했으니, 매매계약은 무효가 되었을 뿐 아니라 창민은 윤호의 등기 말소 청구에 대항할 수도 없습니다. 따라서 창민은 유천에게 매매 대금 10억원의 반환을 청구할 수 있고, 이외에 이러한 매매계약으로 인한 손해가 있다면 그 손해 부분에 대해서도 불법행위로 인한 손해배상을 청구하여 손해를 회복할 수 있겠습니다(물론 유천에게 사기죄의 형사책임을 물을 수도 있겠지요).

 상식 Box!

표현대리 : 대리권이 없는 무권대리인이 마치 대리권이 있는 것 같은 외관을 형성했다면, 거래의 안정성을 위하여 본인에게 일정한 법률상의 책임을 지우는 것이다.

무권대리 : 대리행위의 다른 요건은 모두 갖추었으나 대리행위자에게 그 행위에 대한 대리권이 없는 경우를 말한다.

채권과 물권의 구별

유민은 진기의 甲주택에 관하여 임대차계약서를 작성하고 세를 들어 살고 있는데 아직 관할 동사무소에서 주민등록은 하지 않은 상태이다.

어느 날 진기가 유민에게 2,000만원을 빌려줄 것을 요구했고, 평소 진기와 친하게 지내던 유민은 차용증을 작성하고 진기에게 2,000만원을 빌려주면서 甲주택에 저당권을 설정했다.

그러던 중 진기는 甲주택을 민석에게 매도했다. 그런데 주택을 양수받은 민석은 유민을 찾아와 자신이 주택의 소유자인데 유민에 대해서는 모른다면서 집에서 나가줄 것을 요구했고, 주택의 등기부상 기재되어 있는 유민 명의의 저당권도 삭제해줄 것을 요구했다.

이러한 경우 유민은 민석에게 대항할 수 있을까?

　이 사례에서 먼저 알고 가야 할 법률 용어는 '채권'과 '물권'입니다. 민법상 권리에는 채권과 물권이 있습니다. 채권은 법적 의무자에게 어떠한 행위를 할 것을 요구할 수 있는 권리이고, 물권은 어떠한 특정한 물건을 사용·수익·처분할 수 있는 권리를 말합니다.

　그렇다면 채권과 물권은 어떻게 구별할까요? 물권과 채권의 가장 중요한 차이점으로 채권의 상대효와 물권의 절대효를 들 수 있습니다. 채권은 그 효력을 계약을 한 상대방에게만 주장할 수 있는데 이를 '채권의 상대효'라 말하고, 물권은 계약 당사자뿐 아니라 모든 사람에게 효력을 주장할 수 있으며 이를 '물권의 절대효'라고 합니다.

간단히 예를 들면 토지 매매계약은 채권계약에 해당하기 때문에 매수인은 계약 상대방인 매도인에게만 토지의 소유권을 이전시켜줄 것을 요구할 수 있습니다. 그런데 일단 매수인이 토지에 관한 이전등기까지 완료하면 소유권은 물권에 해당하기 때문에 매수인은 토지의 매도인뿐 아니라 모든 사람에게 자신이 토지의 소유권자임을 주장할 수 있겠지요.

이와 같은 상황 때문에 우리 법에서는 사적자치의 원칙과 물권법정주의에 대한 것을 명시하고 있습니다. 사법상의 거래는 원칙적으로 개인의 의사에 맡기기 때문에 강행규정을 위반하지 않는 한 개개인은 자유로이 채권계약을 체결할 수 있습니다. 이를 사적자치의 원칙 혹은 법률행위 자유의 원칙이라고 합니다.

이에 반하여 우리 민법에서 물권은 법률 또는 관습법에 의하지 않고 임의로 창설하지 못한다고 규정하여 개인이 임의로 물권을 창설하지 못하도록 막고 있습니다. 앞서 살핀 바와 같이 물권은 절대효를 가지고 있으므로 계약 당사자뿐 아니라 모든 사람들에게 주장할 수 있기 때문에 개개인이 물권을 임의로 창설하도록 두면 거래의 안전을 해칠 우려가 크기 때문이지요. 이와 같이 법률 또는 관습법에 의해서만 물권이 인정된다는 것을 물권법정주의라 하고, 우리 민법에서는 물권으로 소유권, 지상권, 지역권, 전세권, 저당권, 유치권을 인정하고 있습니다.

자, 그럼 지금 배운 법률 지식을 토대로 앞의 사례를 다시 살펴볼까요? 본 사례의 경우, 유민이 甲주택에 대하여 가지고 있는 권리는 임차권과 저당권이라 할 수 있습니다. 유민이 취득한 저당권이 민법에서 정한 물권에 해당함은 이론의 여지가 없죠. 임차권은 우리 민법에 물권으로 명시된 소유권, 지상권, 지역권, 전세권, 저당권, 유치권, 그 어느 것에도 해당하지 아니하므로 물권에 해당한다고 볼 수 없습니다.

따라서 유민이 가지고 있는 임차권은 유민과 진기 사이의 주택임대차계약에 의하여 형성된 권리로서, 임차권은 채권에 해당하므로 채권의 상대효에 따라 유민은 임대차계약 당사자인 진기에게만 甲주택의 사용을 요구할 수 있고, 진기 이외의 다른 사람에게는 위와 같은 권리를 주장할 수가 없는 것이지요.

그러나 저당권의 경우에는 물권에 해당하기 때문에 절대효를 가지고 있고, 이에 따라 유민은 저당권설정계약의 상대방인 진기뿐 아니라 모든 사람에게 甲주택에 설정된 저당권을 주장할 수가 있습니다.

정리하자면, 유민은 민석에게 주택의 점유·이용을 요구하는 임차권을 주장할 수 없으므로 甲주택에서 퇴거해야 할 것입니다. 하지만 저당권은 민석에게도 주장할 수 있으므로 민석의 요구대로 저당권을 말소시켜야 할 의무는 없습니다.

한편 주택임대차보호법에서는 임차주택의 *양수인은 *임대인의 지위를 승계한 것으로 본다고 규정하고 있고, 주택*임차인이 주택의 인도와 주민등록을 마친 경우 주택임차인에게 대항력을 주어 주택임차인을 보호하고 있습니다.

따라서 만일 유민이 주민등록을 마친 상태였다면, 진기로부터 甲주택을 양수한 민석은 임대인의 지위를 승계하게 되므로 주택임대차보호법에 따라 유민에 대하여 주택을 사용·수익하게 할 의무를 지게 되고, 따라서 유민은 자신이 가진 임차권을 주장하여 민석의 주택 인도 청구에 대항할 수 있었을 것입니다.

결국 임대차보호법은 법률상 채권적 권리만을 가진 임차인을 보호하기 위하여 일정한 요건만 갖춘다면 제3자에게 대항할 수 있도록 하는 특별법이라고 할 수 있습니다.

 상식 Box!

양수인 : 타인의 권리, 재산, 법률에서의 지위 등을 넘겨받은 사람을 뜻한다.

임대인 : 임대차계약에 따라 돈을 받고 다른 사람에게 물건을 빌려준 사람을 뜻한다.

임차인 : 임대차계약에서 돈을 내고 물건을 빌려 쓰는 사람을 뜻한다.

소멸시효

세현은 희진에게 5,000만원을 1년간 빌려주면서 이자로 한 달에 100만원씩 받기로 했다. 그런데 희진은 처음 석 달간은 이자를 주다가 이후에 이자를 연체하기 시작했고, 이에 따라 세현은 희진에게 원금 5,000만원과 밀린 이자 800만원을 지급해달라고 청구했다. 그러자 희진은 세현에게 현재는 돈이 없어서 줄 수가 없으니 *공증을 해주겠다고 했다.

세현은 공증을 하였으니 언제든지 희진에게 청구할 수 있다는 생각에 별다른 법적 조치를 취하지 않았고, 10년이 지나서야 희진에게 원금 5,000만원과 10년치 이자를 지급해달라고 요구했다.

그런데 희진은 이미 소멸시효가 지나서 돈을 줄 수 없다고 하고 있다. 세현은 어떻게 보호받을 수 있을까?

이 사례에서 먼저 알고 가야 할 법률 용어는 '소멸시효'입니다. 소멸시효란 일정한 사실 상태가 계속되는 경우 진실한 사실의 여부와 상관없이 이미 지속되어온 상태를 존중하여 법에 의해 권리를 소멸시키는 것을 의미합니다.

단순하게 본다면 가지고 있는 권리를 소멸시킨다는 의미에서 부당하다고 생각될 수 있겠지요. 그러나 또 한편으로 생각해본다면 개인이 법적인 권리를 가지고 있음에도 장시간 동안 그 권리를 행사하지 아니한다면 상대방 입장에서는 더 이상 권리의 행사가 없을 것이라고 믿을 수도 있을 것입니다. 이에 따라 상대방은 이미 형성된 사실 상태를 기초로 새로운 법률관계를 형성해나갈 것인데, 장시간이 지난 후 개인이 자신의 권리를 행사한답시고 이미 형성된 법률관계를 모두 무너뜨리는 것은 법적 안정성의 측면에서 타당하지 않다고 볼 수 있겠지요.

따라서 이러한 경우 진실된 법률관계와는 다르지만 이미 오랜 기간 형성된 사실 상태를 존중하여 장시간 행사하지 않은 권리를 소멸시키는 것입니다. 실제로 소멸시효 제도가 올바른 것인지에 대해서는 의견이 대립하고 지속적으로 논란이 있습니다. 어떤 관점은 맞고 다른 관점은 틀렸다고 생각하기보다는 견해의 차이가 있을 수 있다고 이해하면 되겠습니다.

우리 민법은 소멸시효를 명문으로 인정하고 있기 때문에, 이번 사례에서는 현행 민법의 규정에 따라 살펴보고자 합니다. 그렇다면 소멸시효의 대상은 무엇일까요? 소멸시효의 대상이 되는 것은 채권이고, 물권에 기초한 권리는 소멸시효의 대상이 되지 않습니다. 따라서 부동산의 소유권자가 소유권에 기초한 권리를 행사하지 않고 있다 하더라도 부동산 소유권이 소멸시효에 의하여 없어지지는 않습니다.

다만, 부동산 점유자가 장기간 부동산을 점유하여 *취득시효를 완성하는 경우 점유자가 소유권을 취득하여 원소유자의 소유권이 소멸될 수는 있겠지만, 이것이 부동산 소유권이 소멸시효에 의해 소멸된다는 의미는 아닙니다.

아래는 대표적인 채권의 소멸시효 기간입니다.

⑴ 일반채권 : 10년

⑵ 상사채권 : 5년

⑶ 이자, 급료, 사용료 기타 1년 이내의 기간으로 정한 금전·물건의 채권 : 3년

⑷ 상인이 판매한 생산물 및 상품의 대가에 관한 채권 : 3년

⑸ 여관, 음식점, 오락장의 숙박료, 입장료, 체당금 채권 : 1년

⑹ 노역인, 연예인의 임금 : 1년

⑺ 학생 및 수업자의 교육, 교사의 채권 : 1년

⑻ 판결이 확정된 채권 : 10년

소멸시효와 함께 알아야 할 법률 용어 중에 '소멸시효 중단'이 있습니다. 소멸시효 중단이란 이미 경과한 시효 기간의 효력을 소멸시키고 소멸시효의 중단 사유가 종료한 때로부터 다시 소멸시효를 진행하게 하는 제도를 말합니다(민법 제178조). 쉽게 말하면, 소멸시효가 진행되는 도중에 권리를 행사하면 소멸시효가 중단되고 그 시점부터 다시 소멸시효가 진행하는 것을 말하는 것이지요. 소멸시효의 중단 사유로는 재판상의 청구(민법 제170조), 파산절차 참가(민법 제171조), 지급명령(민법 제172조), 최고(민법 제174조), 압류·가압류·가처분(민법 제168조 제2호), 승인(민법 제168조 제3호)이 있습니다.

자, 그럼 지금 배운 법률 지식을 토대로 앞의 사례를 다시 살펴볼까요?

본 사례의 경우 세현과 희진이 상인이 아닌 이상 원금 5,000만원에 대해서는 10년의 소멸시효가 적용되고, 이자채권에 대해서는 3년의 소멸시효가 적용될 것입니다.

그리고 세현이 위 *차용금채권에 대해서 공증을 해두었다 하더라도, 공증이란 판결과 같은 효력을 가지고 있어서 판결절차를 거치지 않고 바로 희진의 재산에 강제집행을 할 수 있다는 의미에 불과하지, 공증을 했다고 시효가 계속 중단되는 것은 아닙니다. 또한 공증은 확정판결이나 재판상 화해와는 달리 *기판력이 없으므로 소멸시효가 다시 10년으로 늘어나는 것도 아닙니다. 따라서 본 사례는 10년의 기간이 지나 원금에 대한 소멸시효가 완성된 경우에 해당하여 세현의 차용금채권은 소멸된다고 할 것입니다.

그렇다면 세현은 희진에게 현재로부터 3년 이내에 있어 아직 3년의 시효 기간이 경과하지 않은 이자채권을 주장할 수 있을까요? 결론은 '아니요'입니다. 왜냐하면 원금채권의 소멸시효가 완성되면 원금채권은 소급하여 처음부터 없었던 것처럼 되기 때문에 원금채권이 없는 이상 이에 부수하는 이자채권 역시 소급적으로 모두 소멸된다고 보기 때문이지요.

그러므로 세현은 희진의 소멸시효 완성 주장에 대항하지 못하고 희진에게 원금채권 및 이자채권을 받아낼 수 없습니다.

상식 Box!

공증 : 특정한 사실 또는 법률관계의 존재를 공적으로 증명하는 행정행위를 뜻하며, 등기, 등록, 영수증 교부, 증명서 발급, 여권 발급 등이 이에 속한다.

취득시효 : 물건이나 권리를 일정한 기간 지속적으로 사실상 점유하는 사람에게 그 물건이나 권리에 대한 소유권을 주는 제도를 뜻한다.

차용금채권 : 빌려 쓴 돈에 대해 어떤 행위를 청구할 수 있는 권리를 뜻한다.

기판력 : 확정된 재판의 판단 내용이 소송 당사자 및 같은 사항을 다루는 다른 법원을 구속하여, 그 판단 내용에 어긋나는 주장이나 판단을 할 수 없게 하는 소송법적인 효력을 뜻한다.

학교폭력과 손해배상청구

기범과 희철은 甲고등학교에 다니는 학생으로 둘은 평소 학업을 소홀히 하고 매일 PC방에 출입하며 '나이롱'이라는 온라인 게임을 즐겨왔다.

그런데 기범이 대학에 진학하기 위해 공부를 한다면서 이제 게임을 그만두겠다고 선언했고, 평소 기범의 캐릭터가 게임상에서 착용하고 다니던 아이템을 가지고 싶어 했던 희철은 기범에게 아이템을 넘겨줄 것을 요구했다.

그러나 기범은 희철의 요구를 묵살하고 근성을 보여주겠다면서 희철이 보는 앞에서 자신의 계정을 삭제하고 말았다.

이로 인해 희철은 기범이 자신에게 아이템을 주지 않았다는 이유로 앙심을 품고 매일 기범에게 폭력을 행사하면서 괴롭히기 시작했다. 희철의 괴롭힘을 견디지 못한 기범은 담임선생님인 유민을 찾아가 상담을 했으나 담임 유민은 참는 자에게 복이 온다면서 기범에게 참으라고만 했다.

한편 희철의 어머니 희진은 희철의 성질이 괴팍하여 평소 친구들을 때리고 다닌다는 사실을 알았으나 건강하게만 자라면 괜찮다는 생각으로 희철을 나무라지 않았었다.

그러던 중 희철이 기범을 심하게 때려 기범이 상해를 입게 되었는데, 이 경우 기범은 누구에게 손해배상청구를 할 수 있을까?

앞서 말한 바와 같이 불법행위에 기초한 손해배상책임은 준법률행위로 당사자가 어떠한 의사표시를 하지 않았다 하더라도 법에 의하여 당사자에게 법적인 의무를 지게 하는 것입니다. 즉, 타인에게 고의 또는 과실로 인한 위법행위로 손해를 가한 경우 피해자는 가해자에게 치료비 등 재산상 손해 및 정신적 고통에 대한 손해배상인 위자료를 청구할 수 있는 것이지요(민법 제750조).

이 사례에서는 '책임능력'이라는 법률 용어를 먼저 알고 가야 하는데요, 책임능력이란 자신의 행위로 인한 책임을 인지할 수 있는 능력을 의미합니다. 그런데 이에 관해 우리 민법에는 아무런 규정이 없어, 몇 살부터 책임능력을 갖는지는 해석에 의존할 수밖에 없습니다. 참고로 판례는 통상 12~14세부터 책임능력이 있다고 보고 있지요.

반면 형법에서는 책임능력의 기준을 14세로 명확하게 규정하고 있습니다. 따라서 14세 미만인 경우, 책임능력이 없어 형법상의 처벌을 부과할 수 없답니다. 참고로 소년법에서는 10세 이상인 경우 보호처분이 가능하도록 규정하고 있습니다.

　우리 민법은 미성년자가 타인에게 손해를 가한 경우 책임능력이 없는 때에는 배상 책임을 지지 않고(민법 제753조), 미성년자를 감독할 의무가 있는 감독자가 대신 배상 책임을 지도록 규정합니다. 미성년자를 감독할 법정의무를 부담하는 자는 통상 친권자 또는 후견인이고, 유치원이나 학교의 교사 등도 법정감독자와 마찬가지로 책임을 지게 되지요(민법 제755조).

　그렇다면 책임능력이 있는 미성년자의 경우는 어떨까요? 이때는 성년자와 동일하게 불법행위에 기초한 손해배상책임을 지게 됩니다. 하지만 책임능력이 있어서 배상 책임을 진다고 하더라도 미성년자는 보통 경제적인 능력이 되지 않아 배상할 여력이 없으므로 상대방 입장에서는 실질적으로 미성년자를 상대로 배상을 받을 가능성이 희박하지요.

따라서 이러한 경우 피해자를 구제할 수 있는 방안이 문제가 되는데, 우리 판례는 미성년자가 책임능력이 있어 스스로 불법행위에 대한 책임을 지는 경우라 하더라도, 그 손해가 당해 미성년자의 감독의무자의 의무 위반과 상당한 인과관계가 있으면 감독의무자는 일반 불법행위자로서 손해배상할 책임이 있다고 판시하여, 일정한 요건하에 미성년자의 감독의무자로부터 손해배상을 받을 수 있다고 보고 있습니다.

자, 그럼 지금 배운 법률 지식을 토대로 앞의 사례를 다시 살펴볼까요? 먼저 고등학생인 희철은 민법상 책임능력이 있는 미성년자에 해당하고, 따라서 기범에게 불법행위로 인한 손해배상책임을 지게 될 것입니다. 그리고 본 사례의 경우 담임선생님인 유민과 가해 학생의 어머니 희진도 희철의 학교폭력 사실을 알면서도 적절한 조치를 취하지 아니한 사정이 인정되기 때문에, 피해 학생이 입은 상해는 감독의무자의 의무 위반과 인과관계가 있다고 볼 수 있어 유민과 희진 역시 감독의무 위반으로 피해 학생에게 손해배상책임을 지게 됩니다.

마지막으로 교사에 대한 감독 권한이 있는 甲학교의 이사장 등 학교의 설치자 및 경영자도 책임을 피할 수 없을 것입니다. 여기서 甲학교가 국·공립학교라면 학교 설치자가 국가 또는 지방자치단체이므로 국가나 지방자치단체에 손해배상책임을 물을 수가 있습니다.

결국 기범은 희철, 유민, 희진 그리고 甲학교 설치자에게 민사상 불법행위로 인한 손해배상청구를 할 수 있고, 희철을 상해죄로 고소하여 형사상 처벌을 받게 할 수도 있는 것이지요.

참고로, 학교폭력 가해 학생들의 부모의 과실과 담임교사, 교장의 과실이 경합하여 피해 학생이 자살을 한 사건에서, 부모들과 지방자치단체에 공동 불법행위자로서의 손해배상책임을 인정한 판례가 있습니다.

멀쩡한 밥솥이 폭발했다!

준수는 서울에서 자취생활을 하는 취업 준비생이다. 비록 백수로 지내고 있지만 평소 입이 까다롭던 준수는 큰마음 먹고 다판다마트 점원의 추천을 받아 짱짱제조사가 신제품으로 내놓은 압력밥솥을 구입했다.

기대에 들뜬 준수가 새로 산 밥솥으로 잡곡밥을 짓고 있었는데, 예상치 못하게 밥솥이 폭발해 준수는 중상해를 입었으며 폭발의 영향으로 준수의 가구가 다 부서지고 말았다.

준수는 짱짱제조사에 가구비, 치료비 및 정신적 고통에 대한 손해배상을 청구했으나, 짱짱제조사는 당해 상품을 정해진 공정 과정에 따라 만들었기 때문에 상품을 제작함에 있어 어떠한 과실도 없었다면서 준수의 책임으로 떠넘기며 배상 책임을 회피하고 있는 상황이다.

이러한 경우 준수는 어떠한 방법으로 구제받을 수 있을까?

 이 사례에서 먼저 알고 가야 할 법률 용어는 '제조물 책임'입니다. 제조물 책임이란 상품의 안전성 결함으로 상품의 이용자나 제3자에게 신체상의 손해 또는 상품 이외의 다른 재산에 물적인 손해를 입힌 경우, 그 상품의 제조사나 판매업자에게 불법행위에 기초한 손해배상책임을 지게 하는 것을 의미합니다.

 하지만 원래는 불법행위로 인한 손해배상청구를 하기 위해서는 과실과 손해 사이의 인과관계가 인정되어야 하고, 이러한 인과관계의 존재는 당연히 손해배상을 청구하는 피해자(원고)가 입증해야 합니다. 그러나 현대사회에서 제조물은 점점 더 복잡해지고 전문화되어, 일반인이 제조사의 과실로 상품에 결함이 있었고 이러한 결함으로 인해 손해가 발생했음을 입증하기란 쉽지 않은 것이 사실입니다.

이러한 문제점 때문에 제조물 책임법에서는 상품의 안전성 결함으로 신체상의 손해 또는 상품 이외의 다른 재산에 물적 손해를 입힌 경우, 제조물에 결함이 있기만 하다면 제조업자의 과실 유무를 묻지 않고 제조사가 피해자에게 인적 손해나 상품 이외의 다른 재산에 대한 물적 손해를 배상해줄 책임을 지도록 규정하고 있답니다. 즉, 피해자인 소비자 입장에서는 상품에 결함이 있었고 그로 인해 손해를 입었다는 사실만 입증하면 제조자의 과실은 추정되기 때문에, 피해자인 소비자는 더욱 두텁게 보호되고 제조자는 무과실책임을 부담하게 되는 것이지요.

그렇다면 제조물 책임법의 적용 대상은 어디까지일까요? 제조물 책임법은 다른 동산이나 부동산의 일부를 구성하는 경우를 포함하여 제조 또는 가공된 동산에 대해 적용되고, 제조물의 결함에 따라 그 제조물 이외의 다른 재산에 물적 손해를 입힌 경우나 인적 손해에 대해서만 적용되는 것이지, 제조물 그 자체에 발생한 손해에 대해서는 제조물 책임이 적용되지 않습니다. 따라서 제조물 그 자체에 대한 손해에 대해서는 일반 채무불이행에 기초한 손해배상청구를 해야 할 것입니다.

자, 그럼 지금 배운 법률 지식을 토대로 앞의 사례를 다시 살펴볼까요? 일반적으로 이 사례를 접한다면, 준수가 당연히 짱짱제조사로부터 손해배상을 받을 수 있을 것이라 생각하기 쉬우나, 실제로는 만만치 않은 것이 현실입니다. 손해배상을 청구하는 사람이 *입증책임의 원칙으로 인해 가해자의 행위로 자신에게 손해가 발생했다는 것을 스스로 입증해야 하기 때문이지요. 법조인들이 농담 삼아 "입증책임 있는 곳에 패소敗訴 있다"고 할 정도로, 실무에서 입증

책임을 누가 부담하는지는 아주 중요한 문제이며 그만큼 입증이 어렵다는 것을 의미합니다.

본 사례의 경우, 짱짱제조사가 고의 또는 과실로 하자 있는 밥솥을 생산했고 그로 인해 밥솥이 폭발했다는 사정을 피해자인 준수가 모두 입증해야 하는데, 짱짱제조사의 밥솥 생산과정을 알 수 없는 준수로서는 입증이 불가능에 가깝다고 보아야 하겠지요. 그러나 제조물 책임법은 짱짱제조사의 고의 또는 과실과 무관하게 제조물에 결함만 존재하면 짱짱제조사가 책임을 지도록 규정하고 있으며, 더 나아가 판례는 소비자가 그 제품을 정상적으로 사용하고 있는 상태에서 사고가 발생했다는 사정만 입증하면 제조업자 측에서 그 사고가 제품의 결함이 아닌 다른 원인으로 말미암아 발생한 것임을 입증하지 못하는 이상 손해배상책임을 진다는 취지로 판시하고 있습니다(대법원 2004. 3. 12. 선고 2003다16771 판결). 제조물 책임법은 제조사에 무과실책임을 인정하고, 판례는 입증책임의 실질적인 전환을 통해 피해자가 구제받을 길을 열어둔 것이라 할 수 있습니다.

본 사례에서 준수는 짱짱제조사가 제조한 밥솥을 구입한 후 밥솥의 정상적인 기능인 취사 작업 도중에 폭발사고가 발생했고 밥솥의 폭발이 통상적으로 발생하지 않는다는 사정만 입증하면, 짱짱제조사는 밥솥의 결함이 아닌 다른 원인으로 사고가 발생했다는 사실을 입증하지 못하는 이상 배상 책임을 부담해야만 합니다. 따라서 준수는 제조물 책임법에 따라 짱짱제조사에 대해 가구비, 자신이 입은 중상해에 관한 치료비 및 정신적 고통에 대한 손해배상을 청구할 수 있습니다.

한편, 준수가 구입한 밥솥 그 자체에 대해서는 제조물 책임법이 적용되지 않으므로 준수는 다판다마트에 밥솥을 새 제품으로 교환해달라고 요청하거나 계약을 해제하고 환불을 요청할 수 있을 것입니다.

 상식 Box!

입증책임 : 소송 과정에서 자신의 주장이 사실임을 증명하기 위해 법원을 설득할 만한 증거를 제출하는 책임.

강의 동영상을 무단으로 웹하드에 올린 경우

창민은 행정고시를 준비하기 위해 지방에서 서울로 올라와서 공부하고 있는 고시생이다. 창민은 친구도 없는 고시촌에서 공부를 하던 중 외로움을 견디지 못하고 인터넷을 통해 함께 공부할 친구를 모집해 스터디그룹을 결성했다.

그러나 단시간 내에 처음 보는 스터디원들의 호감을 얻기는 어려웠고, 급기야 창민은 스터디원들에게 호감을 얻기 위하여 웹하드 Z드라이브에 강사 유민의 강의를 올려 스터디원들이 무료로 강의를 다운받아 이용할 수 있게 했다.

창민은 웹하드에 올린 유민의 강의를 잊고 지냈는데, 1년 상당의 시간이 흐른 후 경찰서로부터 저작권법 위반으로 조사를 받으라는 연락을 받았다. 창민이 경찰서에 가보니 자신이 웹하드 Z드라이브에 올렸던 유민의 강의가 증거자료로 제출되어 있었고, 담당 경찰관은 창민에게 유민과 합의를 보는 것이 좋겠다고 말했다.

이후 창민은 유민의 위임을 받았다는 법률사무소로부터 형사 합의금으로

400만원을 요구하는 전화를 받았고, 돈이 없었던 창민이 이를 거부하자 1개월 후 법률사무소에서 손해배상금 명목으로 3,000만원 상당의 민사소송을 청구해왔다.

과연 창민은 이에 어떻게 대응해야 하는 것인가?

이 사례에서 먼저 알고 가야 할 법률 상식은 바로 '저작권법'입니다. 먼저 저작권법을 위반하면 형사처벌을 받게 됩니다. 자세히 말하면, 저작물을 저작권자의 허락 없이 온라인상에 업로드하는 행위는 저작권법상 복제권, 공중송신권 침해에 해당하기 때문에 형사상 5년 이하의 징역이나 5,000만원 이하의 벌금에 처해지게 된답니다.

또한 저작권자의 허락 없이 저작물을 배포하는 행위는 고의에 기초한 불법행위에 해당하기 때문에, 저작권자에게 불법행위에 의한 민사상 손해배상을 해야 하는 책임도 발생하죠.

하지만 저작권법 위반으로 인한 손해를 상정하기가 쉽지 않은데, 통상 저작권자가 저작물로 인해 벌어들이는 수입, 저작물을 일부만 배포했는지 아니면 모두 배포했는지 및 배포의 정도 등을 종합적으로 고려해 배상 금액을 산정하게 됩니다.

자, 그럼 지금 배운 법률 지식을 토대로 앞의 사례를 다시 살펴볼까요? 보통 저작권자에 의한 형사상 고소의 경우 형사조정제도에 의해 합의를 종용받게 됩니다. 그리고 만일 일정 합의금을 지급하고 합의가 이루어진다면 고소인은 고소 취하를 하는 동시에 민사상 손해배상청구를 하지 않기 때문에 민사상 *부제소합의를 하여 민·형사상 법적 문제는 한 번에 종료가 되지요.

설령 상대방이 과도한 합의금을 요구하여 합의가 이루어지지 않는다 하더라도, 상습적으로 영리 목적으로 업로드를 하지 않았고 초범인 경우라면 검찰에서 기소유예 처분이나 100만원 미만의 벌금형과 같은 간단한 처분을 받는 것이 일반적이기 때문에 크게 걱정할 필요는 없답니다.

그런데 형사상 가벼운 처벌을 받는다 해도 민사상 문제가 해결되는 것은 아니기 때문에 저작권자에 대한 불법행위로 인한 손해배상책임을 면할 수는 없지요. 저작권자가 민사상 손해배상청구를 하는 경우, 저작권법에는 손해배상에 관한 특별규정이 있어 저작권 침해자가 침해 행위로 취득한 이익을 저작권자의 손해액으로 추정하여 주고, 저작권자가 통상 저작권의 행사로 얻을 수 있는 금액을 손해배상으로 청구할 수도 있습니다.

그러나 실무상으로는 저작권법 위반으로 인한 손해액을 산정하기가 쉽지 않기 때문에 저작권법은 법정 손해배상 규정을 두어 침해된 각 저작물미디 1,000만원(영리 목적으로 고의로 침해한 경우에는 5,000만원) 이하의 범위 내에서는 손해액의 구체적인 입증 없이도 손해배상청구가 가능하도록 규정합니다. 물론 손해액 입증이 어렵다는 이유로 원만하게 합의해 사건이 종결되는 경우도 빈번하고요.

본 사례의 경우, 창민은 유민의 강의를 무단으로 업로드했기 때문에 저작권법을 위반했음을 부정할 수는 없습니다. 그러나 창민은 단지 스터디원들에게 호감을 얻기 위해 업로드를 한 것이지 영리 목적으로 한 것이 아니고 업로드로 경제적 이익을 취득한 적도 없기 때문에, 실질적으로 창민이 배상할 손해액은 유민이 스터디원들에게 해당 동영상을 유료로 판매한 경우 얻을 수 있는 수익 상당액 정도에 불과할 것으로 보입니다. 물론 저작권법의 법정 손해배상 규정에 따라 민사 법원이 통상의 동영상 판매 가격보다 높은 금액을 인정할 가능성도 배제할 수 없습니다.

결국 창민이 취할 수 있는 최선의 방법은 전문가의 조언을 통해 법원이 인정할 손해배상액을 추정한 후, 해당 금액 수준에서 민·형사상의 합의를 보는 것이 되겠습니다.

 상식 Box!

부제소합의 : 소송을 제기하지 않기로 당사자 간에 약정하는 것으로 '부제소특약'이라고도 한다. 한편 '불상소합의'라는 것도 있는데, 이는 당사자 모두 상소(항소 및 상고를 포함)를 하지 않는다는 약정으로, 이러한 취지를 서면으로 명백하게 표현해야 한다.

CASE 11

임차인의 비용상환청구권

하라는 지영과 임대차계약을 체결하고 주택에 들어가서 거주하던 중, 화장실이 너무 낡고 변기가 부서져 화장실을 전면 수리하기로 했다. 하라는 화장실을 리모델링하면서 변기도 새로이 교체했다.

하라는 지영에게 변기 교체비 및 화장실 리모델링 비용을 청구했으나, 지영은 자신의 동의도 없이 왜 수리를 했느냐고 화를 내며 수리비를 줄 수 없다고 했다.

그러던 중에 임대차계약의 계약 기간이 끝났고 현재 집주인 지영은 하라에게 임대차 보증금을 지급하면서 주택을 인도해줄 것을 요구한 상태이다.

하라는 지영에게 어떠한 주장을 할 수 있을까?

이 사례에서 먼저 알고 가야 할 법률 용어는 '임차인의 상환청구권'입니다. 흔히 남의 집에 임차인으로 들어가서 살다 보면 거주하는 집에 하자가 발생해 이를 수리하느라 금전을 지출했음에도 임대인이 이를 지급하지 않아 속이 상하는 경우가 종종 발생하지요. 그렇지 않아도 임차인 입장에서는 내 집이 없어 남의 집에 들어가서 사는 것도 서러운데, 임대인은 집에 못도 박지 못하게 하는 등 사사건건 간섭은 일삼으면서 집의 수리비는 지불해줄 수 없다고 딱 잡아떼는 것이 얄밉기만 합니다. 따라서 임차인으로서 가지는 법적 권리를 알아두었다가 얄미운 임대인의 코를 납작하게 해줄 필요도 있답니다.

우리 민법은 임대인은 임차인이 임차물을 사용·수익할 수 있도록 그에 필요한 상태를 유지해주어야 한다고 규정하고 있습니다(민법 제623조). 따라서 임차인이 임차물의 보존을 위해 필요비나 유익비를 지출한 경우에는 임대인에게 지출한 금액의 상환을 청구할 수 있습니다(민법 제626조).

비용상환청구권 중에는 필요비 상환청구권이란 것이 있는데, 필요비란 임차인이 임차물의 보존을 위해 지출한 비용을 말합니다. 임차인이 필요비를 지출한 경우에는 비록 임대인의 승낙을 받지 않았다 하더라도 임차인은 필요비를 지출한 즉시 임대인에게 그 비용의 전액에 대해 상환을 청구할 수가 있습니다. 다만 집에 파손이 생겼더라도 임차인이 주거로 사용하는 데 지장이 없는 사소한 정도에 불과한 경우에는 임대인이 이를 수선해야 할 의무가 없기 때문에, 임차인이 그 파손을 수리하면서 비용을 지출했더라도 임대인에게 그 비용의 상환을 청구할 수 없다는 점을 주의해야 합니다.

비용상환청구권 중에는 또 유익비 상환청구권도 있는데, 유익비라 함은 임차인이 임차한 집의 객관적인 가치를 증가시키기 위해 투입한 비용을 말합니다. 임차인이 임대인에게 유익비를 청구하기 위해서는 임차목적물의 객관적 가

치가 증가해야 하고, 유익비를 지출한 결과물이 임차목적물의 구성 부분이 되어 따로 결과물을 분리시키는 것이 곤란해야 하고, 유익비 지출로 인해 임차목적물의 가액 증가가 현존할 것을 요구합니다. 하지만 임차목적물의 객관적 가치가 증가해야 하기 때문에 임차인의 주관적인 목적이나 취미를 위해 지출한 비용은 유익비라고 볼 수 없어 임대인에게 그 비용 상환을 청구할 수가 없습니다.

유익비상환 청구 역시 임대인의 승낙은 필요하지 않습니다. 다만 필요비의 경우 지출한 즉시 상환을 청구할 수 있지만, 유익비의 경우에는 임대차계약 종료 시 그 상환을 청구할 수 있다는 점이 다릅니다.

자, 그럼 지금 배운 법률 지식을 토대로 앞의 사례를 다시 살펴볼까요? 본 사례의 경우, 변기는 임차인이 임차물을 사용·수익하기 위해 필요한 것이므로 변기 수리비는 필요비에 해당한다고 볼 수 있습니다. 따라서 임차인 하라는 임대인 지영에게 변기를 교체한 즉시 수리비 전액을 청구할 수 있습니다.

그런데 화장실 리모델링의 경우에는 임차물의 보존을 위한 것이라고 볼 수 없으므로 필요비에는 해당하지 않고, 다만 임차물의 객관적 가치를 증가시킨 것이라고 할 수 있으므로 화장실 리모델링을 하느라 투입한 비용은 유익비라고 볼 수 있습니다. 따라서 하라는 임대차계약이 종료된 시점에 지영에게 리모델링 비용을 청구할 수 있습니다.

결론적으로 임대차계약이 종료된 시점인 현재 하라는 지영에게 변기 수리비 및 화장실 리모델링 비용을 지급해줄 것을 청구할 수 있고, 유익비나 필요비는 지영의 물건인 주택에 관하여 생긴 채권이기 때문에 위 채권을 변제받을 때까지 하라는 지영의 주택 인도 청구를 거절하며 주택을 점유할 수 있습니다.

다만 하라가 유치권을 주장하며 주택을 점유하는 경우 이미 주택 임대차계약은 종료되었기 때문에 지영에게 임대료 상당액을 부당이득금으로 지급해야 할 것입니다.

또 하나 실무상 주의할 점은 위와 같은 임차인의 필요비, 유익비 상환청구권은 임의규정으로 임대차계약 당시 다르게 정할 수 있습니다. 따라서 만약 임대차계약서에 필요비 및 유익비를 지급하지 않기로 하는 약정이 있는 경우, 이에 따라 임차인은 필요비 및 유익비 지급을 청구할 수 없을 수도 있습니다.

　현실적으로 공인중개사 사무실에서 제공하는 대부분의 임대차계약서에는 속칭 *원상회복 약정이 존재하고, 판례는 이를 임차인의 필요비 및 유익비 상환청구권의 포기로 보아, 임차인의 비용상환청구권을 인정하지 않습니다. 주의가 필요한 부분이지요.

 상식 Box!

원상회복 약정 : 일정한 사실이 없었다고 가정하는 경우에 원래의 사실 또는 법률상의 상태를 만들어줄 것을 약속하는 계약이다. 흔히 임대인이 임차인으로 하여금 건물을 사용하고 난 후 최초의 건물 상태로 복구시킬 것을 요구할 때 하는 약정이다.

임금·퇴직금을 안 주면 어떻게 해야 하나요?

> 민아는 GD회사에 고용되어 10년 넘게 열심히 근무했다. 그런데 최근 경기가 나빠지면서 회사 운영이 어려워졌고, GD회사 사장인 지용은 회사가 어려우니 사정을 봐달라며 민아의 임금 지급을 차일피일 미루었다.
>
> 민아는 임금을 받지 못하였음에도 회사가 살아나는 것이 우선이라 생각하며 열심히 일을 했다. 그러나 GD회사는 경기 침체를 이기지 못하고 결국 도산하고 말았고, 민아는 현재 3개월분의 임금과 퇴직금을 지급받지 못한 상태이다.
>
> 이러한 상황에서 민아는 어떠한 조치를 취해야 할까?

앞서 살펴본 바와 같이 단순한 채무불이행은 통상 형사처벌의 대상이 되지 않는 것이 원칙입니다. 하지만 근로자의 임금과 퇴직금은 근로자의 생계에 직접적으로 영향을 미치기 때문에, 사업주가 이를 지급하지 않는다면 근로자의 생존권을 위협하여 사회에 해악을 미친다고 볼 수 있죠. 그래서 우리 법은 사업자가 임금·퇴직금을 지급하지 않는 경우, 이는 단순한 민사적 채무불이행을 넘어 근로기준법 위반·근로자퇴직급여 보장법 위반으로 보고 형사처벌의 대상이 되도록 하여 근로자를 두텁게 보호하고 있습니다.

그렇다면 회사에서 임금 및 퇴직금을 미지급할 경우 구제 수단에는 어떤 것이 있을까요? 먼저 노동부에 사업자를 신고하여 압박을 넣습니다. 노동부의 중재로 사업주로부터 임금 등을 지급받을 수 있고, 노동부에서 해결되지 않는 경우에는 노동부가 검찰청에 사업주를 고발하여 형사처벌을 무기로 사업자를 압박해 임금 등을 받아내는 방법이 있습니다.

하지만 사업자가 경영 악화로 돈이 없다면 방법이 없는 것일까요? 사업자 수중에 돈이 없고 빚만 잔뜩 있는 경우라면 근로자 입장에서는 돈을 받을 방법이 없습니다. 사업자가 돈을 만들어서 줄 수도 없고 검찰청도 본래 범죄자를 처벌하는 기관이지 돈을 받아주는 기관이 아니기 때문에, 아무리 근로자가 사업자를 고발하고 압박을 넣는다 하더라도 돈을 안 준 사업자에 대한 일시적인 분풀이는 될지 몰라도 실질적으로 돈을 받을 길은 묘연하지요.

근로자가 사업자를 상대로 민사상 금원 지급을 요구하는 청구를 하여 승소 판결문을 받는다 하더라도 사업자에게 집행할 재산이 없다면 판결문은 한낱 종이 쪼가리에 불과하게 됩니다. 근로자의 입장에서는 속이 터지지만 돈이 없는 사람에게는 어떻게 할 방법이 없는 것이 사실입니다.

단, 근로기준법 제38조, 근로자퇴직급여 보장법에서는 임금채권의 우선변제를 규정하고 있고(특히 3개월분의 임금채권 및 재해보상금, 최종 3년간의 퇴직금은

근저당권 등 담보권자보다 우선합니다), 대법원 판례 역시 법인 파산 시 근로자 임금채권의 우선변제권을 인정하고 있습니다(대법원 2003. 6. 24. 선고 2002다70129). 따라서 회사 재산에 대한 강제집행, 회사 파산 등의 절차에서 근로자는 3개월분 임금 및 최종 3년간 퇴직금을 다른 채권자들에 우선하여 변제받을 수 있습니다. 실무상 근로자들이 이러한 규정을 몰라 자신의 권리를 제대로 행사하지 못하고 받을 수 있는 돈도 못 받는 경우가 많습니다. 잘 알아두었다 주변에 필요한 사람에게 알려주도록 합시다.

　마지막으로 근로자가 임금 등을 지급받을 수 있는 방법은 임금채권보장법에서 규정하고 있는 '체당금'이 있습니다. 체당금이란 기업이 도산하여 임금 및 퇴직금 등을 지급받지 못하고 퇴직한 근로자에게 국가가 사업주를 대신하여 지급하는 것을 말합니다. 다만 체당금을 받기 위해서는 기업이 도산해야 하므로, 사업장이 법원에서 파산선고 또는 회생 개시의 결정을 받는 등 지방고용노동관서의 장이 도산으로 인정해야 한답니다. 또한 체당금으로 근로자가 임금 및 퇴직금 등을 전액 보장받을 수 있는 것은 아닙니다. 체당금 지급 금액은 퇴직 전 최종 3월분의 임금·휴업수당 및 3년간의 퇴직금 중 미지급액과 체당금 상한액으로 한정되기 때문이지요.

따라서 사업자가 임금 등도 지급하지 않으면서 적자가 나는 사업을 계속하며 경영하고 있는 경우라면 근로자는 사업자가 일단 현재 경영하고 있는 기업을 도산시켜 체당금으로 임금 등을 일부라도 지급받을 수 있게 사업자를 설득할 필요가 있습니다.

자, 그럼 지금 배운 법률 지식을 토대로 앞의 사례를 다시 살펴볼까요? 먼저 민아는 사장 지용을 노동부에 신고하여 압박할 수 있습니다. 근로자가 고용노동부에 임금 등 체불 사실을 신고하면 노동부의 근로감독관이 사업주와 근로자를 불러 임금 등의 체불 사실을 확인합니다. 그리고 체불 사실이 확인되었음에도 사업주가 근로자에게 임금을 지급하지 않는 경우에는 노동부에서 형사 고발 조치를 취하게 되고, 검찰청에서는 통상 형사조정으로 합의 절차를 먼저 거쳐보고 그래도 사업주가 임금 등을 지급하지 않는다면 검사가 벌금형으로 약시기소하게 됩니다. 따라서 민아는 지용을 노동부에 임금 등의 체불 사실로 신고하여 형사처벌을 수단 삼아 지용에게 심리적 압박을 가할 수가 있습니다.

또한 민아는 위와 같은 형사 절차 이외에도 자신을 고용한 GD회사를 상대로 민사소송을 제기하여 임금 등을 지급할 것을 청구할 수 있습니다. 임금 등이 2,000만원 이하인 경우에는 소액사건심판 절차를 통해 간편하게 민사 절차를 마칠 수가 있지요.

그리고 마지막으로, GD회사는 도산한 상태이기 때문에 민아는 지방고용노동관서에 체당금 지급청구서와 체당금 지급 요건에 대한 확인서를 제출하여 체당금 지급을 요구할 수 있습니다. 그러면 지방고용노동관서에서 근로자가 체당금 지급 요건을 충족하는지 확인한 후 근로복지공단에 체당금 지급청구서와 확인통지서를 송부하고, 근로복지공단은 체당금 지급청구서를 받으면 특별한 사유가 없는 한 그날로부터 7일 이내에 근로자인 민아의 예금계좌로 체당금을 입금하게 됩니다.

퇴직금을 임금에 포함시켜 지급하는 경우

유라는 서른이 넘도록 사법시험 공부를 하다 계속 낙방하자 궁여지책으로 중소기업인 GD회사에 취업하게 되었다. 유라는 급여 등 전반적인 근무 조건이 마음에 들지 않았지만, 1년 후에는 급여를 많이 올려주겠다는 사장의 말을 믿고 일단 근무를 시작했다.

늦은 나이에 입사한 만큼 유라는 GD회사에서 야근을 밥 먹듯 하며 열심히 일했고, 1년이 지나자 사장은 연봉을 10% 올려주겠다고 했다. 그런데 사장은 연봉을 10% 인상하는 대신 올해부터는 급여에 퇴직금을 포함시켜서 지급하겠다고 통보했다.

대학 시절 노동법을 열심히 수강하지 않았던 유라는 사장의 말이 무슨 뜻인지 제대로 이해하지 못한 채 단지 연봉이 10%나 올랐다는 사실이 너무 좋아서 동창회에 참석하여 친구들에게 늦은 나이에 일을 시작했지만 이번에 연봉이 10%나 올랐다고 자랑을 늘어놓았다.

그러자 한 친구가 올해부터는 급여에 퇴직금이 포함된 것이니, 퇴직금을 빼면 실제로는 2%도 채 안 오른 것임을 알려주었다. 친구의 말을 들은 유라는 회사를 위해 열심히 근무한 자신을 대우해주지 않는 GD회사에 환멸을 느끼고 회사를 그만두려 하였으나, 마땅히 새로운 일자리가 없어 1년을 더 근무하고 나오면서 회사에 퇴직금을 지급해줄 것을 요구했다.

이에 대하여 회사 사장은 임금에 퇴직금을 포함하는 것으로 약정했기 때문에 퇴직금은 지급해줄 수 없다고 맞서고 있다.

과연 유라는 퇴직금을 지급받을 수 있을까?

실제로 임금에 퇴직금을 포함하여 지급하는 경우는 주변에서 흔히 볼 수 있지요. 법조계에서도 불과 몇 년 전까지만 해도 대형 로펌이라는 곳들도 대부분 이런 방식을 사용할 정도로 만연하고 있었답니다. 그만큼 이로 인한 법률 분쟁도 많이 발생하고 있고요.

이는 여러 가지 현실적인 이유에 의해서 발생합니다. 앞의 사례와 같이 사업주가 연봉을 부풀려서 표현하는 수단으로 사용되기도 하고, 사업주가 근로자 퇴직 시 고액의 퇴직금을 한꺼번에 지급하기 어려울 것을 우려하여 매년 연말에 1개월분 급여를 추가로 지급하는 경우도 있습니다. 급여는 매년 상승하는 것이 일반적이라서 매년 퇴직금을 지급하면 퇴직 시 한 번에 지급하는 것보다 적은 금액을 지급할 수 있기 때문이지요.

그렇다면 월급에 포함되어 지급된 퇴직금을 퇴직금으로 인정할 수 있을까요? 퇴직금은 근로자의 최종 퇴직 시에 발생하는 금원이기 때문에 임금과는 그 성격을 달리합니다. 따라서 사업자가 월급에 퇴직금을 포함시켜 지급했다 하더라도 그러한 금원을 퇴직금이라고 인정할 수는 없지요. 그러므로 근로자가 일단 형식적으로 퇴직하는 방식을 취하여 퇴직금을 지급받고 곧바로 다시 재입사하는 형태인 중간 정산의 방식으로 퇴직금을 지급한 것이 아닌 이상, 사업자가 근로자에게 월급에 퇴직금을 포함시켜 매달 지급했다고 하더라도 근로자 퇴직 시에 사업자의 퇴직금 지급 의무가 없어지는 것은 아니랍니다.

앞서 살펴본 바와 같이 월급에 포함된 퇴직금은 퇴직금으로 인정할 수 없습니다. 그렇다면 근로자가 분할 지급받은 퇴직금의 법적 성격이 무엇인지가 문제가 됩니다. 기존 판례의 입장을 보면 이렇게 분할 지급된 퇴직금에 대하여 근로의 대가인 임금의 성격으로 보아 고용주에게 다시 반환할 필요가 없다는 의견이 지배적이었습니다.

그렇지만 최근의 판례 경향은 사안에 따라 그 성격을 달리 보고 있습니다. 최근 판례는 근로관계 및 직원들에게 돌아갈 불이익 정도 등을 고려하여 근로자가 월급에 포함되어 지급받은 퇴직금을 부당이득금으로 보고 이를 사업주에게 반환할 의무가 있다고 합니다. 결국 판례는 위와 같은 전제하에 근로자가 퇴직 후 회사에 퇴직금을 요구하는 경우, 회사는 근로자에게 지급하여야 할 퇴직금과 이미 지급하여 근로자로부터 돌려받아야 하는 부당이득금을 ※상계할 수 있다고 판시하고 있습니다. 즉 회사는 근로자에게 지급할 퇴직금에서 근로자가 급여에 포함되어 이미 지급받은 퇴직금을 뺀 금액만 지급하면 된다는 의미입니다.

언뜻 보면 위 두 가지 금액이 동일하다고 생각할 수도 있으나, 퇴직금은 퇴직 직전 3개월분의 통상 임금을 기준으로 산정하고, 급여는 지속적으로 상승하는 것이 일반적이기 때문에, 실제로 계산하면 퇴직 시점을 기준으로 산정한 퇴직금이 근로자가 임금에 포함되어 이미 지급받은 퇴직금보다 조금 많은 경우가 대부분입니다.

자, 그럼 지금 배운 법률 지식을 토대로 앞의 사례를 다시 살펴볼까요? 위 사례에서는 GD회사가 유라의 퇴직금 지급 청구를 거부할 수 있을지가 쟁점입니다. 비록 유라와 GD회사가 새로이 연봉협상을 하면서 퇴직금을 임금에 포함시켜 지급하기로 약정했고 매월 임금에 퇴직금을 포함해 지급해왔다 하더라도, 퇴직금은 근로자가 사전에 포기할 수 없는 권리이기 때문에 위 약정은 아무런 효력이 없습니다.

따라서 GD회사는 유라에게 퇴직금을 지급해야 할 의무가 있고, 유라의 퇴직금 지급 청구를 거부할 수 없습니다. 그렇다면 유라는 그동안 월급에 포함되어 퇴직금 조로 받았던 금원을 반환해야 할까요? 이 사례의 경우 GD회사는 임금 인상률을 10%로 정했는데, 통상 퇴직금은 1년에 1개월분의 급여 상당액을 지급하게 되는바, 퇴직금을 월급에 포함시키는 경우 자연히 연봉은 8.3%(1/12×100) 정도 상승하게 됩니다. 따라서 본 사안에서 유라의 실제 임금 상승률은 1.7%(10%-8.3%)에 불과하고, 이는 사업자가 입사 시 급여를 많이 올려주겠다고 공언한 것에 비하면 지극히 낮은 인상률이라 할 수 있겠죠.

결국 사장은 임금 인상률이 높은 척 생색만 내고 퇴직금 지급을 회피하기 위해 부당하게 퇴직금을 임금에 포함시켜 분할 지급했다고 볼 수 있습니다. 이러한 사정을 종합적으로 고려해본다면, 유라는 GD회사에 지급받은 퇴직금을 반환하지 않아도 된다고 볼 수 있습니다(단, 이 사례는 관점에 따라 다른 해석도 존재할 수 있습니다).

상식 Box!

상계 : 채권자와 채무자가 서로 같은 종류의 채권과 채무를 가지고 있는 경우 서로의 채권과 채무를 같은 액수만큼 소멸케 하는 의사표시를 말한다.

CASE 14
온라인 쇼핑몰 환불을 알아보자

요섭은 여자친구와의 100일 기념일에 대비해 소셜커머스 업체인 티팡을 통해 해산물 뷔페 이용권을 구매하고, 온라인 쇼핑몰 업체인 G몰에서 귀고리를 구입했다.

그런데 이 소식을 들은 요섭의 여자친구는 자신이 해산물 알레르기와 금속 알레르기가 있어 마음은 고맙지만 환불하는 것이 좋겠다고 했고, 요섭은 상품을 구입한 지 5일이 지난 후 뷔페 이용권과 귀고리에 대해 환불 요청을 했다.

그런데 소셜커머스 업체 티팡은 자신들은 통신판매업자가 아니라 단순한 중개인에 불과하기에 환불해줄 수 없다고 하고, G몰은 요섭이 상품의 포장을 이미 뜯었기 때문에 단순 변심에 따른 환불을 해줄 수 없고 또한 구입한 이후 3일 내에만 구매 취소가 가능하다는 문구를 홈페이지에 기재해두었기 때문에 환불은 불가하다고 하고 있다.

요섭은 위 상품들을 환불받을 수 있을까?

　우리나라는 일찌감치 초고속 인터넷이 전 지역에 보급됨에 따라 온라인 거래가 활성화되었습니다. 그런데 온라인 거래를 규제할 법률이 이러한 사회적 변화에 발맞추어 빠르게 제정된 것은 아니기 때문에, 그동안 소비자들은 온라인 쇼핑몰의 부당한 횡포에도 피해를 입었던 것이 사실이지요.

　기존에는 소비자가 온라인 쇼핑몰을 통하여 상품을 구입했다가 단순 변심으로 상품을 환불하고 싶은 경우, 또는 상품이 홈페이지에 공개되어 있는 광고와 전혀 다른 경우, 심지어 상품에 하자가 있는 경우에도 온라인 쇼핑몰에서 환불 및 교환을 해주지 않으면 실질적으로 소비자를 보호할 방법이 묘연했습니다.

　소비자가 소비자원이나 소비자상담센터에 온라인 쇼핑몰을 신고해도 위

단체가 온라인 쇼핑몰에 어떠한 제재를 가할 법적 권한은 없기 때문에, 온라인 쇼핑몰이 환불·교환을 해주지 않는다 해도 위 단체로부터 단순히 권고를 받는 것에 그쳤을 뿐이었지요.

하지만 2002년 7월 1일부터 '전자상거래 등에서의 소비자보호에 관한 법률'이 시행되어 소비자 피해를 구제할 수 있는 방안이 마련되었답니다. 위 법률에 의하면 통신판매업자와 구매계약을 체결한 소비자는 계약 내용에 관한 서면의 교부일(재화 등의 공급이 서면 교부일보다 늦은 경우에는 그 공급일)로부터 7일 안에 청약을 철회할 수 있고, 재화 등의 내용이 표시·광고 내용과 다르거나 계약 내용과 다르게 이행된 경우에는 해당 재화 등을 공급받은 날부터 3개월 이내에, 그 사실을 안 날 또는 알 수 있었던 날부터 30일 이내에 청약 철회 등을 할 수 있습니다. 다만 소비자의 단순 변심으로 상품을 환불받는 경우에는 택배비와 같이 상품의 반환에 필요한 비용은 소비자가 부담해야 합니다.

또한 내용물 확인을 위해 포장을 뜯은 경우에도 상품에 대한 환불이 가능하고, 온라인 쇼핑몰 홈페이지에 기재되어 있는 '환불은 불가능하고 마일리지 적립만 가능', '주문 취소는 24시간 이내만 가능' 등의 문구는 모두 효력이 없습니다.

그리고 만일 사업자가 위 법률의 규정을 위반하거나 의무를 이행하지 않은 경우에는 행정청이 시정 조치를 명할 수 있고, 사업자가 시정 조치 명령을 이행하지 않는 경우 행정청은 1년 이내의 영업정지 또는 위반 행위와 관련한 매출액을 초과하지 않는 범위에서 과징금을 부과할 수 있다고 규정하여 온라인 쇼핑몰의 횡포에 대한 제재 수단까지 마련해두고 있습니다. 참고로 스마트폰을 이용하여 유료 애플리케이션을 다운받거나 유료 아이템을 잘못 구매한 경우 역시 동일하게 위 법률에 따라 구제가 가능하다는 것도 참고해두세요.

자, 그럼 지금 배운 법률 지식을 토대로 앞의 사례를 다시 살펴볼까요? 먼저 소셜커머스 업체의 법적 지위에 대해 살펴볼 필요가 있습니다. 소셜커머스는 여타 온라인 쇼핑몰처럼 온라인을 통하여 소비자에게 직접 상품을 판매하는 것이 아니라 상품에 대한 할인 쿠폰을 발행하고 있기 때문에, 얼핏 단순한 중개인처럼 보이지 통신판매업자로 보이지는 않지요. 그리고 전자상거래 등에서의 소비자보호에 관한 법률에서는 통신판매업자를 규제하고 있기 때문에, 그동안 소셜커머스 업체에서는 자신들은 중개인에 불과할 뿐 통신판매업자가 아니기 때문에 위 법률의 적용 대상이 아니며, 따라서 위 법에서 적용시키고 있는 상품의 환불·교환에 관한 규정도 적용되지 않는다고 주장해왔습니다.

하지만 최근 공정거래위원회가 소셜커머스 업체의 법적 지위에 대하여 전자상거래 등에서의 소비자보호에 관한 법률의 적용 대상이 되는 통신판매업자에 해당한다고 판단했습니다. 따라서 이제 소셜커머스 업체도 소비자가 단순 변심에 의해 상품 구입일로부터 7일 이내에 환불 요청을 한다면 이를 거절할 수 없다는 것이 명확해졌다고 볼 수 있지요.

그러므로 본 사안의 경우 소셜커머스 업체인 티팡과 온라인 쇼핑몰 G몰은 전자상거래 등에서의 소비자보호에 관한 법률에 따라 요섭의 상품 환불 요청을 거절할 수 없고, 상품의 포장을 이미 뜯은 경우나 단순 변심의 경우 환불을 해줄 수 없고 또한 구입한 이후 3일 내에만 구매 취소가 가능하다고 홈페이지에 문구를 기재했더라도 이러한 내용은 소비자에게 일방적으로 불리한 내용으로 효력이 없답니다.

판결의 효력

두준과 기광은 친한 친구 사이이다. 어느 날 기광이 두준의 집에 놀러와 같이 술을 마시다가 두준이 먼저 잠들자, 기광은 두준의 인감을 훔쳐 두준을 보증인 삼아 태용으로부터 1,000만원을 빌렸다.

그러나 기광은 약속한 날짜에 돈을 갚지 않았고, 태용이 기광에게 연락을 취해봤으나 행방이 묘연한 상태여서 어쩔 수 없이 보증을 선 두준을 상대로 1,000만원의 지급을 요구하는 민사소송을 진행했다. 아무것도 몰랐던 두준은 마침 지방 출장 중이라 일이 바빴고, 기광에게 연락해 어찌 된 영문인지 따져보니 기광이 사실을 고백하면서 자신이 잘 처리할 테니 한 번만 용서해달라고 애원하기에, 소송에 크게 신경 쓰지 않고 제대로 대처하지 않았다. 그러나 재판은 계속 진행되어 태용의 전부 승소 판결로 확정되고 말았다.

현재 태용은 위 판결문을 집행권원으로 하여 두준이 사는 집에 대해 입류 및 경매 절차를 진행하려고 하는데, 이에 두준이 대처할 수 있는 방안에는 무엇이 있을까?

법원은 당사자들 사이의 법적 분쟁에 대해 판결이라는 형식으로 결정을 내 당사자들의 법률관계를 정해줍니다. 그런데 이러한 판결에 당사자가 불만을 가지는 경우 판결이 쉽게 변경될 수 있다면 어떻게 될까요? 아마 법적 분쟁은 해결되지 않고 당사자들은 끝없이 싸우게 되어 법적 안정성을 해치게 되겠지요.

따라서 *법적 안정성을 유지하기 위해 판결이 확정되면 절대적인 효력이 부여되는데, 이러한 확정판결의 효력을 법률 용어로 기판력이라고 합니다. 다만 법적 안정성에 견줄 만큼 법률관계의 실체적 진실성도 중요하기 때문에, 우리나라는 3심제를 두어 당사자가 판결에 대해 2번 불복할 수 있는 기회를 주고 있답니다. 판사도 사람인지라 실수를 할 수 있다는 점을 고려하여 당사자에게 2번 더 법적 분쟁을 다툴 수 있는 기회를 줘 법적 안정성과 실체적 진실성의 조화를 꾀하고 있는 것이지요.

법률 용어로 1심의 판결을 2심에서 다투는 것을 '항소'라 부르고, 2심의 판결을 대법원인 3심에서 다투는 것을 '상고'라고 부르는데, 이러한 *상소도 판결이 선고된 이후 확정되기 전에 해야 하는 것이고, 판결이 확정되면 당사자는 판결문 내용에 대해 불복하여 다시 소를 제기할 수 없습니다.

확정판결은 기판력을 가지므로 당사자들이 확정판결 사항에 대해 더 이상 다툴 수 없는 효력이 생깁니다. 이에 따라 당사자가 같은 법적 분쟁에 대해 다른 법원에 다시 제소하더라도 다른 법원은 이전 재판 내용과 모순되는 판단을 할 수 없도록 구속되지요. 또한 소송상 청구를 통하여 판결이 확정되면 3년,

5년의 단기 소멸시효의 채권 시효가 10년으로 연장되는 효과도 있답니다.

자, 그럼 지금 배운 법률 지식을 토대로 앞의 사례를 다시 살펴볼까요? 본 사례의 경우 '두준은 태용에게 1,000만원을 지급하라'라는 내용의 판결이 확정되었기 때문에 두준은 더 이상 이에 대해 다툴 수가 없답니다. 실체적 사실관계만을 두고 따지고 본다면 기광이 두준의 인감을 훔쳐서 태용과 계약을 맺었으니 두준은 이와 같은 내용을 주장하여 태용에게 대항할 수 있었기 때문에 두준이 이를 재판 중에 주장했더라면 승소했을 것입니다.

하지만 두준은 재판 중에 위와 같은 내용을 주장하지 않았고, 이미 '두준은 태용에게 1,000만원을 지급하라'라는 내용의 판결이 확정된 이상 기판력이 발생하기 때문에, 두준은 같은 내용으로는 더 이상 다툴 수가 없어 태용의 강제집행에 대항할 수 없게 되는 것이지요.

그러므로 두준은 실상 본인이 기광의 보증인이 아니었다는 이유로는 태용의 경매를 막을 수가 없고, 압류 및 경매 절차를 막기 위해서는 태용에게 1,000만원 상당을 지급해주는 수밖에 없습니다. 물론 본 사례의 원흉인 기광에게 1,000만원 부분에 대한 불법행위에 기한 손해배상청구를 제기하여 기광으로부터 위 금원을 보상받을 수는 있습니다.

끝으로, 민사소송을 당하는 경우 상대방이 터무니없는 거짓말을 하고 있기 때문에 인정될 여지가 없다고 여기거나 단지 대응하기 귀찮다는 이유로 무시하는 경우가 종종 있습니다. 그러나 이는 법률상 아주 위험한 행위입니다. 우리 민사소송법은 상대방의 소장을 받고 아무런 대응을 하지 않는 경우 상대방의 주장을 모두 인정하는 것으로 간주하여, 상대방의 주장이 맞는지 틀린지는 따져보지도 않고 상대방의 주장대로 권리를 인정해버립니다.

통상 소장을 송달받은 날로부터 30일 이내에 답변서를 제출하라고 하는데, 만약 30일 이내에 답변서를 제출하지 않으면 법원이 자동으로 선고기일을 지정하여 원고의 주장을 모두 인정해버립니다. 위와 같이 판결이 확정되면 그 이후에는 아무리 상대방의 주장이 사실이 아니라고 해도 이를 다툴 수 있는 방법이 막혀버려 피해를 입을 수 있죠.

어떻게 법원이 이런 일을 할 수 있느냐고 항변할지 모르나, 민사소송은 형사소송과는 다르게 실체적 진실을 발견하는 것이 목적이 아니랍니다. 민사소송법은 기본적으로 개인 간의 사법적인 문제를 다루는 영역이기에 대립하는 당사자를 대등한 수준으로 보아 변론주의의 원칙에 따라 심리하기 때문입니다. 따라서 억울하게 판결이 확정되는 일이 없도록 하기 위해서는 소장을 받으면 반드시 법원이 명시한 날짜까지 법원이 요구하는 행동을 취해야 한다는 것을 꼭 명심하기 바랍니다.

상식 Box!

법적 안정성 : 법은 국민의 행위규범이므로 자주 변경되면 국민이 행동 지침을 잃게 되고 사회가 안정될 수 없다. 따라서 법의 제정은 신중하게 이루어져야 하고, 법의 내용은 명확하며 실현 가능성이 있어야 한다. 또한 국민의 법의식과 합치되어야 한다. 이러한 조건들이 갖추어질 때 법적 안정성이 확보되었다고 말한다.

상소 : 하급법원의 판결에 대해 불복하여 상급법원에 재판을 청구하는 제도. 상소의 종류에는 항소와 상고, 항고가 있다. 1심 판결에 불복하여 2심 법원에 판결을 청구하는 것을 '항소'라 하고, 2심 판결에 불복하여 3심 법원, 즉 대법원에 판결을 청구하는 것을 '상고'라 한다. 판결 이외의 법원 결정이나 명령에 대해 불복하는 것은 '항고', '재항고'라고 한다.

소송 제기 이전에 반드시 챙겨야 할 사항(보전처분)

혜리는 친구 소진에게 1,000만원을 빌려주면 한 달 후에 이자까지 포함해 1,100만원을 돌려주겠으니 잠시만 빌려달라고 부탁했다. 이에 동의한 소진은 차용증을 작성하고 혜리에게 1,000만원을 빌려주면서 담보로 혜리가 운영하고 있는 가게의 임대차계약서 사본을 받았다.

소진은 혜리가 한 달이 지나도록 빌린 돈을 갚지 않자 혜리를 상대로 1,100만원의 지급을 요구하는 소송을 제기했고, 재판은 소진의 승소 판결로 확정되었다. 그런데 소진이 위 판결에 기초하여 강제집행을 하려던 차에 혜리가 자신이 운영하는 가게의 임대차 보증금 채권을 소송 중에 이미 지해에게 양도했고 혜리에게는 다른 재산이 없다는 사실이 밝혀졌다.

소진은 지해에게 위 판결을 근거로 임대차 보증금 채권에 대한 권리를 주장할 수 있을까?

이 사례에서 먼저 알고 가야 할 법률 용어는 바로 '보전처분'입니다. 당사자가 법적 분쟁을 해결하기 위해 법원에 소를 제기하고 법원에서 판결이 내려지려면 상당한 시일이 소요되기 마련입니다. 그런데 채무자인 *피고가 원고가 자신에 대해 소송을 제기한 사실을 알고 자신의 재산을 다른 사람들에게 모두 처분해버린다면 어떻게 될까요?

앞서 살폈던 것처럼 확정판결이 나면 당사자를 구속하는 기판력이 발생하는데, 판결의 효력은 소송의 당사자에게만 미치고 재판상 당사자 외의 다른 사람에게는 미치지 않습니다. 따라서 이후에 원고인 채권자가 채무자에 대해 승소 확정판결을 받는다 하더라도 이 판결문으로는 피고의 재산에 대해서만 강제집행을 할 수 있고, 피고 외 다른 사람의 재산에 대해서는 위 판결문으로 강제집행을 할 수가 없지요.

실제로 소송이 제기되면 채무자가 자신의 재산을 친척들 명의 혹은 친한 친구들의 명의로 이전하는 일이 비일비재하고 채권자가 승소 판결을 받은 이후 판결문을 가지고 강제집행을 하려다가 채무자에게 재산이 하나도 없어서 낭패를 보는 경우가 허다합니다. 채무자에게 강제집행할 재산이 없다면 아무리 승소 판결문이 있다 하더라도 실질적으로 채무자로부터 받아낼 수 있는 것이 없기 때문에 판결문은 휴짓조각에 지나지 않게 되지요.

채권자의 입장에서 본다면 채무자가 재산을 빼돌린 것이기 때문에 채무자 친척들의 재산에 대해 판결을 집행할 수 있어야 하는 것이 당연하다 생각될 수 있고 무척 억울하겠지만, 다른 한편으로 생각해본다면 재판상 당사자가 아니기에 법원에서 어떠한 법적 주장도 하지 못한 사람의 재산에 대해 함부로 강제집행을 할 수 있게 하는 것은 법적 안정성을 심대하게 해칠 우려가 있기 때문에, 재판상 당사자 외의 다른 사람에게까지 기판력을 확장하기는 무리가 있는 것이지요.

이처럼 채권자가 재판에 많은 시일과 비용을 들였음에도 불구하고 채무자가 재산을 빼돌려 실질적인 권리의 만족을 얻지 못하는 경우가 생길 수 있기 때문에, 이를 방지하기 위하여 판결이 선고되기 전에 미리 채무자의 재산에 대해 처분을 금지시켜두거나 임시로 잠정적인 법률관계를 형성해둠으로써 장래 확정판결을 받았을 때 그 집행을 용이하게 할 수 있는데, 이를 '보전처분'이라고 합니다. 보통 보전처분은 가압류·가처분을 의미하고, 가압류는 금전채권 또는 금전으로 환산할 수 있는 채권에 대해, 가처분은 금전채권 이외의 채권에 대해 집행을 보전하기 위해 하는 것입니다.

채권자가 채무자로부터 돈을 받을 채권이 있는데 채무자가 돈을 안 준다고 해서 개인적으로 강제로 돈을 빼앗아온다면 강도죄가 성립하여 채권자는 형사처벌을 면할 수 없습니다. 따라서 채권자가 채무자를 상대로 민사소송을 하는 궁극적인 목적은 채권의 만족을 얻기 위해서, 간단히 말해 채무자로부터 적법하게 돈을 받기 위해서랍니다.

결국 보전처분은 채무자가 미리 재산을 빼돌려 판결의 강제집행을 피하는 행위를 방지하기 위한 아주 중요한 소송행위에 해당하고, 실무상 *본안소송만큼이나 여러 가지 측면에서 중요성을 띱니다. 따라서 능숙한 변호사라면 소송을 진행하기 이전에 채무자에게 집행할 재산이 있는지, 있다면 해당 재산에 대해 어떤 식으로 처분을 막아놓을 것인지를 고민하여, 소송 제기 이전에 조치를 취하고 소송에 착수해야 합니다.

그런데 실무상 채무자가 어떤 재산을 소유하고 있는지 사전에 파악하는 것이 쉽지 않고, 사전에 파악한다 해도 채무자가 가진 재산의 종류에 따라 보전처분의 방식이 상이하기 때문에, 보전처분 단계에서부터 변호사의 실력이 판가름나는 것이 일반적입니다. 그러니 실력 검증도 없이 무턱대고 싼값에 일을 처리해주는 변호사를 선호해서는 안 될 일입니다. 실제로 비용 문제로 보전처분은 법무사를 통해 진행한 후 재판만 이겨달라며 변호사에게 소송을 위임하는 경우가 많은데, 이런 경우 법무사가 엉뚱한 재산 등에 가압류를 하는 바람에 대법원에서 최종적으로 승소했음에도 결국 돈을 받아내지 못하는 경우도 있답니다.

자, 그럼 지금 배운 법률 지식을 토대로 앞의 사례를 다시 살펴볼까요? 만약 소진이 혜리에게 1,100만원의 지급을 요구하는 소송을 제기하면서 혜리의 임대차 보증금 채권에 대해 가압류를 해두었다면, 소진은 가압류 이후에 임대차 보증금 채권을 양수받은 지해에게도 대항할 수 있기 때문에, 소진은 위 보증금 채권을 집행하여 채권의 만족을 얻을 수 있었을 것입니다.

그러나 본 사례의 경우 소진은 위와 같은 보전처분을 해두지 않았으므로 기판력은 재판의 당사자인 소진과 혜리에게만 효력을 미치고, 이에 따라 소진은 재판의 당사자가 아닌 지해에게 승소 판결문을 가지고 주장할 수가 없습니다. 결국 소진은 이미 지해에게 넘어간 임대차 보증금 채권에 대한 강제집행을 할 수 없게 되는 것이지요.

 상식 Box!

피고 : 민사소송에서 소송을 당한 측의 당사자를 뜻한다. 참고로 형사소송에서 검사에 의하여 형사 책임을 져야 할 자로 공소 제기를 받은 사람은 '피고인'이라고 한다.

본안소송 : 가압류, 가처분 등의 사전처분을 위한 재판과 구분하기 위해 사용하는 용어. 정식으로 권리 자체의 존재 여부 및 범위를 다투는 소송을 의미한다.

판결만이 유일한 해결책인가?

건축업자 신동은 이특의 부탁을 받고 공사 대금 1억원에 주택을 지어주기로 하고, 주택을 완공한 후 이특에게 공사 대금 1억원을 줄 것을 요구했다. 그런데 이특은 돈을 마련하지 못했다면서 차일피일 대금 지급을 미루었고, 이에 신동은 이특을 상대로 공사 대금 채권 1억원의 지급을 요구하는 소송을 제기했다.

민사소송 중 이특은 자신은 현찰이 없으니 이특 소유의 7,000만원 상당의 주택으로 대물변제하기로 했고, 그 이행을 할 경우 신동은 나머지 3,000만원 상당의 채무는 면제해주기로 하고 두 사람은 화해를 했다.

그런데 신동이 이특 소유의 주택을 받아보니 그 가치가 5,000만원 상당에 불과했고, 이 사실을 알게 된 신동은 위 화해를 없던 일로 하고자 한다.

과연 신동과 이특 사이의 화해는 없던 일이 될 수 있을까?

이 사례에서 먼저 알고 가야 할 법률 용어는 '재판상 화해'입니다. 재판상 화해란 소송상 화해와 제소 전 화해를 포함하는 것으로, 소송상 화해는 양 당사자가 법원에서 서로 주장을 양보하고 합의하여 소송을 종료시키는 것이고, 제소 전 화해란 소를 제기하기 전에 법원의 단독판사 앞으로 화해 신청을 해서 해결하는 것을 말합니다.

일반적으로 제소 전 화해는 규모가 큰 임대차계약에서 많이 사용됩니다. 임대차 기간이 종료되었음에도 임차인이 나가지 않고 버티는 경우 임차인을 내보내기 위해서는 소송을 거쳐야 하는데, 소송에는 상당한 시간이 걸리기 때문에 소송 없이 임차인을 내보내기 위한 용도로 많이 사용됩니다.

본 사례의 경우 소송 제기 이후의 화해에 대한 것이므로 소송상 화해에 해당합니다. 당사자가 법적 분쟁에 대해 소송을 제기했다 하더라도, 많은 시간과 노력을 투자하여 일괄적으로 정해진 모든 법적 절차를 거치게 하고 판결로써 해결하는 것만이 과연 바람직할까요? 필자는 물론 최근 법조계의 대체적인 견해는 그렇지 않다는 것입니다. 판결은 항상 승소와 패소로 구분되는데, 판결을 통해서 해결하게 된다면 대립하는 당사자 중 일방은 대부분 판결에 만족하지 못할 것이기 때문이죠.

그렇다면 판결에 불만이 있는 당사자는 결국 항소, 상고를 제기하게 될 것이고, 이는 재판을 받는 당사자나 재판을 진행하는 판사 모두에게 경제적, 시간적으로 많은 부담이 되겠지요. 이러한 문제를 해결하기 위해 사건의 성격상 조정이나 화해로 해결하는 것이 바람직한 경우에는 판사가 직권으로 소송 당사자들에게 재판상 화해를 권하는 경우가 많습니다.

화해는 양 당사자 모두가 동의하는 경우에만 성립할 수 있기 때문에, 화해를 통해 분쟁을 해결했다면 양 당사자 모두를 어느 정도 만족시켰다고 볼 수 있어 분쟁의 조화로운 해결을 달성했다고 할 수 있을 것입니다. 이러한 해결 방식이야말로 요즈음처럼 극단적 대립으로만 치닫는 현대사회에서 보다 권장되어야 할 분쟁 해결 방식이고, 이러한 이유로 조정센터의 설립 등 판결을 통하지 않는 분쟁 해결 수단이 점차 확대되고 있답니다.

뿐만 아니라 저작권 위반이나 조망권 위반, 의료소송과 같이 통상의 민사소송 절차를 통해서 구체적인 손해액을 산정하기가 어렵거나 손해액 산정 자체에 상당한 비용과 시간이 소요되는 사건의 경우에도 재판상 화해로써 사건을 해결하는 경우가 많습니다.

그렇다면 재판상 화해의 효력은 어느 정도일까요? 재판상 화해는 대립하는 양 당사자의 동의가 있어야만 성립될 수 있는바 확정된 판결과 동일한 효력이 있습니다. 따라서 양 당사자는 모두 재판상 화해에 대해 불복할 수 없습니다. 또한 당사자 사이에 확정판결과 같은 기판력이 생기므로 재심의 소에 의해 취소 또는 변경이 없는 한 당사자는 그 화해의 취지에 반하는 주장을 할 수 없게 되지요.

자, 그럼 지금 배운 법률 지식을 토대로 앞의 사례를 다시 살펴볼까요? 본 사례의 경우 신동과 이특 사이에는 이미 재판상 화해가 성립되었기 때문에, 비록 신동이 받은 주택의 가치가 신동의 생각보다 떨어진다고 하더라도 이를 이유로 신동은 화해 내용을 번복시킬 수가 없습니다.

또한 이특이 주택의 가치를 속였다는 등의 사유가 없는 한 이특의 입장에서는 특정물인 주택을 신동에게 이전시켜주면 자신의 의무가 끝나는 것이고, 주택의 가치가 예상보다 2,000만원 정도 낮다고 하여 이것을 주택의 하자로 볼수는 없으므로 신동이 이특을 상대로 2,000만원 부분에 관한 손해배상청구를 하기도 어렵다고 판단됩니다.

무단·무면허 운전 차량에 사고를 당한 경우

진구는 대학교에만 가면 저절로 여자친구가 생긴다는 아버지 민석의 말을 굳게 믿고 열심히 공부해 서울 내의 좋은 대학교에 입학하게 되었다.

그러나 새 학기가 다 지나가도록 진구에게 여자친구는 생기지 않았고, 진구는 급기야 자신이 무면허임에도 아버지 민석의 외제 승용차만 있으면 여자친구가 생길 것이라고 생각했다. 결국 진구는 아버지가 잠을 자고 있는 틈을 타 아버지의 승용차를 몰고 소개팅 장소에 나가다 운전 부주의로 길을 가던 행인 동원을 들이받아 동원에게 중상을 입히고 말았다.

한편 중상을 입은 동원은 민석이 가입한 책임보험의 보험사 TOP에 보험금 청구를 했으나, 보험사에서는 무단 운전이고 무면허 운전이기 때문에 보험금을 줄 수 없다고 답변하고 있다.

이러한 상황에서 동원이 가질 수 있는 권리에는 무엇이 있을까?

　자동차 교통사고가 났을 때 민사상 손해배상책임은 법적으로 누가 부담하게 되는 것일까요? 자동차 교통사고 발생 시 자동차를 운전하고 있던 운전자에게 민법상 일반 불법행위 책임이 성립하는 것은 당연합니다. 그런데 민법보다 우선하는 특별법인 자동차손해배상 보장법에서 자동차의 운행자가 교통사고로 인한 손해배상책임을 진다고 규정하고 있기 때문에 손해배상책임을 부담하는 운행자가 누구인지가 문제 될 수 있습니다.

　그렇다면 자동차 운행자 책임의 요건은 어떻게 될까요? 자동차 사고의 책임 주체인 운행자가 되기 위해서는 ① 운행 지배와 ② 운행 이익을 갖추어야 합니다. '운행 지배'란 자동차의 운행과 관련해서 현실적으로 이를 관리 운행하는 것을 의미하고, '운행 이익'이란 자동차의 사용에 의한 이익이 자기에게 귀속함을 말합니다.

그럼 운행자성, 즉 사고의 책임 주체인 실질적 운행자가 누구인지가 문제되는 구체적인 사례에는 어떤 것들이 있을까요? 먼저 무단 운전의 경우가 있습니다. 자동차의 소유자가 아닌 사람이 타인의 자동차를 운전하다 교통사고를 일으킨 경우, 판례는 자동차 사고의 피해자가 타인의 무단 운전 사실을 인식하고 있었는지 여부에 따라 자동차 소유자의 운행자성 상실 여부를 판단하고 있습니다.

따라서 만일 피해자가 자동차 운전자의 무단 운전 사실을 모르고 있었다면 자동차 소유자는 여전히 운행자성을 보유하기 때문에 사고 피해자에게 자동차손해배상 보장법에 의하여 손해배상책임을 지고, 무단 운전을 한 사람 역시 사고 피해자에게 민법상 일반 불법행위 손해배상책임을 지게 될 것입니다. 그리고 자동차의 소유자가 사고 피해자에게 배상을 해준다면 그 금액을 무단 운전한 사람에게 청구하여 배상받을 수 있을 것입니다.

두 번째로 차를 훔쳐 운전한 절취 운전의 경우가 있습니다. 이때의 판례는 절취 운전의 경우 차량 보유자는 원칙적으로 운행자 책임이 없고, 다만 차량 및 열쇠 관리상 과실로 인해 절취 운전이 가능했던 경우와 같이 특단의 사정이 있는 경우에만 책임을 질 수도 있다고 보고 있습니다.

자, 그럼 지금 배운 법률 지식을 토대로 앞의 사례를 다시 살펴볼까요? 본 사례에서 사고 피해자인 동원은 당연히 차량 운전자인 진구에게 민사상 일반 불법행위로 인한 손해배상책임을 물을 수 있습니다. 그러나 진구는 대학생으로 돈이 없을 것이기에 진구에게 손해배상청구를 해봐야 동원은 실질적으로 배상받아 피해를 회복하기가 어려울 것이므로 실익이 있다고 보기는 힘들지요.

따라서 동원은 돈이 많은 보험사 TOP로부터 보험금을 받아내는 것이 가장 이익이 될 것입니다. 먼저 앞서 살펴본 바와 같이 자동차 사고로 인한 인적 손해의 경우 자동차손해배상 보장법에서는 자동차의 운행자에게 손해배상책임을 지게 하고 있습니다. 자동차의 운행자라 함은 자동차의 운행으로 인해 이익을 얻는 자를 말하는데, 본 사례에서는 무단 운전의 경우에도 자동차의 소유자인 민석에게 운행자성이 인정될 수 있는지가 관건입니다.

판례에 의하면 피해자가 무단 운전에 대한 인식이 있었는지 여부로 운행자성을 판단하므로, 본 사안의 경우 피해자인 동원이 진구의 무단 운전 사실을 인식하고 있었다고 보기 어렵기 때문에 자동차의 소유자인 민석에게 운행자성을 인정할 수 있을 것이고, 민석은 동원에게 인적 손해에 대한 배상 책임을 지게 됩니다.

다음으로 진구가 무면허 운전이기 때문에 보험사로부터 보험금을 지급받을 수 있는지가 문제가 되는데, 판례에 따르면 보험사가 약관으로 무면허·음주 운전의 경우 보험금을 지급하지 않는다고 면책약관을 정하고 있다 하더라도 이는 무효에 해당하여 보험사는 보험금 지급 청구에 대해 무면허 운전으로 인한 사고임을 이유로 거절할 수 없답니다.

결론적으로 동원은 보험사 TOP에 보험금을 직접 청구하여 인적 손해에 대한 보상을 받을 수가 있습니다.

약혼이 파혼되는 경우,
혼수 문제는?

윤진은 결혼중개업체를 통해 삼천포와 만나 3개월 정도 사귀었다. 그런데 삼천포는 자식을 낳는 것이 급하니 빨리 결혼하는 것이 좋겠다고 했고, 윤진은 주변 친구들이 시집을 가서 자식을 하나둘 낳는 것을 보자 괜히 뒤처지는 느낌이 들어 우선 약혼부터 하자는 생각을 했다. 그렇게 윤진과 삼천포는 약혼을 하고 본격적으로 결혼 준비를 시작했다. 삼천포는 서울에 2억짜리 전세집을 구하여 윤진에게 명의를 이전해주었고, 윤진은 신혼여행과 삼천포의 양복, 웨딩 촬영 등으로 5,000만원 상당을 지출했다. 그런데 결혼이 다가올수록 삼천포가 윤진에게 폭언을 하는 일이 늘어났고, 자신이 집을 마련했으니 윤진이 외제차는 아니더라도 고급 국산차 정도는 가지고 와야 하는 것 아니냐며 윤진의 집안을 무시하기 시작했다.

그러던 중 삼천포는 윤진의 부모님과 식사를 하는 자리에서 또다시 혼수 이야기를 하면서 윤진의 자존심에 상처를 입혔고, 윤진은 삼천포와 도저히 결혼을 할 자신이 없어 파혼하기로 결심했다.

이러한 경우 윤진은 소모한 결혼 비용을 삼천포로부터 받아낼 수 있을까?

이 사례에서는 약혼에 대한 법률 상식을 먼저 알고 가야 합니다. 약혼이란 장차 결혼할 것을 약정하는 신분상의 계약을 의미합니다. 그런데 만나는 사람과 약혼까지 했는데 이후에 알고 보니 약혼자가 욕을 하고 심지어 손찌검을 하려고 하는 등 자신이 생각했던 자상한 사람과는 영 딴판이라는 사실을 알게 되었다면 어떻게 해야 할까요?

우리 민법은 정당한 약혼해제 사유를 정하고 있고 그에 해당한다면 약혼 당사자 일방은 상대방에게 약혼해제를 요구할 수가 있습니다. 그런데 위 약혼 해제에 해당하지 않는 경우라면 어떻게 해야 할까요? 약혼도 계약에 해당하니 법적으로 강제되어 결혼을 해야만 하는 것일까요?

결론은 아닙니다. 약혼은 신분상 계약일 뿐이고 이러한 신분상 계약의 경우에는 당사자의 의사가 법적 안정성보다 더욱 존중되기 때문에 법적으로 강제할 수가 없는 성질을 지니고 있답니다. 따라서 비록 법에서 정해놓은 약혼해제 사유에 해당하지 않는다 하더라도 당사자는 언제든지 약혼을 해제할 수 있는 것이지요. 다만 법에 정해진 약혼해제 사유에 해당하지 않는 경우에는 약혼 상대방에게 약혼해제로 입은 손해에 대한 배상을 해주는 것을 감수해야 할 것입니다.

그렇다면 약혼 예물의 반환 및 혼수 문제는 어떻게 되는 것일까요? 약혼이라는 신분상의 계약이 해제되어도 이미 상대방에게 지급한 약혼 예물이나 결혼을 준비하면서 들인 비용을 어떻게 처리할 것인지의 문제가 남습니다. 물론 약혼을 해제하는 경우 당사자 사이에 예물의 반환 문제 등에 관한 합의가 성립된다면 그 합의에 따라 처리하면 될 것입니다. 기본적으로 민사상의 법률행위는 사적자치가 우선되므로 당사자들의 의사가 중시되기 때문이지요.

그렇지만 당사자 사이에 약혼 예물 등의 반환에 대해 합의하지 못하는 경우에는 어떻게 해야 하는지 법에 따로 정해져 있지 않아 문제가 될 수 있습니다. 이에 대하여 판례는 "약혼 예물의 수수受授는 혼인이 이루어지지 않으면 반환하기로 하는 증여와 유사한 성질의 것이다"라고 보고 있기 때문에 약혼이 해제되는 경우에는 상대방으로부터 받은 약혼 예물을 반환해주어야 하는 것이 원칙입니다.

하지만 일방의 귀책사유로 인하여 약혼이 해제될 경우 귀책사유가 있는 사람에게까지 약혼 예물의 반환을 요구하게 하는 것은 신의성실의 원칙상 타당하지 못하기 때문에, 판례는 "약혼해제에 관하여 과실이 있는 유책자로서는 그가 제공한 약혼 예물을 적극적으로 반환청구할 권리가 없다"라고 합니다.

또한 일단 혼인이 성립되어 상당 기간 지속된 경우 약혼 예물은 상대방에게 완전히 귀속되기 때문에, 이혼을 한다고 하더라도 특별한 사유가 없는 한 약혼 예물의 반환은 요구할 수가 없는 것이 원칙입니다. 판례를 살펴보면 "약혼 예물의 수수는 약혼의 성립을 증명하고 혼인이 성립한 경우 당사자 내지 양가의 정리를 두텁게 할 목적으로 수수되는 것으로 혼인의 불성립을 해제 조건으로 하는 증여와 유사한 성질을 가지므로, 예물의 수령자 측이 혼인 당초부터 성실히 혼인을 계속할 의사가 없고 그로 인하여 혼인의 파국을 초래하였다고 인정되는 등 특별한 사정이 있는 경우에는 신의칙 내지 형평의 원칙에 비추어 혼인불성립의 경우에 준하여 예물반환의무를 인정함이 상당하나, 그러한 특별한 사정이 없는 한 일단 부부관계가 성립하고 그 혼인이 상당 기간 지속된 이상 후일 혼인이 해소되어도 그 반환을 구할 수는 없으므로, 비록 혼인 파탄의 원인이 며느리에게 있더라도 혼인이 상당 기간 계속된 이상 약혼 예물의 소유권은 며느리에게 있다"라고 나와 있습니다.

자, 그럼 지금 배운 법률 지식을 토대로 앞의 사례를 다시 살펴볼까요? 본 사례의 경우 삼천포의 행동이 민법에서 정하고 있는 약혼해제 사유에 해당하는지 먼저 살펴볼 필요가 있습니다. 비록 삼천포가 윤진에게 폭언을 하고 혼수가 부족하다고 말해 윤진의 자존심을 상하게 했다고 하나, 이러한 사정만으로는 삼천포에게 민법에서 정하고 있는 중대한 귀책사유가 있다고 보기는 힘듭니다.

따라서 윤진이 파혼을 하는 경우 삼천포는 이미 지급한 약혼 예물이나 혼수 등을 반환청구할 권리를 가지고 있기 때문에 윤진은 전셋집 명의를 삼천포에게 돌려주어야 하고, 삼천포 역시 예물로 받은 양복 등을 윤진에게 돌려주어야 할 것입니다. 신혼여행비는 결혼에 이르지 못했으므로 윤진이 위약금만 제외하고 다시 돌려받을 수가 있어 별다른 문제가 없으나, 이미 소모되어 없어진 웨딩 촬영비는 누가 부담해야 할지 문제 될 소지가 있습니다.

통상적으로 상호 간에 혼인을 준비하는 과정에서 소모된 혼수 비용은 각자의 부담으로 하는 것이 타당한 것으로 보여, 웨딩 촬영비 역시 윤진이 삼천포에게 반환청구하기는 어려울 것으로 보입니다.

이런 경우, 삼천포는 2억원을 그대로 되찾아가는 반면 윤진은 웨딩 촬영비를 날리게 되어 윤진의 손해가 아닌가라고 생각할 수 있으나, 현실적으로 삼천포 역시 전세금 지출 시점부터 회수 시점까지 2억원에 대한 운용 수익인 이자 상당액 및 전세계약의 체결과 관련된 중개수수료, 전세계약의 해제로 인하여 발생하는 각종 비용 등을 손해보았음을 고려한다면 딱히 윤진이 더 손해를 입었다고 보기는 어렵겠지요.

빚이 있는 경우의 상속 문제

동건은 아버지인 순재가 암으로 사망하자 평소 아버지가 거주하던 시가 3억원 상당의 아파트를 상속받게 되었다. 동건의 아버지는 공무원 출신으로 평소 빚을 지고 살 성격이 아니었기에 동건은 별다른 의심 없이 아버지의 아파트를 상속받았다.

그런데 아파트의 명의를 동건으로 이전한 후 반 년 정도 지나자 지섭이 나타나서 순재가 작성한 연대보증서를 들이밀며 순재가 2년 전에 4억원의 채무에 대하여 연대보증을 섰는데 왜 재산을 동건 명의로 빼돌렸느냐면서, 돈을 갚지 않으면 사기죄로 고소하겠다며 행패를 부리고 있다.

동건이 상속받은 아파트는 현재 시가가 2억원대로 떨어졌기 때문에 지섭의 말에 의하면 동건은 4억원의 빚을 고스란히 떠안아 상속받은 재산보다 2억원을 더 손해 볼 위기에 처해 있다.

이러한 경우 동건은 법적으로 어떠한 주장을 해야 할까?

이 사례에서 먼저 알고 가야 할 법률 용어는 바로 '한정승인'입니다. 사람이 사망하게 되면 사망과 동시에 상속 순위에 따라 상속이 개시됩니다. 그런데 상속은 부동산, 은행 예금 채권 등과 같은 재산뿐만 아니라 대출·보증 빚과 같은 채무도 포함되어 포괄적으로 이루어지게 됩니다. 법률 용어로 부동산 등과 같은 재산을 '적극재산'이라 하고, 빚과 같은 채무를 '소극재산'이라고 합니다.

이처럼 상속이 이루어지면 피상속인의 채무는 전부 상속인에게 승계되기 때문에, 상속인이 이미 돌아가신 아버지가 평소 빚이 많아 하루가 멀다 하고 채권자들에게 쫓겨 다닌 사실을 알고 있다면 상속 개시가 있음을 안 날, 즉 상속 개시의 사실 및 자기가 상속인이 된 사실을 안 날로부터 3개월 이내에 관할 법원에 상속 포기 신고를 하여 아버지의 빚을 떠안지 않을 수 있습니다.

그런데 만일 피상속인의 빚이 많은 건지 재산이 많은 건지 불분명한 경우라면 상속인 입장에서 상속을 포기할지 아니면 상속할 것인지를 결정하기가 매우 힘들겠죠. 이러한 경우 상속인을 보호할 필요가 있기 때문에 이를 위해 만들어진 제도가 한정승인 제도입니다.

한정승인이란 상속받은 재산의 범위 내에서만 상속받은 채무에 대해 책임을 지겠다는 것으로, 상속인이 상속 개시가 있음을 안 날로부터 3개월 내에 가정법원에 한정승인 신고를 한다면 피상속인의 적극재산은 상속받으면서 피상속인의 채무에 대해서는 상속인 본인의 재산으로 책임을 지지 않을 수가 있습니다.

이때 피상속인 재산 처분 시 *단순승인한 것으로 의제된다는 점을 꼭 주의해야 합니다. 피상속인이 빚이 많은 경우 상속 개시와 함께 상속인은 일단 상속재산을 뺏기지 않기 위해 부동산을 처분하거나 채권 변제를 받는 등의 행위를 하는 경우가 많이 있지요. 그런데 이러한 재산 처분행위를 하는 경우에는 상속을 단순승인한 것으로 간주되기 때문에, 자칫 잘못하면 피상속인의 빚을 고스란히 모두 떠안을 수 있으니 빚이 많은 피상속인의 재산을 처분하는 행위는 해서는 안 될 것입니다.

또한 주의할 점이 한 가지 더 있는데, 상속의 한정승인자는 한정승인 후 2개월 이상의 기간을 정해서 한정승인 사실을 공고해야 하고, 공고 기간이 만료된 후 채권자들에게 채권액의 비율로 나누어 빚을 갚아야 한다는 점입니다. 따라서 상속인이 한정승인을 하는 경우 한정승인 공고 기간 만료 전까지는 채권자들에게 빚을 갚는 것이 안 된다는 것을 주의해야 합니다. 일부 채권자가 금액을 깎아줄테니 자신의 것을 먼저 갚으라고 유혹해서 이에 넘어간 한정승인자가 공고 기간 만료 전에 변제를 해주는 바람에 다른 채권자들이 못 받게 되는 금액이 있는 경우, 한정승인자는 다른 채권자들에게 손해를 배상해주어야 하기 때문이지요(민법 제1038조).

자, 그럼 지금 배운 법률 지식을 토대로 앞의 사례를 다시 살펴볼까요? 상속인들이 피상속인의 재산 상태를 정확하게 알지 못해 사망 당시 변호사를 찾아가 자문을 구하는 경우가 흔히 있습니다. 최근에는 피상속인의 은행계좌 및 주식 등을 종합적으로 조회할 수 있는 시스템이 워낙 잘되어 있어 피상속인의 재산 파악이 과거에 비해 많이 수월해졌답니다. 그러나 본 사례와 같이 개인적인 채권이나 채무는 상속인들이 정확히 파악하기 어려운 경우가 많아, 실제 상속인들 사이의 재산분할 분쟁에서도 제3자에 대한 채무의 존재가 문제 되는 경우가 많습니다.

실무상 살펴본다면, 우선 지섭이 주장하는 연대보증서가 진정한 것인지부터 검토해보아야 할 것입니다. 지섭이 순재의 사망 사실을 악용하여 동건의 재산을 가로채려는 것일 수도 있기 때문입니다. 만약 지섭의 주장이 사실이라고 한다면, 동건은 상속이 있은 날로부터 6개월이 지난 시점까지 법원에 상속 포기나 한정승인 신고를 하지 않았기 때문에 고스란히 아버지의 빚을 떠안을 위기에 처하게 됩니다.

하지만 상속인에게 중대한 과실이 없음에도 무조건 사망 후 3개월이 지났다는 이유만으로 상속인이 망인의 모든 채무를 상속하게 된다면 부당하다는 생각에, 2002년 상속인이 상속 채무가 상속재산을 초과한다는 사실을 중대한 과실 없이 알지 못한 경우 그 사실을 안 날로부터 3월 내에 한정승인을 할 수 있도록 민법이 개정되었답니다.

즉, 본 사례에서 동건은 아버지로부터 상속받은 아파트의 시가를 초과하는 빚이 존재했다는 사실을 몰랐음에 중대한 과실이 없었다는 것을 주장하여 연대보증 채무의 존재를 안 날로부터 3개월 이내에 법원에 한정승인을 신고해서 보호받을 수 있습니다. 따라서 동건은 법원에 한정승인을 신고하고 순재에게 상속받은 시가 2억원 상당의 아파트로만 지섭에 대한 4억원 상당의 연대보증 채무를 책임지겠다고 주장하여 빚에서 해방될 수 있습니다.

 상식 Box!

단순승인 : 상속인이 상속재산의 승계를 무조건적으로 수락하는 것을 말한다. 단순승인을 한 경우 상속인은 피상속인의 권리와 의무를 모두 승계하게 되고, 나중에 취소 및 철회를 할 수 없다. 단순승인에는 특별한 신고를 요하지 않으며, 상속인이 상속재산에 대해 처분 행위를 하거나, 일정 기간 내에 한정승인 또는 상속 포기를 하지 않은 경우에는 단순승인 한 것으로 간주된다.

이혼과 친권 및 양육권

송이와 민준은 결혼생활 10년차 부부이고 슬하에 미성년자인 아들 시윤을 두고 있다.

그런데 평소 송이는 술을 마시고 새벽에 들어오기 일쑤였고, 이 때문에 자주 다투던 송이와 민준은 결국 이혼하기로 협의했다. 송이는 자신에게 이혼에 대한 책임이 크니 시윤에 대한 친권을 포기하겠다는 내용의 각서를 작성하여 민준에게 주었다.

두 사람이 가정법원에 협의이혼을 신청하러 갔는데, 송이가 돌연 시윤에 대한 친권을 포기할 수 없다면서 민준에게 양육비를 지급해달라고 주장하고 있다.

이에 대하여 민준은 가정법원에 송이가 작성한 친권 포기 각서를 제출하면서 송이는 이미 친권을 포기했으니 더 이상 시윤의 친모가 아니기 때문에 친권과 양육권은 민준에게 있다고 주장하고 있다.

과연 누구의 말이 맞는 것일까?

이 사례에서 먼저 알고 가야 할 법률 용어는 '친권'과 '양육권'입니다. 친권이란 부모가 미성년자인 아이의 법률상 행위를 대리하거나 아이의 재산을 관리할 수 있는 권리 등을 말하고, 양육권은 아이의 양육에 필요한 사항을 정할 수 있는 권리로 쉽게 말한다면 아이를 키울 수 있는 권리를 의미합니다.

친권과 양육권은 혼인 중에는 부부가 공동으로 가지고 있지요. 하지만 부부가 이혼하는 경우에는 누가 친권 및 양육권을 행사하는지가 문제가 됩니다. 따라서 이혼하는 경우 부부가 협의하여 친권과 양육권을 어떻게 분배할지 먼저 정하고, 만일 협의가 이루어지지 않는 경우에는 *가정법원의 판단으로 정하게 됩니다. 여기서 흔히 일반인들이 오해하기 쉬운 것 중 하나는 친권이 소멸되는 경우 법적으로 더 이상 부모로 인정받지 못하는 것 아니냐 하는 것입니다.

그런데 앞서 살핀 바와 같이 친권이란 미성숙한 아이가 법률행위 또는 재산 관리 등을 허술하게 해 위험에 처하는 경우를 방지하기 위하여 부모가 아이를 대신해 일정한 법률상 권리를 대신 행사하는 것으로 법에서 미성년자의 부모에게 준 법정대리권을 말하는 것이고, 따라서 미성년자인 아이가 성년이 되면 더 이상 부모가 성년인 자식의 법률행위를 간섭할 필요가 없어지기 때문에 자연스레 친권은 사라지게 되지요.

그러므로 협의 또는 가정법원의 심판에 의해 친권자가 정해진다 해도 친권자로 지정되지 못한 부모는 미성년자인 아이에 대한 법정대리권에 해당하는 친권을 갖지 못한다는 것뿐이지 법적으로 부모로서 인정받지 못한다는 뜻은 결코 아닙니다. 그렇기 때문에 가족관계등록부상에는 여전히 아이의 부모임이 표시되며 신분상 친자관계가 유지됨에 따라 사망 시 상속도 받을 수 있습니다.

부부가 이혼 시에는 양육비를 부모 중 누가 부담할지와 *면접교섭권도 정해야 합니다. 일반적으로 양육권이 없는 사람이 면접교섭권을 가지는데, 면접교섭권의 범위 등은 부부가 협의하여 정하고 협의가 되지 않는다면 가정법원에 면접교섭권을 청구하여 정하게 됩니다.

또한 친권 및 양육권은 언제든지 부부 양 당사자의 협의 또는 가정법원의 심판에 의해 변경 가능하기 때문에 정해진 친권자가 친권을 남용하거나 아이를 학대하는 경우 다른 일방 당사자가 친권 혹은 양육권을 변경해줄 것을 법원에 청구할 수 있습니다.

마지막으로 신분상 권리인 친권과 양육권은 포기할 수 없습니다. 친권과 양육권은 포기할 성질의 것이 아니기 때문에 포기 각서를 작성한다 하더라도 법률적 효력은 없는 것이지요. 따라서 포기 각서를 작성한 당사자의 마음이 바뀌면 각서의 의미는 없기 때문에 부부가 다시 합의하거나 법원의 심판을 통해 정해야 합니다.

자, 그럼 지금 배운 법률 지식을 토대로 앞의 사례를 다시 살펴볼까요? 우선 본 사례는 이혼 자체에 대해서는 협의가 성립해 협의이혼을 하는 경우에 관한 절차입니다. 만약 상호 간에 이혼 자체에 대해서도 협의가 되지 않는다면 이혼 및 친권자, 양육권자, 양육비 지급, 면접교섭권에 대한 부분을 모두 이혼소송을 통해 일거에 해결하게 됩니다.

본 사례를 살펴보면 우선 친권은 포기할 수 있는 성질의 것이 아니기 때문에 송이가 작성한 친권 포기 각서는 아무런 법률적 효력이 없습니다. 따라서 송이가 자신이 친권자임을 주장하는 이상 송이와 민준은 다시 협의하거나 가정법원의 심판을 통해 친권자 및 양육권자를 다시 정해야 할 것입니다. 그리고 만일 민준이 친권자로 지정된다 하더라도 아이에 대한 송이의 법정대리권인 친권이 소멸될 뿐이지 송이와 시윤의 친자관계가 부정되는 것은 아니므로 여전히 가족관계등록부상 송이는 시윤의 어머니로 기재된답니다.

또한 양육권을 민준이 갖게 될 경우 송이는 민준에게 아이에 대한 면접교섭권을 요구할 수 있고, 비록 송이의 친권이 소멸된다 하더라도 송이가 양육비를 지급해야 할 의무가 사라지는 것은 아니므로 민준은 송이에게 양육비를 청구할 수 있습니다.

 상식 Box!

가정법원 : 이혼, 상속 등 가정에 관한 사건과 소년에 관한 사건을 처리할 목적으로 설치된 법원이며 지방법원과 동급의 하급법원이다. 모든 지역에 가정법원이 있는 것은 아니고, 현재 서울, 대전, 대구, 부산, 광주 등에 가정법원이 설치되어 있다.

면접교섭권 : 이혼으로 자녀와 떨어져 사는 부모가 정기적으로 자녀와 만날 수 있는 법적 권리를 뜻한다. 2007년 12월 가족법 개정 시 부모뿐 아니라 자녀에게도 면접교섭권을 인정했다. 또한 대한민국 판례는 이혼한 부모로 인해 따로 거주하는 형제자매간의 면접교섭권도 인정한다.

CASE 22

조망권 침해와 구제 수단

해태는 그동안 모은 돈에 퇴직금을 보태 신림동의 아파트로 이사를 했다. 해태는 집이 24층이라 관악산이 훤히 보인다는 점이 특히 마음에 들어 아파트를 구입한 것이었고, 매일 아침 베란다에서 관악산을 보며 체조를 하고 오후에는 관악산을 등산하는 것이 일과이자 기쁨이었다.

그런데 어느 날 시끄러운 기계 소리와 함께 해태의 아파트 앞에 있던 사유지에서 재개발이 시작되었고, 결국 아파트 바로 앞에 20층 규모의 아파트가 새롭게 지어졌다.

해태의 아파트 베란다에서 훤히 보이던 관악산은 신축된 아파트 때문에 절반 정도만 겨우 보이게 되었다. 이에 따라 해태는 자신의 기쁨을 송두리째 빼앗긴 것 같은 절망감이 들었고, 신축 아파트의 건설사인 TOP에 대하여 손해배상청구를 하는 등 대책을 강구하기로 했다.

과연 해태가 건설사 TOP를 상대로 취할 수 있는 수단은 무엇이 있을까?

이 사례에서 먼저 알고 가야 할 법률 용어는 바로 '조망권'입니다. 2005년 신춘호 농심그룹 회장 일가가 이건희 삼성그룹 회장의 용산구 이태원동 자택 신축 과정에서 조망권 침해를 제기하며 소송을 벌였고, 결국 이건희 회장이 신춘호 회장의 주택을 매입하는 것으로 합의를 보았다는 일화는 유명합니다. 이처럼 오늘날에는 주택의 평수나 위치뿐만 아니라 조망도 중요한 요소로 자리 잡아가고 있고, 특히 우리나라는 고층 아파트가 많아 더 나은 주거환경을 원하는 입주민들이 날이 갈수록 조망권에 관심을 보이고 있지요.

조망권이라 함은 먼 곳을 바라볼 수 있는 권리로, 크게 천공 조망과 경관 조망 두 가지로 나누어집니다. 천공 조망은 주택의 거실 창을 통해 하늘이 어느 정도 보이는지를 의미하고, 경관 조망은 거실 창을 통해 보이는 주변 경관 정도를 의미합니다.

조망권에 대한 관심이 높아지고 있는 만큼 조망권과 관련한 소송 또한 늘어가고 있는 추세입니다. 그런데 조망권은 최근 들어서야 조명받기 시작했기에 우리 법에는 조망권에 관해 구체적으로 다루고 있는 조항이 없습니다. 따라서 조망권에 관한 판례의 태도로 어떠한 경우가 조망권 침해에 해당하여 배상받을 수 있는지를 살펴볼 필요가 있습니다.

판례에서는 "어느 토지니 긴물의 소유자가 종전부너 향유하고 있던 경관이나 조망이 그에게 하나의 생활 이익으로서의 가치를 가지고 있다고 객관적으로 인정된다면 법적인 보호의 대상이 될 수 있는 것인바, 이와 같은 조망 이익은 원칙적으로 특정의 장소가 그 장소로부터 외부를 조망함에 있어 특별한 가치

를 가지고 있고, 그와 같은 조망 이익의 향유를 하나의 중요한 목적으로 하여 그 장소에 건물이 건축된 경우와 같이 당해 건물의 소유자나 점유자가 그 건물로부터 향유하는 조망 이익이 사회통념상 독자의 이익으로 승인되어야 할 정도로 중요성을 갖는다고 인정되는 경우에 비로소 법적인 보호의 대상이 되는 것이라고 할 것이고, 그와 같은 정도에 이르지 못하는 조망 이익의 경우에는 특별한 사정이 없는 한 법적인 보호의 대상이 될 수 없다"고 보고 있습니다(대법원 2004. 9. 13. 선고 2003다64602 판결).

　또한 판례는 조망 이익이 법적인 보호의 대상이 되는 경우에 이를 침해하는 행위가 사법상 위법한 가해행위로 평가되기 위해서는 조망 이익의 침해 정도가 사회통념상 일반적으로 인용하는 *수인한도를 넘어야 하고, 그 수인한도를 넘었는지 여부는 조망의 대상이 되는 경관의 내용과 피해 건물이 입지하고 있는 지역에 있어서 건조물의 전체적 상황 등의 사정을 포함한 넓은 의미에서의 지역성, 피해 건물의 위치 및 구조와 조망 상황, 특히 조망과의 관계에서의 건물의 건축·사용 목적 등 피해 건물의 상황, 주관적 성격이 강한 것인지 여부와 여관·식당 등의 영업과 같이 경제적 이익과 밀접하게 결부되어 있는지 여부 등 당해 조망 이익의 내용, 가해 건물의 위치 및 구조와 조망 방해의 상황 및 건축·사용 목적 등 가해 건물의 상황, 가해 건물 건축의 경위, 조망 방해를 회피할 수 있는 가능성의 유무, 조망 방해에 관하여 가해자 측이 해의를 가졌는지의 유무, 조망 이익이 피해 이익으로서 보호가 필요한 정도 등 모든 사정을 종합적으로 고려하여 판단해야 한다고 보고 있지요(대법원 2004. 9. 13. 선고 2003다 64602 판결).

이렇듯 판례의 태도를 보면 경관 조망의 경우 특별히 경관 조망을 목적으로 건물이 지어진 경우(예컨대 유적지, 한강 등을 보기 위한 목적으로 지어진 건물)에만 조망 이익이 보호될 수가 있습니다. 따라서 단순히 거주의 목적으로 지어진 건물(대표적으로 아파트, 주택 등)의 경우에는 건축법에 의해 승인을 받은 아파트가 건설되는 이상 조망권 침해가 문제 되지 않을 가능성이 매우 높지요. 실제로 대법원 판례를 보면 "사유지에 건물을 짓는 것을 조망권 때문에 막을 수 없다"고 판단하여 1, 2심 판결에서 조망권을 인정받았음에도 대법원에서 파기한 경우가 대부분입니다.

그러나 판례는 경관 조망이 아닌 천공 조망인 경우에는 사안을 달리 보고 있습니다. 특히 천공 조망은 일조권과 관련이 있기 때문에 판례는 일조권과 천공 조망권 침해를 함께 인정하여 거실 창 면적에서 하늘이 보이는 면적 비율을 의미하는 천공률 침해에 따른 압박감, 폐쇄감이 아파트 가격 하락에 일조했다고 판단해 손해배상을 인정한 경우가 있답니다.

그렇다면 조망권 침해가 인정되는 경우에는 어떤 구제 수단이 있을까요? 법적으로 보호받는 조망 이익의 침해가 사회통념상 일반적으로 수인할 정도를 넘어섰다고 인정된다면, 아파트의 소유자가 건축주나 시행사를 상대로 정신적 손해를 포함하여 불법행위로 인한 손해배상을 청구할 수 있습니다. 특히 건설 회사가 건축법상의 제한된 규정을 지키며 아파트를 건축하였음에도 불구하고 한도를 넘는 일조권 침해 및 조망권 침해로 인해 심각한 정신적 피해가 발생한 경우에는 금전적으로 배상할 의무가 있지요. 또한 아파트의 소유자는 건축주나 시공사를 상대로 공사 중지 가처분을 신청하여 신축 공사가 더 이상 진행되지 않도록 중지를 청구할 수도 있답니다.

자, 그럼 지금 배운 법률 지식을 토대로 앞의 사례를 다시 살펴볼까요? 본 사례의 경우 비록 관악산의 경관이 해태가 아파트를 구입하는 데 결정적으로 작용했고 해태가 그동안 관악산을 보면서 큰 기쁨을 누려왔다 하더라도, 관악산을 볼 수 있는 이익은 경관 조망 이익에 해당하고, 이러한 경관 조망 이익은 해태가 구입한 아파트가 거주 목적으로 지어진 건물인 이상 보호받지 못할 가능성이 높습니다. 만일 해태가 구입한 건물이 관악산을 잘 보기 위한 목적으로 지어진 전망대 같은 것이었다면 보호받을 수도 있었을 테지만, 보통의 아파트이기에 해태가 아파트 신축으로 인해 관악산 경관이 가려져 정신적 피해를 입었다고 주장해봐야 법원에서 받아주지 않을 가능성이 매우 큽니다.

다음으로 해태는 신축 아파트 때문에 하늘이 잘 보이지 않고 햇볕이 들지 않는다며 천공 조망 이익의 침해를 주장할 수도 있습니다. 하지만 본 사례의 경우 24층에 거주하는 해태가 자신의 집 앞에 20층 높이의 아파트가 신축되어 천공 조망 및 일조권이 사회통념상 수인할 수 없을 정도로 침해되었다고 주장한다면 이 같은 주장 역시 법원에서 받아들이기는 어려울 것입니다.

결국 본 사례의 경우 TOP 건설사는 도의상 비난받을 수는 있으나, 해태의 경관 조망 이익은 법적으로 보호받는다고 보기 힘들고 천공 조망 이익에 대한 침해도 사회통념상 수인할 수 없을 정도로 높다고 볼 수 없어, 해태는 TOP 건설사를 상대로 어떠한 법적 조치도 취하기 힘들 것입니다.

 상식 Box!

수인한도 : 환경권의 침해나 공해, 소음 따위가 발생하여 타인에게 생활의 방해와 해를 끼칠 때 피해의 정도가 서로 참을 수 있는 한도를 뜻한다.

해약금에 의한 계약의 해제

세현은 아버지로부터 물려받은 甲토지를 희진에게 5억원에 팔기로 하면서 계약금 3,000만원은 계약 당일에, 나머지 잔금 4억 7,000만원은 1개월 후에 지급받기로 약정하고 계약금을 지급받았다.

그런데 계약 체결 후 보름 만에 甲토지 주변으로 도로가 생긴다는 소문이 돌면서 甲토지의 시가가 2배로 폭등했고, 세현은 희진에게 甲토지에 대한 매매계약을 해제하겠다고 통보하면서 해약금 6,000만원을 지급하겠으니 가져가라고 말했다.

하지만 희진 역시 甲토지의 시가가 폭등한 사실을 알고 있었으므로, 세현의 위와 같은 계약 해제의 의사표시가 있었고 아직 잔금 지급 기일이 도래하지 않았음에도 나머지 매매 대금인 4억 7,000만원을 모두 세현의 계좌로 입금했다. 희진은 현재 세현에게 매매 대금을 모두 지급하였으니 甲토지의 등기를 이전시켜달라고 요구하고 있는 상태이다.

이러한 경우 세현은 희진의 요구에 응해야 할 법적 의무가 있는 것일까?

이 사례에서는 계약의 해제에 관한 법률 상식을 먼저 알아야 합니다. 계약이란 당사자들의 의사표시 일치에 의한 산물이므로, 당사자들의 법률행위에 의해 계약이 한 번 성립되면 계약은 당사자들에게 법적 구속력을 가하고, 법에 정해진 무효·취소와 같은 특별한 사유가 있지 않는 한 당사자들은 함부로 계약을 소멸시킬 수가 없습니다.

만일 당사자 일방의 단순한 변심에 따라 계약을 소멸시킬 수 있다고 한다면 어떻게 될까요? 당사자들은 계약을 체결한다 하더라도 언제 계약이 소멸될지 모르기 때문에 계약을 신뢰할 수 없을 것이고, 이는 사회 전반적으로 법적 안정성을 해치는 결과를 야기하게 될 것이 분명합니다.

그렇다면 법에 정해진 취소·무효 사유 이외에 계약 당사자 일방의 의사로 계약을 소멸시키는 다른 방법은 무엇이 있을까요? 대표적으로 계약의 해제를 들 수 있습니다. 계약의 해제는 크게 약정해제와 법정해제로 구분할 수 있는데, 약정해제란 계약 당사자들이 계약을 소멸시키자고 의사의 합치를 보아 성립하는 것을 말하고, 법정해제란 일방 계약 당사자의 채무불이행이 있는 경우 계약 상대방에게 주는 해제권을 의미합니다.

흔히 일상생활을 하면서 계약금을 지급한 경우 지급한 계약금을 포기하거나 계약금을 지급받은 경우 계약금의 2배를 상대방에게 지급하고 계약을 소멸시킬 수 있다는 이야기를 들은 적이 있을 것입니다. 이를 법률 용어로 말하자면 '해제권의 유보'라 하고, 이러한 해제권의 유보는 약정해제권에 해당합니다. 그런데 계약 당사자 간에 처음 계약을 하면서 위와 같이 '위약 시 계약금 몰수,

배액 상환'과 같은 내용의 위약금 약정을 하지 않고 계약금을 지급한 경우에는 어떻게 되는 것일까요?

우리 민법 제565조 제1항에서는 "매매의 당사자 일방이 계약 당시에 금전 기타 물건을 계약금, 보증금 등의 명목으로 상대방에게 교부한 때에는 당사자 간에 다른 특약이 없는 한 당사자의 일방이 이행에 착수할 때까지 *교부자는 이를 포기하고 수령자는 그 배액을 상환하여 매매계약을 해제할 수 있다"고 규정하고 있고, 민법 제567조에서 위 규정을 다른 *유상계약에도 그대로 적용하고 있습니다. 따라서 당사자들이 계약금을 지급하면서 이 계약금은 해약금이 아니라고 계약상 분명하게 명시하지 않는 한, 일반적으로 법에 의해 계약 당사자들은 해약권을 유보한 것으로 인정되는 것입니다.

위와 같이 민법에는 해약금이 교부된 경우 "당사자의 일방이 이행에 착수할 때까지 해약할 수 있다"고 규정되어 있는데, 판례는 "여기서 당사자의 일방이라는 것은 매매 쌍방 중 어느 일방을 말하는 것이다"라고 보고 있으므로 계약 당사자 중 이행에 착수한 사람이 있는 경우 상대방뿐 아니라 이미 이행에 착수한 당사자 역시 해약금을 이유로 계약의 해제를 주장할 수가 없게 됩니다.

그렇다면 당사자 일방의 이행의 착수가 상대방의 이익을 부당하게 박탈하기 위한 것이라면 어떻게 되는 것일까요? 판례는 이와 관련하여 "매도인이 매수인에게 계약을 해제하겠다는 의사표시를 하고 일정한 기한까지 해약금을 수령하라고 알렸다면, 중도금 등 지급기일은 매도인을 위하여서도 기한의 이익이 있는 것이므로 매수인은 매도인의 의사에 반하여 이행할 수 없다"라고 판시한 바, 이러한 경우에는 예외적으로 해약금에 의한 약정해제권을 박탈시키지 않고 있습니다.

계약금의 교부자는 계약 해제의 의사표시를 하기만 하면 당연히 계약금을 포기한 것이 되고 계약은 해제가 됩니다. 하지만 계약금 수령자는 배액을 상대방에게 제공하지 않으면 계약을 해제하지 못하는 것이지요. 따라서 계약금 수령자는 단순히 계약의 해제의 의사표시를 한다고 해서 계약이 해제되는 것이 아니기 때문에 반드시 적법하게 배액을 상환해주어야 해제의 효과가 발생합니다. 다만 계약금의 배액을 상환할 준비가 되어 있으면 족하기 때문에 계약금 교부자가 이를 수령하지 않는다고 하더라도 해제의 의사표시와 동시에 계약은 해제됩니다.

자, 그럼 지금 배운 법률 지식을 토대로 앞의 사례를 다시 살펴볼까요? 본 사안의 경우 세현과 희진은 계약할 때 계약금 3,000만원을 해약금으로 하지 않겠다고 명시적으로 약정하지 않았으므로 위 계약금은 해약금으로 추정할 수 있습니다. 그런데 이후에 희진이 잔금인 4억 7,000만원을 모두 세현에게 지급했으므로 이것은 이행의 착수에 해당하여 계약 당사자인 세현과 희진이 더 이상 해약금에 의한 계약의 해제를 주장할 수 없는가가 문제 될 수 있지요.

하지만 희진이 나머지 매매 내금을 지급하기 전에 세현이 이미 해약금에 기한 계약 해제의 의사를 표시했으므로 희진은 세현의 의사에 반하여 계약을 이행할 수 없고, 따라서 희진의 4억 7,000만원 지급으로 인해 세현의 해약금에 근거한 해제권이 소멸되었다고 보기는 힘듭니다.

결국 세현은 해약금 6,000만원을 희진에게 지급하고 계약을 해제할 수 있고, 만일 희진이 이를 수령하지 않는다 하더라도 세현이 언제든지 희진이 6,000만원을 찾아갈 수 있도록 준비를 하고 있는 이상 계약은 해제된다 할 것이므로, 세현은 계약이 해제되었음을 이유로 희진의 甲토지 등기이전 청구를 거절할 수 있습니다. 다만 세현이 희진으로부터 받은 4억 7,000만원은 부당이득에 해당하기 때문에 세현은 위 금액을 희진에게 반환해야 할 것입니다.

 상식 Box!

교부자 : 일반적으로 물건(원서, 서류 등)을 나누어주는 사람을 뜻하는 말로, 계약금 교부자는 사례에서처럼 계약금을 상대방에게 지급한 자를 가리킨다.

유상계약 : 계약의 당사자가 서로 대가를 주고받을 것을 약속하는 계약으로, 매매, 교환, 임대차, 고용 계약 등을 뜻한다.

계약의 해제와
제3자 보호

유천은 자신이 아버지로부터 물려받은 甲토지를 윤호에게 5억원에 팔기로
하고 윤호로부터 계약금 명목으로 3,000만원을 지급받았다. 그런데 윤호
는 유천에게 자신이 현재는 돈이 없으니 먼저 甲토지의 등기를 이전시켜주
면 수지은행으로부터 대출을 받아 잔금을 치르겠다고 말했고, 이 말을 들
은 유천은 甲토지의 등기를 윤호 앞으로 이전시켜주었다.

그런데 이후 윤호는 잔금의 지급기일이 지나도록 나머지 매매 대금의 지급
을 미루었고 유천은 몇 번이나 이행할 것을 요구했으나 윤호는 이행을 하
지 않았다. 결국 기다리다 지친 유천은 윤호의 이행지체를 이유로 매매계
약을 해제하기로 결심했다. 유천이 윤호에게 매매계약 해제를 통지한 이후
혹시나 하는 마음으로 甲토지의 등기부를 떼어보니 이미 수지은행 명의로
저당권이 설정되어 있었고, 이에 놀란 유천이 조사한 결과 윤호가 유천으로
부터 매매계약 해제의 통지를 받자 甲토지의 등기가 자신의 명의로 되어 있
음을 이용하여 수지은행으로부터 3억원을 차용하면서 저당권을 설정하고
차용금 3억원을 모두 사업하는 데 써버렸다는 사실을 알게 되었다.

이와 같은 경우 유천은 어떻게 구제받을 수 있을까?

우리 민법은 해제의 효과와 관련하여 제548조 제1항에서 "당사자 일방이 계약을 해제한 때에는 각 당사자는 그 상대방에 대하여 원상회복의 의무가 있다"라고 규정하고 있습니다. 원상회복이란 쉽게 말해 마치 계약이 없었던 것과 같은 상태로 되돌리는 것을 의미합니다. 그런데 계약에 기초하여 이미 소유권의 변동이 있었던 경우에는 계약이 해제됨에 따라 소유권이 다시 원소유자에게 당연히 복귀되는지 여부가 문제가 될 수 있습니다.

이에 대하여 우리 판례는 "우리 법제가 *물권행위의 독자성과 *무인성을 인정하고 있지 않은 점과 민법 제548조 제1항 단서가 거래 안정을 위한 특별규정이라는 점을 생각할 때 계약이 해제되면 그 계약의 이행으로 변동이 생겼던 소유권은 당연히 그 계약이 없었던 원 상태로 복귀한다"고 판시하고 있으므로,

계약이 해제되면 소유권은 당연히 다시 원소유자에게 복귀하게 되고, 원소유자의 상대방에 대한 말소등기 청구권과 같은 원상회복 청구권은 채권적 청구권이 아니라 소유권에 기초한 물권적 청구권의 성격을 띠게 됩니다.

앞서 살핀 바와 같이 채권과 물권은 그 효력에 있어서 뚜렷하게 구별되므로, 판례에 따르면 원소유자는 소유권의 *대세효에 따라 거래 상대방뿐만 아니라 모든 사람에게 원상회복 청구권을 주장할 수 있게 되는 것입니다. 만일 계약이 해제되더라도 물권이 당연히 복귀되는 것은 아니고 등기가 원소유자에게 이전되어야만 비로소 원소유자에게 물권이 복귀된다고 본다면, 원소유자는 계약 상대방에게 채권적 권리로서 원상회복 청구권을 행사할 수 있을 것이고 제3자에게는 채권의 상대효에 따라 소유권을 주장할 수 없을 것입니다.

그리고 우리 민법은 제548조 제1항 단서에서 "계약 해제로 인한 원상회복 의무로 제3자의 권리를 해하지 못한다"고 규정하여, 계약이 해제되더라도 이미 성립된 계약을 유효하다고 믿고 거래를 한 제3자를 보호하고 있습니다. 따라서 계약 해제의 의사표시가 있기 전에 이해관계를 가지게 된 제3자는 우리 법 조항의 해석에 따라 당연히 보호받을 수 있고, 판례도 제3자가 향후 계약 해제가 되리라는 점을 알았든 몰랐든 관계없이 제3자는 선·악 불문하고 보호받는다고 판시하고 있습니다.

그런데 해제의 의사표시가 있은 후 등기를 말소하지 않은 동안에 이해관계를 갖게 된 제3자의 지위가 어떠한지는 법 규정상 명확하지 않아 문제가 됩니다. 이에 대하여 우리 판례는 "계약 해제로 인한 원상회복 등기가 이루어지기 전에 계약의 해제를 주장하는 자와 양립되지 아니하는 법률관계를 가지게 되었고 계약 해제 사실을 몰랐던 제3자에 대하여는 그 계약 해제를 주장할 수 없다"라고 판시하여 계약 해제 사실을 몰랐던 선의의 제3자를 보호하는 입장을 취하고 있습니다.

자, 그럼 지금 배운 법률 지식을 토대로 앞의 사례를 다시 살펴볼까요? 먼저 유천의 매매계약 해제가 유효한지 살펴볼 필요가 있습니다. 통상 매매의 경우 양 당사자는 동시에 의무를 이행해야 하고, 당사자가 자신의 의무를 이행하지 않는 이상 상대방에게 이행 청구를 하더라도 상대방은 이를 거절할 수 있으며 상대방은 이행지체에 빠지지도 않습니다. 이를 법률 용어로 '동시이행의 항변권'이라고 합니다.

그런데 본 사례의 경우 유천은 甲토지에 관한 등기를 윤호에게 미리 이전시켜주었으므로 매매계약상 의무를 다했다고 볼 수 있고, 그럼에도 불구하고 윤호는 잔금 지급기일이 지나도록 매매 대금을 지급하지 않았으므로 이행지체, 즉 채무불이행에 빠졌다고 할 수 있습니다. 따라서 유천은 윤호의 이행지체로 인한 매매계약 해제권을 취득하고 유천의 매매계약 해제 통지로 유천과 윤호 사이의 매매계약은 처음부터 없었던 것처럼 소급하여 그 효력을 상실하게 됩니다.

이에 따라 비록 甲토지에 관한 등기가 윤호에게 넘어가 있는 상태라 하더라도 유천은 甲토지의 소유권을 취득하게 되고, *소유권에 기한 방해배제로 윤호에게 甲토지에 관한 윤호 명의의 이전등기를 말소할 것을 청구할 수 있습니다.

그런데 현재 甲토지에는 수지은행 명의의 저당권이 설정되어 있는바, 유천이 소유권에 기한 방해배제로 수지은행 명의의 저당권의 말소를 요구할 수 있는지가 문제 될 것입니다. 판례에 따르면 수지은행은 유천의 매매계약 해제의 의사표시가 있은 후에 저당권을 취득했으므로 수지은행이 유천과 윤호 사이의 매매계약이 해제된 사실을 모르는 경우에만 보호받을 수 있을 것이고, 수지은행이 매매계약이 해제된 사실을 알면서도 저당권을 취득했다는 사실은 유천이 입증해야 합니다. 그런데 본 사례의 경우 수지은행이 은행인 점에 비추어본다면 유천이 수지은행의 악의를 입증하기는 어려워 보입니다. 반면 만약 근저당권자가 수지은행이 아닌 윤호의 가족 등 지인이고, 실제로 근저당 채무액에 대한 은행거래 내역이 없다는 등의 사정이 있다면 근저당권자를 악의로 판단할 수도 있겠지요.

본 사례에서 유천은 윤호 명의의 이전등기를 말소시켜 부동산의 소유권을 다시 자신에게 이전시킬 수는 있으나, 수지은행 명의의 저당권은 말소시키기가 어렵습니다. 결국 근저당 채무는 유천이 떠안게 되겠지요. 따라서 유천의 입장에서는 원상회복 의무를 주장하여 윤호에게 수지은행 명의 저당권을 말소시켜 줄 것을 요구하고, 윤호가 말소시키지 못해 유천에게 손해가 발생하는 경우 그 손해를 윤호에게 배상 청구해야 할 것입니다.

물권행위의 독자성 : 채권행위가 있고 그 이행으로서 물권행위가 행해지는 경우에, 물권행위는 원인 행위인 채권행위와 별개로 행해진다는 것을 뜻한다.

물권행위의 무인성 : 물권행위의 원인인 채권행위가 무효이거나 취소되는 때에도 그 이행으로서 행해진 물권행위에는 아무런 영향이 없다는 것을 뜻한다.

대세효 : 법률관계의 효력이 당사자, 제3자 모두에게 미치는 것을 말한다.

소유권에 기한 방해배제 : 소유권자가 자신의 소유권 행사에 방해되는 것을 제거 요청할 수 있는 권리를 말한다.

명의신탁의 규제
(중간생략등기형 명의신탁)

진기는 민석의 甲토지를 매수하기로 하고 매매계약을 체결했다. 그런데 진기는 이미 많은 토지를 가지고 있었기 때문에 과도한 재산세가 부담되어 이러한 사정을 잘 알고 있는 민석의 처남인 민성 명의로 甲토지를 이전하기로 했다.

이에 따라 진기는 민석에게 매매 대금 5억원을 지급하고, 진기의 부탁을 받은 민석은 甲토지의 등기를 민성 앞으로 이전해주었다.

그런데 민성은 자신이 甲토지에 관한 등기명의인이라는 점을 이용하여 甲토지를 승제에게 6억원을 받고 매도했고, 甲토지의 등기도 승제에게 이전해주었다.

이러한 사정을 안 진기는 토지 매도인인 민석에게 甲토지의 등기가 자신에게 이전되지 못했으니 아직 계약이 이행되었다고 볼 수 없으므로 甲토지의 등기를 이전해달라고 주장하고 있는데, 진기의 주장은 받아들여질 수 있을까?

이 사례에서 먼저 알고 가야 할 법률 용어는 '중간생략등기형 명의신탁'입니다. 중간생략등기형 명의신탁이란 신탁자, 즉 이 사례에서의 진기와 같이 명의를 신탁하는 사람이 매매계약의 당사자가 되어 매도인과 직접 매매계약을 체결하되, 등기는 매도인으로부터 수탁자, 이 사례에서의 민성처럼 명의를 받는 사람에게 직접 이전하는 형식의 명의신탁을 의미합니다.

명의신탁은 부동산의 등기명의인(명의수탁자)과 부동산의 실제 소유자(명의신탁자)가 달라지는 결과를 초래하기 때문에 거래의 안전성 및 법적 안정성을 크게 해치게 됩니다. 이러한 명의신탁은 부동산 실권리자명의 등기에 관한 법률, 통상 '부동산 실명법'이라 하는 법에 따라 엄격하게 규제되어 형사처벌의 대상이 되는데, 그럼에도 불구하고 세금 면탈 등을 위해 아직도 자주 일어나고 있는 실정이지요. 따라서 명의신탁이 우리 법에서 어떻게 다루어지고 있는지 살펴볼 필요가 있습니다.

위 법에 의하면 등기에 의해 공시되는 부동산에 관한 소유권 기타 물권에 관한 명의신탁약정은 모두 무효가 되고(제4조 제1항), 이러한 명의신탁약정에 따라 행해진 등기에 의한 부동산 물권변동도 모두 무효가 됩니다(제4조 제2항). 하지만 예외적으로 법률상 유효로 보는 경우도 있습니다. 다음 중 어느 하나에 해당하는 경우로서 조세 포탈, 강제집행의 면탈 또는 법령상 제한의 회피를 목적으로 하지 않는 경우에는 예외적으로 유효한 명의신탁에 해당합니다.

① *종중宗中이 보유한 부동산에 관한 물권을 종중(종중과 그 대표자를 같이 표시하여 등기한 경우를 포함한다) 외의 자의 명의로 등기한 경우

② 배우자 명의로 부동산에 관한 물권을 등기한 경우

③ 종교단체 명의로 그 산하 조직이 보유한 부동산에 관한 물권을 등기한 경우

그렇다면 이때 법률상 제3자는 어떻게 보호받을까요? 우리 법은 명의신탁 약정 및 이에 기초한 부동산 물권변동이 무효라 하더라도 이러한 무효로 제3자에 대항하지는 못한다고 규정하여 거래의 안정성을 도모하고 있습니다. 따라서 제3자가 선의일 뿐만 아니라 명의신탁약정 사실을 알고 있었던 악의인 경우라도 제3자는 보호가 된답니다.

여기서 참고로 알아두어야 할 것은 명의신탁약정 당사자들은 형사처벌을 받는다는 것이지요. 우리 법은 부동산의 권리관계를 바로잡고, 명의신탁이 세금 포탈을 위한 편법으로 사용되지 못하게 하기 위해 형사처벌 규정을 두어 명의신탁 당사자들을 벌하고 있습니다. 이에 따라 명의신탁자는 5년 이하의 징역 또는 2억원 이하의 벌금에, 명의수탁자는 3년 이하의 징역 또는 1억원 이하의 벌금에 처해질 수 있습니다.

자, 그럼 지금 배운 법률 지식을 토대로 앞의 사례를 다시 살펴볼까요? 먼저 진기와 민성 사이의 명의신탁약정 및 甲토지에 관한 민성 명의의 등기는 무효입니다. 부동산 실권리자명의 등기에 관한 법률에 따라 신기와 민성 사이의 명의신탁 계약은 무효에 해당하고, 甲토지에 관한 민성 명의의 이전등기 역시 명의신탁약정에 기초해 이루어진 것이기 때문에 무효에 해당하지요.

따라서 외관상 민성 명의로 이전등기가 이루어진 상태라 하더라도 甲토지의 소유자는 매도인 민석이라 할 수 있습니다. 하지만 진기와 민석 사이의 매매계약은 진기와 민성 사이의 명의신탁약정과 상관없이 여전히 유효합니다. 따라서 매수인인 진기는 매도인 민석에 대하여 매매 대금을 지급할 의무를 지고, 매도인 민석은 매수인 진기에게 甲토지의 등기를 이전해줄 의무를 계속해서 부담하게 되는 것이지요.

또한 법률에 의해 민성 명의의 등기가 무효라 하더라도 외관상 부동산 명의자인 민성은 甲토지의 소유자로 공시되므로, 이에 기초해 거래를 한 제3자를 보호할 필요가 있겠지요. 우리 법은 제3자의 경우 선의·악의 불문하고 모두 보호하고 있으므로, 승제가 진기와 민성 사이에 명의신탁약정이 있었고 이에 따라 민성 명의의 등기가 무효가 된다는 사실을 알면서 민성과 매매계약을 체결하고 등기를 이전받은 사실이 있다 하더라도, 승제는 유효하게 甲토지의 소유권을 취득하게 된답니다.

위에서 살핀 것처럼 진기와 민석 사이의 甲토지에 관한 매매계약은 여전히 유효합니다. 그런데 甲토지의 소유권은 승제에게 이미 넘어가버렸으므로 진기의 입장에서는 매매 대금은 모두 지급했으면서 甲토지의 소유권은 취득하지 못하는 결과를 얻게 됐습니다.

그렇다면 진기가 민석에게 매매계약에 기초하여 甲토지에 관한 등기이전을 요구할 수 있을지가 문제가 될 수 있습니다. 이에 대하여 우리 판례는 매도인이 명의신탁자의 요구에 따라 명의수탁자 앞으로 등기명의를 이전해주었다면 매도인에게 매매계약의 체결이나 그 이행에 관해 어떠한 귀책사유가 있다고 보기 어렵고, 명의신탁자가 매도인에 대해 매매 대금의 반환을 구하거나 명의신탁자 앞으로 재차 소유권 이전등기를 해줄 것을 요구하는 것은 신의칙상 허용되지 아니한다고 판시한 바가 있습니다(대법원 2002. 3. 15. 선고 2001다61654).

따라서 진기는 민석에게 甲토지의 등기이전을 요구할 수 없고 매매 대금의 반환을 요구할 수도 없을 것입니다. 그렇다면 민석과 진기 그리고 민성의 형사처벌은 어떻게 될까요? 진기는 명의신탁자, 민성은 명의수탁자이고 민석은 이러한 명의신탁약정 사실을 알면서도 방조한 자에 해당하므로, 이들은 모두 부동산 실권리자명의 등기에 관한 법률에 의해 형사처벌을 면할 수가 없습니다. 또한 명의수탁자인 민성은 타인의 재산을 임의로 처분하였으므로 신탁자 진기에 대한 횡령죄에도 해당하여 처벌받게 될 것입니다.

 상식 Box!

종중 : 판례에 따르면 종중은 공동 선조의 분묘 보존, 제사의 이행, 후손 상호 간의 친목을 목적으로 형성되는 자연발생적인 종족 단체로, 선조의 사망과 동시에 후손에 의해 성립하며 후손 중 20세 이상 성인 남자를 종원(宗員)으로 인정하는 것으로 정의 내리고 있다.

명의신탁의 규제
(계약 명의신탁)

승연은 규리의 소유인 甲토지를 매수하고 싶으나, 자신의 명의로 토지를 구입하면 채권자들로부터 강제집행을 당할 수 있다는 사실 때문에 방설이고 있었다. 그러던 중 2013년 11월 11일에 승연의 절친한 친구인 지영이 자신이 명의를 빌려주겠으니 자신에게 매매 대금을 주면 甲토지를 매수하여 보관하고 있겠다고 했고, 승연은 지영에게 매매 대금으로 3억원을 주었다.

이후 지영은 규리를 찾아가 甲토지에 관한 매매계약을 체결했고, 규리는 지영으로부터 매매 대금 3억원을 받고 甲토지에 관한 명의를 지영에게 이전해주었다.

그런데 승연이 자신의 채권관계가 모두 정리되자 지영에게 甲토지에 관한 등기를 이전시켜달라고 요구했으나, 지영은 현재 甲토지는 자신의 소유라며 이를 거부하고 있다.

이 경우 승연은 어떻게 甲토지를 자신의 명의로 이전시킬 수 있을까?

본 사례는 앞서 본 명의신탁과 구조를 달리하고 있습니다. 가장 큰 차이는 매도인과 매매계약을 체결한 주체가 신탁자가 아닌 수탁자라는 것입니다. 본 사례와 같이 명의신탁자가 명의수탁자에게 위임을 하여 명의수탁자가 직접 자신의 이름으로 매도인과 매매계약을 체결하고 등기를 명의수탁자 앞으로 마치는 것을 계약 명의신탁이라고 합니다. 결국 중간생략등기 명의신탁과 계약 명의신탁은 부동산 매매계약의 당사자가 명의신탁자가 되는지 아니면 명의수탁자가 되는지 여부에 따라 구별된다 하겠습니다.

부동산 실권리자명의 등기에 관한 법률에서 계약 명의신탁을 규제하고 있기 때문에 명의신탁자와 명의수탁자 사이의 명의신탁약정은 무효가 되고, 일부 무효의 경우 전부 무효가 된다는 민법상 원칙에 따라 명의신탁자와 명의수탁자 사이에 체결된 부동산 매매와 관련한 위임 약정도 모두 무효가 됩니다.

하지만 부동산 매도인의 선의·악의에 따라 부동산 매매계약의 유효성은 달라집니다. 먼저 매도인이 악의인 경우, 즉 매도인이 신탁자와 수탁자 사이의 명의신탁 사실을 알고 수탁자와 매매계약을 체결하고 등기를 이전해준 경우 매매계약은 무효가 됩니다. 부동산 실명법 제4조 제2항에 의하면 명의신탁약정에 따라 행해진 물권변동은 무효가 되므로 위 매매계약은 원시적으로 이행불능이 되어 무효가 되는 것이지요. 따라서 이러한 경우에는 매도인과 명의수탁자는 서로 원상회복 의무를 지게 될 것이고, 부동산에 대한 소유권은 그대로 매도인에게 남아 있으므로 매도인은 소유권에 기초해 매수인에게 등기 말소를 요구할 수도 있을 것입니다.

그렇다면 매도인이 선의인 경우는 어떨까요? 매도인이 명의신탁 사실을 모르고 수탁자와 매매계약을 체결하고 등기를 이전한 경우에는 거래 안전을 위해 매도인을 보호해줄 필요가 있지요. 부동산 실권리자명의 등기에 관한 법률에서는 이러한 경우 예외적으로 물권변동이 유효하다고 보고 있고, 그 결과 매도인과 명의수탁자 사이의 매매계약도 유효하고 수탁자는 완전히 부동산에 관한 소유권을 취득하게 됩니다(부동산 실명법 제4조 제2항 단서).

그렇다면 매도인이 선의인 경우 매매 대금을 지급한 신탁자가 수탁자를 상대로 소유권 이전등기를 청구할 수 있을까요? 먼저 명의신탁 해지를 근거로 소유권 이전등기를 청구할 수 있는지가 문제가 되는데, 앞서 본 바와 같이 명의신탁약정은 부동산 실명법에 의하여 무효가 되므로 이와 같은 방법은 허용되지 않을 것입니다.

다음으로 민법상 부당이득을 이유로 수탁자에게 소유권의 반환을 요구할 수 있는지가 문제가 됩니다. 이에 대해 우리 판례는 계약 명의신탁약정과 그에 따른 등기가 부동산 실명법 시행 전에 행해진 경우에는 부동산 자체를 부당이득으로 보아 수탁자는 신탁자에게 반환할 의무가 있다고 보았으나, 계약 명의신탁약정이 부동산 실명법 시행 후에 행해진 경우에는 명의신탁자가 입은 손해는 당해 부동산이 아니라 명의수탁자에게 제공한 매수 자금이라 할 것이므로, 명의수탁자는 당해 부동산 자체가 아니라 명의신탁자로부터 제공받은 매수 자금을 부당이득으로 취했다고 판단하고 있습니다(대법원 2005. 1. 28. 선고 2002다66922).

그러면 수탁자가 신탁자로부터 받은 매매 대금이 불법원인급여에 해당할까요? 신탁자가 강제집행을 면할 목적으로 명의를 신탁한 경우와 같이 그 목적이 부당한 경우, 수탁자가 받은 매매 대금이 불법원인급여에 해당한다고 보아 반환할 필요가 없는지가 문제 될 수 있습니다. 그러나 우리 판례는 이러한 경우에도 무효인 명의신탁약정에 기초해 타인 명의의 등기가 마쳐졌다고 해서 그것이 당연히 불법원인급여에 해당한다고 볼 수는 없다고 판시한 바가 있어, 신탁자는 수탁자에게 매매 대금의 반환을 요구할 수 있습니다(대법원 2003. 11. 27. 선고 2003다41722).

자, 그럼 지금 배운 법률 지식을 토대로 앞의 사례를 다시 살펴볼까요? 본 사례의 경우 수탁자인 지영이 자신의 이름으로 甲토지의 매도인인 규리와 직접 계약을 체결했으므로, 승연과 지영 사이에 체결된 명의신탁은 계약 명의신탁에 해당합니다.

그렇다면 甲토지의 소유권자는 누구일까요? 甲토지의 매도인인 규리가 매수인인 지영이 명의수탁자라는 사실을 알고 매매계약을 체결했다는 사정이 없으므로, 본 사례의 경우 규리는 명의신탁에 대한 선의에 해당하여 규리와 지영 사이에 체결된 甲토지에 관한 매매계약은 유효하고, 지영 명의로 이전된 甲토지에 관한 등기도 예외적으로 유효합니다. 따라서 명의수탁자인 지영은 甲토지의 소유권을 취득하게 되지요.

그러면 신탁자인 승연이 수탁자인 지영으로부터 甲토지에 관한 이전등기를 요구할 수 있을까요? 본 사례의 경우 부동산 실명법 제정 이후 체결된 명의신탁약정에 따라 등기가 이전된 것에 해당하므로 앞서 살핀 바와 같이 명의신탁자인 승연은 명의수탁자인 지영에게 부당이득이나 명의신탁 해지를 원인으로 하여 이전등기를 요구할 수가 없습니다.

따라서 지영은 甲토지에 관해 완전한 소유권을 취득한다 할 것입니다. 비록 승연이 강제집행을 면탈할 목적으로 명의신탁약정을 체결하고 매매 대금을 지영에게 지급했으나 판례에 따르면 이것이 불법원인급여에 해당한다고 볼 수 없으므로, 승연은 지영에게 부당이득으로 교부한 매매 대금 3억원의 반환을 요구할 수 있을 것입니다.

그렇다면 마지막으로 승연과 지영에 대한 형사처벌은 어떻게 될까요? 승연은 명의신탁자, 지영은 명의수탁자이므로 이들은 모두 부동산 실명법에 의해 형사처벌을 면할 수가 없답니다.

합의서, 꺼지지 않는 분쟁의 불씨

대한은 민국이 운영하는 병원에서 코 옆 양쪽 골주름, 왼쪽 입꼬리 밑 주름에 필러를 주입하여 팔자주름을 없애는 시술을 받았다. 그런데 시술 이후 오른쪽 상처 부위가 변색되고 열감 및 통증이 발생해 대한은 민국의 병원에서 항생제 등을 맞았다. 하지만 증세가 호전되지 않아 결국 필러 제거수술을 받았으나, 콧구멍 부위에 큰 딱지가 생겼다.

이러한 상황에서 민국은 대한에게 500만원을 지급하며 "향후 이 시술과 관련하여 어떠한 법적 조치 및 추가적인 요구를 하지 않는다"는 합의서를 받았다.

그러나 대한이 딱지를 제거해보자 콧구멍이 없어진 상태였고, 급기야 대한은 미국 소재 병원에서 4회에 걸친 추가 수술을 받고 수술비로 5억원을 지출했다.

대한은 민국을 상대로 추가적인 손해배상을 청구했으나, 민국은 합의서를 이유로 손해배상을 거부하고 있다. 과연 대한은 합의서에도 불구하고 추가 손해배상을 받을 수 있을까?

    본 사례의 합의서 작성은 당사자 사이의 자유의사로 성립된 계약입니다. 계약 내용은 대한이 민국으로부터 500만원을 지급받는 대신 민국에 대한 손해배상청구권을 포기한다는 것입니다. 거듭 강조하지만, 당사자 사이에 협의로 성립된 계약은 사적자치의 원칙에 따라 구속력이 인정되어야 합니다. 그래야 계약의 당사자가 법적 안정성을 가질 수 있기 때문입니다.

    그런데 만약 계약 체결 이후에 계약 당시에는 전혀 예상할 수 없었던 사정이 발견된다면 어떻게 해야 할까요? 사적자치 및 법적 안정성만을 중시하여 무조건 계약의 효력만 주장한다면, 때로는 일방에게 지나치게 가혹한 결과가 초래될 수도 있겠지요.

이에 대하여 법원은 합의서의 권리 포기 조항은 당사자 쌍방 간에 있어 손해의 대체적인 범위가 암묵리에 상정되어 있고, 후에 생긴 손해가 위 범위를 현저히 일탈할 정도로 중대하여 당초의 손해금과 비교할 때 심히 균형을 잃고 있으며, 합의의 경위, 내용, 시기 기타 일체의 사정을 고려하더라도 처음의 합의에 의해 후의 손해 전부를 포함하도록 함이 당사자의 신의, 공평에 반한다고 인정되는 경우에는 합의 당시에 예측했던 손해만을 포기한 것으로 '한정적으로 해석'함이 당사자의 합리적 의사에 합치한다고 판시하고 있습니다.

즉, 합의 당시에는 예측하지 못했던 손해가 합의 이후에 발생했고, 합의 이후에 발생한 손해가 합의금에 비해 현저히 증가하는 등 특별한 사정이 있는 경우에는, 합의서의 작성에도 불구하고 추가적인 손해배상을 청구할 수 있다는 것이지요.

자, 그럼 지금 배운 법률 지식을 토대로 앞의 사례를 다시 살펴볼까요? 본 사례에서 대한은 코 주위에 딱지가 생긴 상태에서 500만원을 받고 합의를 했습니다. 그러나 합의 이후 딱지가 제거되고 보니 콧구멍이 없어지는 중대한 상해가 발생했음을 알게 되어 추가 치료비만 합의금의 100배인 5억이 지출되었습니다. 그렇다면 대한이 500만원을 지급받고 합의를 할 당시에는 추후 콧구멍이 없어질 정도의 중대한 상해가 발생할 것임을 예상했다고 볼 수 없고, 장차 지출될 추가적인 치료비가 5억원에 달할 것이라는 점 역시 전혀 예측할 수 없었다고 보는 게 타당하겠지요. 5억원의 추가 치료비가 발생하고 콧구멍이 없어질 정도의 중대한 외형상 장애가 생길 것을 알았다면, 누구라도 500만원에 합의를 하지는 않았을 테니까요.

따라서 본 사례의 대한은 비록 합의서를 작성하긴 했지만 민국에게 추가적인 손해배상청구를 할 수 있을 것으로 보입니다.

※ 본 사안은 의료소송 전문 변호사인 법무법인 세승의 신태섭 변호사님의 도움을 받아 작성되었습니다.

채무자가 재산을
빼돌리는 경우

송이는 고향 친구인 민준이 사업 자금이 필요하다고 하자 2년 후에 돌려받기로 하고 여유 자금 2억원을 민준에게 빌려주었다. 그런데 민준이 사업을 시작하고 1년 6개월이 지난 이후부터 사업이 급격하게 기울기 시작했다. 민준은 사방팔방으로 10억원의 자금을 빌려 운영을 계속하려고 노력했으나, 결국 2년을 넘기지 못하고 파산 직전에 이르게 되었다.

민준이 파산 직전에 이르자 수많은 채권자들이 변제를 요구했고, 민준은 가족을 위해 마지막으로 남은 집이라도 구해보고자 자신의 유일한 재산인 20억 상당의 아파트를 아내에게 증여해버렸다. 송이 역시 민준이 파산 직전에 이른 사정을 알고 있었으나, 고향 친구인 민준에게 매정하게 소송을 걸기도 뭣하여 전화와 내용증명을 통해 아내 명의로 돌린 집을 팔아 빚을 갚으라는 독촉만 여러 번 하다가 1년이 훌쩍 지나버렸다.

과연 송이는 민준에게 빌려준 돈을 받을 수 있을까? 만약 민준이 자신의 아파트를 아내에게 증여하기 이전에 변호사와 상의하여 아내와 이혼하는 것으로 꾸미고, 자신의 아파트를 이혼에 따른 재산분할로 아내에게 전부 넘겨준 경우라면 어떻게 될까?

1997년경 우리나라에 불어닥친 유례없는 외환위기(IMF)는 경제 분야뿐만 아니라 여러 분야에 많은 영향을 미쳤지요. 외환위기는 법조계에도 많은 영향을 주었는데, 대표적인 부분이 바로 파산, 회생 등 도산법 분야의 비약적인 발전입니다. 동시에 그동안 그다지 주목받지 못하던 권리가 수많은 사례의 축적과 더불어 비로소 부각되게 되었으니, 그것이 바로 '채권자 취소권'입니다.

채권자 취소권이란, '채무자가 채권자를 해함을 알고 재산권을 목적으로 하는 법률행위를 했을 때 채권자가 그 취소 및 원상회복을 법원에 청구할 수 있는 권리'를 의미합니다. 쉽게 말해 채무자가 채권자에게 빚을 갚지 않기 위해 자신의 재산을 빼돌리는 법률행위, 예를 들면 제3자에게 팔아버린다거나 가족에게 증여하는 등의 행위를 하였을 때는 채권자가 채무자의 그러한 법률행위를 취소할 수 있다는 것입니다. 채권자가 채권자 취소권을 행사하여 채무자의 재산 도피 행위를 취소하는 경우, 도피된 재산은 다시 채무자에게 귀속되기 때문에 채권자는 채무자에 대한 *추심이 가능하고 결국 자신의 채권을 변제받을 수 있게 됩니다.

위와 같은 채권자 취소권을 행사하기 위해서는 ① 채권자의 채권이 채무자의 법률행위 이전에 이미 발생한 상태여야 하고, ② 채무자의 행위로 인해 채무자의 변제 능력이 없어져 채권자가 채권 변제를 받을 수 없는 상태가 되어야 하며, ③ 채무자 및 채무자와 거래를 한 자가 *사해행위 사실을 알고 있어야 합니다.

단, 채권자 취소권을 행사한다는 것은 이미 효력이 완성된 법률관계가 뒤

집히는 일이기 때문에, 거래의 안정, 권리관계의 조속한 종결을 위해 채권자는 취소 원인을 안 날로부터 1년, 법률행위가 있은 날로부터 5년 이내에만 취소권을 행사할 수 있답니다. 채권자 취소권은 법원에 소송을 제기하는 방식으로 행사하는 것만 인정되기 때문에, 소송 제기가 아닌 단순한 변제의 독촉, 내용증명의 발송 등은 채권자 취소권 행사로 인정받지 못한다는 점 역시 주의해야 합니다.

자, 그럼 지금 배운 법률 지식을 토대로 앞의 사례를 다시 살펴볼까요? 민준이 자신의 유일한 재산인 아파트를 아내에게 증여해버렸으니, 송이의 입장에서는 민준의 재산을 통해 자신의 채권을 변제받을 방법이 없어져버린 것이지요. 그러므로 송이는 채권자 취소권의 행사를 검토해볼 수 있는데, ① 송이의 채권은 민준이 자신의 아내에게 집을 증여하기 이전에 이미 발생한 상태였고, ② 송이의 채무까지 12억원이 넘는 채무를 진 민준이 자신의 유일한 재산인 아파트를 처분했으니 아파트의 증여로 민준은 변제 능력이 없는 상태가 되었으며, ③ 민준의 아내는 민준이 파산 위기에 몰렸다는 사실을 당연히 알고 있었을 것으로 보이기 때문에, 송이는 채권자 취소권 행사의 요건을 갖춘 것으로 보입니다.

그러나 채권자 취소권은 채권자가 취소 원인을 안 날로부터 1년 이내에 소송을 제기하는 방식으로만 행사할 수 있기에, 구두 및 내용증명만으로 변제를 요구하다 1년을 보낸 송이는 결국 채권자 취소권의 행사가 불가능하여 자신의 채권을 변제받을 수 없을 것입니다. 참고로 이와 같이 채무 면탈을 목적으로 재산을 도피시키는 행위는 강제집행 면탈죄(형법 제327조)에 해당하여 3년 이하의 징역 또는 1천만원 이하의 벌금에 처해질 수 있답니다.

채권자 취소권에 대해서는 추가적인 논점들이 존재합니다. 채권자 취소권은 실생활과도 아주 밀접한 관련이 있을뿐더러, 채권자 취소권만으로도 충분히 책 한 권을 쓸 수 있을 만큼 법률적으로 사례가 많고 어려운 쟁점들을 포함하고 있는 분야이지요. 실제로 채권자 취소권의 행사가 많아지면서 재산을 도피시키는 채무자 입장에서도 사전에 변호사와 상의하여 각종 방법으로 채권자 취소권을 회피할 수 있는 수단을 개발하게 되었는데, 그 방법 중 하나가 이혼을 통한 재산분할로 아내에게 재산을 이전하는 방법입니다.

이혼 시 상대방 배우자에게 인정되는 재산분할 청구권은 법률이 보장하는 권리이기 때문에, 이러한 권리 행사를 과연 채권자 취소권의 행사로 취소할 수 있는지가 문제가 되었습니다. 이에 대해 대법원은 이혼 시의 재산분할이 민법 제839조의 2 제2항의 규정 취지에 반하여 상당하다고 할 수 없을 정도로 과대하고, 재산분할을 구실로 이루어진 재산 처분이라고 인정할 만한 특별한 사정이 없는 한 사해행위로서 채권자 취소권의 대상이 되지 아니하고, 위와 같은 특별한 사정이 있어 사해행위로서 채권자 취소권의 대상이 되는 경우에도 취소되는 범위는 그 상당한 부분을 초과하는 부분에 한정된다고 할 것이며, 이때 상당한 정도를 벗어나는 과대한 재산분할이라고 볼 만한 특별한 사정이 있다는 점을 입증할 책임은 채권자에게 있다고 판결을 내렸습니다(대법원 2006. 6. 29. 선고 2005다73105 판결).

쉽게 설명하자면 이혼 시 재산분할이 사해행위에 해당할 정도로 상당히

과하지만 않는다면 채권자 취소권의 행사가 불가능하고, 재산분할이 과하다는 사정은 채권자가 입증해야 한다는 것입니다. 또한 만약 채권자 취소권의 행사가 인정된다 해도 통상 재산분할의 범위를 넘어서는 과도한 부분에 한해서만 취소가 가능하다는 것이지요.

본 사례에 적용해본다면, 민준 부부의 전체 *적극재산은 20억원 상당의 아파트뿐인데, 아무리 이혼을 한다고 해도 전 재산을 아내에게 주는 일은 지극히 이례적임을 감안하면, 20억원 상당의 아파트 전체를 아내에게 분할해주는 행위는 사해행위에 해당할 것입니다. 단, 통상 이혼 시 재산분할이 대략 50:50인 사정을 감안할 때, 민준의 아내 역시 아파트 중 10억 상당은 재산분할로 받는 것이 적절한 것으로 보이기 때문에, 송이는 10억원을 한도로 채권자 취소권의 행사가 가능할 것입니다.

또한 아무리 채권자라 해도 자신의 채권을 넘어서는 취소권의 행사는 불가능하기에, 송이는 자신의 채권인 2억에 한해서만 채권자 취소권의 행사가 가능하나, 아파트와 같은 부동산은 나눌 수가 없으므로 송이는 민준의 아내를 상대로 아파트 소유권 이전등기를 말소해줄 것을 청구할 수 있습니다. 물론 앞서 설명한 대로 *제척기간 이내에 취소권을 행사하는 경우에만 가능합니다.

상식 Box!

추심 : 은행이 수취인의 위탁을 받고 어음, 수표, 배당금 따위의 대금을 받아내는 일을 뜻한다.

사해행위 : 채무자가 고의로 재산을 줄여서 채권자가 충분한 변제를 받지 못하게 하는 행위를 뜻한다.

적극재산 : 특정인에 속한 예금, 토지, 가옥 등과 같이 금전적인 가치가 있는 재산권을 통틀어 말한다.

제척기간 : 권리관계를 빨리 확정하기 위해 어떤 종류의 권리에 대해 법률이 정하고 있는 존속 기간이다. 즉, 일정한 기간 안에 권리를 행사하지 않으면 해당 권리가 소멸되는 것이다. 혼인의 취소권, 상소권, 즉시 항고권 등이 적용된다.

내 땅을 내가 막겠다는데
뭐가 문제야?

주희는 은퇴 후 복잡한 서울을 떠나 한적한 시골 마을에 전원주택을 구입했다. 전원생활은 모두 만족스러웠으나, 주희의 주택 뒷산에 오래된 작은 암자가 하나 있어 주말마다 많은 사람들이 암자로 가기 위해 차량으로 주희의 소유인 집 앞 도로를 지나다녔다. 독실한 기독교 신자인 주희는 많은 사람들이 마귀에 홀려 불교를 믿는다는 생각에 사람들이 암자에 출입하는 것을 막기 위해 자신 소유 도로의 아스팔트를 걷어내고 철조망을 설치해 사람들의 통행을 막았다.

많은 사람들이 민원을 제기했으나, 관할 행정청은 주희의 집 앞 도로는 주희의 사유재산이라 관청에서 개입할 수 없다며 암자로 통하는 우회도로를 이용할 것을 권유했다. 그런데 우회도로는 차량 출입이 불가능한 비포장 도로로 암자에 가기 위해서는 1시간 상당을 걸어야만 한다.

결국 암사의 소유자로 30년째 암자에서 수행 중이던 주지스님 혜밀이 나서서 법원에 주희의 집 앞 도로로 통행할 수 있도록 해달라는 청구를 했다. 과연 주지스님과 신도들은 주희의 사유재산인 도로를 적법하게 통행할 수 있을까? 혹시 주희의 행동을 형사적으로 처벌할 수는 없을까?

소유권은 사유재산제도의 핵심으로 아주 강하게 보장된다는 사실은 여러 번 강조할 만한 내용입니다. 그렇다면 이러한 소유권의 행사는 제한이 불가능한 것일까요? 결론부터 말하자면 물론 "아니다"입니다. 아무리 강하게 보호받아야 하는 소유권이라 할지라도 사람들이 어울려 살아가면서 지키고 감수해야 하는 최소한의 제한은 가능합니다. 이러한 최소한의 제한을 규정한 것을 '상린관계'라고 하는데(민법 제216조~제244조), 이 중 가장 대표적인 것이 '주위토지통행권'이랍니다.

주위토지통행권이란, 어느 토지와 공로 사이에 그 토지의 이용에 필요한 통로가 없어 주위의 토지를 통행하거나 통로를 개설하지 않고는 공로에 출입할 수 없는 경우 또는 공로에 통행하려면 과다한 비용을 요하는 경우, 주위의 토지를 이용하여 공로에 통행할 수 있는 권리를 의미합니다(민법 제219조). "이런 일이 얼마나 일어날까?" 싶기도 하지만, 실제로 주위토지통행권을 주장하며 법정 다툼을 하는 경우가 자주 있습니다. 특히 전원주택 열풍이 불어 은퇴 후 전원생활을 하는 서울 사람들이 많아지면서 이런 형태의 소송은 흔한 소송이 된 지 오래입니다.

주위토지통행권은 설명한 바와 같이 토지의 소유자가 공로로 출입하기 위해 인접 토지를 사용할 수 있는 권한을 의미하는데, 이는 현재의 토지 용법에 따른 사용에 한하며, 다른 통로가 존재하는 경우 단지 인접 토지를 통과해 가는 것이 더 편하다는 이유만으로 인접 토지를 사용할 수는 없습니다. 또한 만약 주위토지통행권이 인정된다 해도 소유권의 제한은 최소화되어야 하기에 인접 토지 소유자의 손해가 가장 적은 방법을 택해야 하며, 통행으로 인한 손해는 당연히 보상해주어야 하지요.

주희의 행동에 대해 형사적인 제재가 가능한지도 고민해볼 문제입니다. 형법 제185조에서는 일반교통방해죄를 규정하고 있는데, 이는 육로, 수로 또는 교량을 손괴 또는 불통하게 하거나 기타 방법으로 교통을 방해한 자를 처벌하는 규정입니다. 위 형법 조항은 개인의 소유권과 일반 공중의 교통안전이 충돌하는 경우 조율하는 역할을 합니다. 이에 대해 대법원은 일반교통방해죄는 일반 공중의 교통안전을 그 보호법익으로 하는 범죄로, 육로 등을 손괴 또는 불통하게 하거나 기타의 방법으로 교통을 방해하여 통행을 불가능하게 하거나 현저히 곤란하게 하는 일체의 행위를 처벌하는 것을 그 목적으로 하는 죄로서, 여기에서 '육로'라 함은 일반 공중의 왕래에 공용된 장소, 즉 특정인에 한하지 않고 불특정 다수인 또는 차마가 자유롭게 통행할 수 있는 공공성을 지닌 장소를 말한다고 했습니다(대법원 1999. 4. 27. 선고 99도401 판결 등 참조).

이러한 개념 정의를 근거로 대법원은 해당 도로가 이미 불특정 다수인의 통행에 이용되고 있는 경우에는 아무리 소유자라 해도 도로를 파손하거나 철조망을 설치하는 방법으로 통행을 막는 경우 일반교통방해죄가 성립한다는 입장이나(대법원 2007. 12. 28. 선고 2007도7717 판결), 해당 도로가 불특정 다수를 위해 사용된 것이 아닌 특정인을 위해서만 사용되던 토지인 경우에는 위 죄의 성립을 부정합니다(대법원 2010. 2. 25. 선고 2009도13376 판결).

자, 그럼 지금 배운 법률 지식을 토대로 앞의 사례를 다시 살펴볼까요? 암자의 소유자인 혜밀은 주희의 도로를 통하지 않고는 공로에 접근할 방법이 없

거나, 있다고 해도 차량 통행이 불가능하고 1시간을 걸어가야 한다는 점을 근거로 주위토지통행권을 주장하여 인정받을 수 있을 것으로 보입니다. 일반적인 상식에 비추어볼 때, 바로 앞에 통행로를 두고 차량 통행조차 되지 않는 길로 1시간을 돌아갈 것을 강요할 수는 없다고 보는 것이 지극히 타당하겠지요. 결국 주위토지통행권을 근거로 주희의 집 앞 도로 통행이 가능하겠으나, 이는 최소한에 그쳐야 하고 도로 사용료 상당액을 주희에게 보상해주어야 할 것입니다.

여기서 최소한의 이용에 차량을 이용한 통행이 포함되는지 문제 될 여지가 있습니다. 실제로 주위토지통행권 관련 소송에서 차량 통행을 인정할 것이냐,

아니면 도보 통행만 인정할 것이냐가 문제가 되곤 합니다. 토지의 소유자는 주위토지통행권이 인정되는 경우라 해도 각종 방법으로 자신의 토지 사용을 최소한으로 제한하려는 경우가 많기 때문입니다.

이에 대해 대법원은 "민법 제219조에 규정된 주위토지통행권은 공로와의 사이에 그 용도에 필요한 통로가 없는 토지의 이용이라는 공익 목적을 위하여 피통행지 소유자의 손해를 무릅쓰고 특별히 인정되는 것이므로, 그 통행로의 폭이나 위치 등을 정함에 있어서는 피통행지 소유자에게 가장 손해가 적게 가는 방법이 고려되어야 할 것이고, 어느 정도를 필요한 범위로 볼 것인가는 구체적인 사안에서 사회통념에 따라 쌍방 토지의 지형적·위치적 형상 및 이용 관계, 부근의 지리 상황, 상린지 이용자의 이해득실 기타 제반 사정을 기초로 판단하여야 하며, 토지의 이용 방법에 따라서는 자동차 등이 통과할 수 있는 통로의 개설도 허용되지만 단지 토지 이용의 편의를 위해 다소 필요한 상태라고 여겨지는 정도에 그치는 경우까지 자동차의 통행을 허용할 것은 아니다(대법원 2006. 6. 2. 선고 2005다70144 판결)"라고 판시하고 있습니다.

그러나 실무상 대부분 자동차를 이용한 통행 방식을 인정해주고 있답니다. 본 사례에서도 포장도로가 개설되어 있고, 오랜 기간 신도들 역시 차량을 이용해 통행한 점에 비추어볼 때, 차량의 통행까지 인정함이 타당할 것으로 보입니다.

주지스님의 경우에는 인접 토지의 소유자로서 주위토지통행권을 주장하여 도로를 이용하는 것이 가능하나, 이는 인접 토지의 소유자로서 통행이 인정되는 것이기에, 토지의 소유자가 아닌 일반 신도들에게까지 권리가 인정되는 것은 아닙니다. 실제로 판결은 소송을 제기한 당사자들 사이에만 미치기 때문에, 혜밀이 주위토지통행권 소송에서 승소한다 해도 이를 근거로 당연히 일반 신도들의 통행까지 보장되는 것은 아니랍니다.

결국 일반 신도들 입장에서는 주희를 일반교통방해죄로 형사 고발하여 처벌받게 함으로써 실효적인 구제 방법을 모색해야 합니다. 이 사례에서 주희의 집 앞 도로는 이미 오랫동안 암자에 출입하는 불특정 다수인이 사용하고 있었던바, 아스팔트를 걷어내고 철조망을 설치하는 방식으로 도로의 통행을 방해한 것은 일반교통방해죄에 해당할 것으로 보입니다. 결국 주희는 형사처벌까지 받게 될 것입니다.

내가 여기서만 몇 년째인데 나가라고?

세훈은 자신이 소유한 토지 위에 지어져 있던 주택을 리모델링하면서 확장 공사를 하기로 마음먹고, 관할 구청으로부터 허가를 받아 확장 공사를 하여 1990년 이를 완료했다. 이후 세훈은 자신의 주택에서 살다가 2000년에 사망했고, 세훈의 아들 우민이 주택을 상속받아 현재까지 살고 있다.

한편 우민의 옆집에는 오래전부터 백현이 살고 있었는데, 백현 역시 주택 리모델링 공사를 추진하면서 측량을 실시한 결과 우민의 주택이 백현의 토지를 조금 침범하고 있다는 사실을 알게 되어, 우민에게 침범한 부분의 철거를 요구했다. 우민은 비록 자신의 주택이 백현의 토지를 침범한 것은 사실이지만, 관할 구청으로부터 허가도 받았고 이후 1990년부터 2014년인 현재까지 아무 탈 없이 잘 살아왔으며, 백현 역시 그동안 아무런 이의 제기가 없었는데 하루아침에 입장을 바꿔 갑자기 주택의 일부를 철거하라고 하자 화가 나서 철거를 거부하고 있다.

과연 우민은 백현의 철거 요구를 적법하게 거부할 수 있을까?

도시에서는 쉽게 볼 수 없는 장면이지만, 시골에서는 간혹 다른 사람의 땅에 집을 짓거나, 또는 누구 소유인지도 모르는 땅에서 수십 년간 농사를 짓거나 분묘를 설치하는 사람들이 있지요. 심지어 부모 세대에서 자식 세대로까지 이러한 행위가 이어져 내려오기도 하고요. 이런 사람들 중에서는 자신이 이 땅에서 수십 년간 살았고 그동안 아무도 나가라고 하는 사람도 없었으니 "이 땅은 당연히 내 것이다"라고 생각하는 사람이 많습니다.

그러나 법은 그렇게 호락호락하지 않지요. 사유재산제도는 자본주의를 떠받치는 근본이며, 사유재산제도의 핵심은 바로 소유권에 있습니다. 우리 민법 역시 소유권을 아주 강하게 보호하고 있는데, 이처럼 강력한 소유권을 권한 없는 사람이 장기간 점유했다는 이유만으로 빼앗아가게 할 수는 없기 때문입니다. 그렇다고 실제 권리관계와는 전혀 다르게 권한 없는 사람이 장기간 점유하고 있는 상황을 실제 권리자가 방치하는 상태가 계속된다면, 제3자가 실제 권리관계를 오해할 소지가 있으므로 이 경우 역시 거래 안정의 측면에서 바람직하지 않겠지요.

이런 이유로 우리 법은 이러한 상태를 해결하기 위하여 '취득시효'라는 개념을 도입했습니다. 취득시효란 물건에 대해 권리를 가지고 있는 듯한 외관이 일정 기간 계속되는 경우 그 외관상 권리자가 진실한 권리관계의 여부를 떠나 물건의 권리를 취득하는 제도를 말합니다.

'시효'에는 앞서 살펴본 소멸시효와 지금 살펴볼 취득시효가 있는데, 이러한 시효 제도는 진실한 권리자의 권리 행사 태만을 제재하고 오랜 기간 지속된

권리관계를 인정해주어 사회질서의 안정을 기하기 위한 목적으로 존재하는 것
이랍니다. 차이점이 있다면 소멸시효의 대상은 채권이고, 취득시효의 대상은
물권이라는 것입니다. 앞서 살펴보았듯이 물권은 소멸시효의 대상이 되지 않았
지요. 그러나 취득시효로 인해 기존 소유자의 소유권이 상실되는 경우는 발생
할 수 있습니다.

그렇다면 어떤 경우에 취득시효를 통해 소유권을 취득할 수 있을까요? 우
리 민법에서는 동산의 취득시효, 부동산 점유 취득시효, 등기부 취득시효를 인
정하고 있는데, 간단하게 본 사례와 관련 있는 부동산 점유 취득시효에 대해서
만 살펴보겠습니다.

장기간의 점유를 이유로 부동산의 소유권을 취득하기 위해서는 ① 부동산의 소유권을 취득하겠다는 생각을 가지고(소유의 의사로) ② 20년간 ③ 평온, 공연하게 부동산을 점유한 자가 ④ 등기를 해야 합니다.

여기서 가장 어려운 부분은 '소유의 의사로'라는 부분의 해석입니다. 문언적으로 보면 '이 땅을 가져야겠다'는 생각으로 점유해야 한다는 것인데, 사람의 내심 의사는 알 수 없기 때문에 이에 대해서 판례는 "점유자가 소유의 의사가 있는 자주점유인지, 소유의 의사 없는 타주점유인지는 점유자의 내심의 의사로 결정되는 것이 아니라, 점유 취득의 원인이 된 *권원의 성질이나 점유와 관계있는 모든 사정에 의하여 외형적, 객관적으로 결정되어야 한다"고 합니다(대법원 2002. 2. 26. 선고 99다72743 참조).

우리 민법은 점유자는 소유의 의사로 평온, 공연하게 점유한 것으로 추정한다고 규정하고 있는바(민법 제197조), 취득시효가 문제 되는 경우 점유자는 20년간 점유했다는 사정만 입증하면 됩니다. 결국 기존 소유자가 점유자의 점유가 자주점유가 아님을 입증해야 하는데, 판례는 자신에게 점유 권한이 없다는 것을 알면서도 무단으로 점유한 경우라면 자주점유의 추정은 깨진다고 합니다(대법원 2003. 8. 22. 선고 2001다23225 참조). 20년 점유의 경우, 점유의 승계는 인정하지만 점유 승계가 인정되는 경우 기존 점유의 하자 역시 승계해야 합니다. 즉, 점유자는 이전 점유자가 점유한 기간까지 합쳐서 20년만 넘으면 되지만, 이런 경우 이전 점유자가 타주점유자였다면 현재 점유자 역시 타주점유자가 되는 것이지요.

위 ①, ②, ③의 요건을 모두 갖춘 점유자는 점유자 명의의 등기를 함으로써 소유권을 취득하게 되고, 소유권 취득의 효과는 점유 개시 시점으로 소급하게 됩니다(민법 제247조).

자, 그럼 지금 배운 법률 지식을 토대로 앞의 사례를 다시 살펴볼까요? 우민은 결과적으로 백현의 토지를 침범하고 있는 것이기 때문에, 원칙적으로 철거 의무를 부담합니다. 그러나 만약 우민이 현재 점유 중인 토지에 대해 점유 취득시효의 요건을 갖추었다면 백현의 청구를 거절하고 오히려 소유권 이전등기를 해달라고 백현에게 청구할 수 있답니다.

따라서 우민이 점유 취득시효의 요건을 갖추었는지 살펴봐야겠죠. 우민은 2000년부터 주택을 상속받아 점유해왔기 때문에 점유 기간만 놓고 보면 2014년 현재까지 14년밖에 되지 않아 점유 취득시효 기간을 완성할 수 없습니다. 하지만 점유의 승계가 인정되기 때문에 우민은 세훈이 처음 주택을 확장 공사하여 인접 토지를 점유하기 시작한 1990년부터 점유했음을 주장할 수 있어 20년 요건은 충족되지요.

문제는 우민의 점유를 자주점유로 볼 수 있는가 하는 것인데, 만약 세훈이 리모델링 공사 당시 주택이 백현의 토지를 침범했다는 사정을 알면서도 주택을 건축한 것이라면, 이는 악의의 무단 점유자에 해당하여 자주점유의 요건을 충족하지 못합니다. 그 이유는 앞서 본 바와 같이 우민이 세훈의 점유를 승계해야 하는 이상 세훈이 가진 점유의 하자 역시 승계되기 때문이지요. 반면 세훈이 모르고 주택을 건축한 것이라면 민법 제197조에 따라 자주점유가 추정되어 취득시효의 요건을 충족하게 될 것이고요. 그런데 이미 사망한 세훈이 24년 전에 침범 사실을 알았는지는 아무리 유능한 판사라 해도 정확하게 밝혀낼 수는 없을 것입니다. 실제로도 실무상 이런 경우가 빈번하게 발생한답니다.

결론부터 말하자면 주택의 전체 면적, 침범한 부분의 면적, 백현의 토지의 전체 면적 등을 종합적으로 고려하여 판단할 수밖에 없습니다. 즉, 세훈의 주택이 100평인데 침범 부분이 1평에도 못 미친다면 세훈은 백현의 토지를 자신의 땅으로 착각하여 침범한 것으로 보이는 반면, 세훈의 주택이 100평인데 침범한 부분의 면적이 30~40평에 이른다면 이는 당연히 알고 침범했다고 보아야 합니다(대법원 2001. 5. 29. 선고 2001다5913 판결 참조).

이 사례의 경우, 세훈의 주택 공사에 대해 행정청이 건축 허가를 했고, 장기간 옆집에 거주한 백현 역시 측량 이전에는 침범 사실을 알지 못한 점 등에 비추어본다면 침범한 면적이 지극히 미미할 것으로 보이므로, 세훈의 점유는 자주점유로 보는 것이 타당하겠지요. 결국 우민은 취득시효의 요건을 갖추었기 때문에 백현의 철거 요구를 거부할 수 있는 것은 물론, 반대로 백현에게 침범 부분의 소유권 이전등기를 해달라는 청구를 하여 침범 부분의 소유권을 취득할 수 있답니다.

 상식 Box!

권원 : 일정한 법률상 또는 사실상의 행위를 하는 것을 정당화시키는 원인을 뜻한다.

고가 미술품의 소유자는 누구?

지영은 고가의 미술품을 판매하는 판매상이다. 어느 날 최근 방송에 활발하게 출연하는 등 수입이 많아 보이는 유명 의사 종석이 가게에 들러 "내가 요즘 돈을 좀 번다, 돈 많이 버는 걸 자랑하고 싶으니 고가의 골동품을 하나 추천해달라"고 했다.

지영은 1억원 상당의 유명 그림 1점을 추천했고, 종석은 "내가 돈을 잘 벌지만 아직 목돈이 없으니, 매달 1,000만원씩 10개월에 나누어주겠다"고 하며 그림을 구입했다.

지영은 종석이 유명 의사인 것은 알고 있었으나 사람 일은 모르는 것이라, 대금은 10개월에 나누어 받되 완납되기 전까지 그림은 지영이 소유하기로 하고 그림을 판매했다.

아니나 다를까, 과시욕을 앞세우던 종석이 두 달 만에 파산 지경에 이르러 그림 대금을 지급할 수 없게 되자, 종석은 그림이 지영의 것임을 모르는 변호사 들호에게 8,000만원만 받고 그림을 팔아버렸다.

종석이 3회분 할부 대금을 지급하지 못하자 지영은 수소문 끝에 그림을 사간 들호를 찾아가 그림은 내 것이니 돌려달라고 요청했다.

과연 들호는 지영에게 그림을 돌려주어야 할까?

할부 매매란 자동차, 기계, 가구 등 고가의 물건을 구매할 때 흔히 사용되는 매매 방식으로, 매수인이 상품을 인도받을 당시 대금의 일부만 매도인에게 지급하고 나머지는 일정 기간에 걸쳐 분할 지급하는 방식을 의미합니다. 할부 매매는 일상생활에서도 많이 사용되는 아주 흔한 매매 방식이지요.

그런데 이러한 할부 매매를 하는 경우 매도인의 입장에서는 물건을 먼저 매수인에게 인도해주고 대금은 한참 뒤에나 완전히 지급받기 때문에 불안할 수밖에 없습니다. 그래서 매도인은 매매 대금에 대한 담보를 위해 이미 매수인에게 판매한 물건의 소유권을 대금 완납 시까지 매도인에게 남겨두는 방법을 취하기도 하는데, 이러한 특약이 붙은 매매계약을 법률적으로 '소유권 유보부 매매'라고 합니다.

주의할 점은 일상생활에서 자주 사용되는 신용카드 할부는 위와 같은 할부 매매 방식이 아니라는 것입니다. 신용카드를 사용해 할부로 물건을 구입하는 경우 매도인은 신용카드사로부터 매매 대금을 일시불로 모두 지급받고, 단지 매수인이 신용카드사에 할부금을 매달 지급하는 방식이기 때문이지요.

즉, 신용카드 할부의 경우 매도인이 소유권 유보부 매매를 할 필요가 전혀 없습니다.

앞서 소유권의 취득과 관련하여 부동산의 취득시효라는 개념을 살펴봤는데, 부동산이 아닌 동산의 경우에는 우리 민법에서 '선의취득'을 인정하고 있습니다. 선의취득이란 어떠한 동산을 점유하는 자를 권리자라고 믿고 평온·공연·선의·무과실로 그 동산을 취득한 경우에는 비록 그 동산을 양도한 점유자가 정당한 권리자가 아니라고 할지라도 양수인에게 그 동산에 관한 소유권의 취득을 인정하는 제도를 의미합니다.

부동산의 경우에는 물권변동 방법인 등기가 등기부에 의해 공시되므로 양수인은 거래를 하기 전에 양도인이 정당한 권리자인지 여부를 확인할 수 있습니다. 그러나 동산의 경우에는 물권변동 방법이 점유의 이전이기 때문에 이는 공시 방법이 불완전하여 거래 때마다 양도인이 정당한 권리자인지 여부를 확인하는 것이 매우 어렵죠.

따라서 동산의 경우 거래의 안전과 신속을 위해서 비록 물건의 양도인이 정당한 권리자가 아닌 경우에도 양수인이 물건을 취득할 수 있는 길을 만들어 놓을 필요가 있기 때문에 선의취득이라는 제도가 만들어진 것입니다. 선의취득이 인정되기 위해서는 ① 유효한 거래 행위가 있어야 하고 ② 취득자는 자신이 구입한 물건이 매도인의 것이 아님을 모르고 취득했어야 하며 ③ 취득자가 모른 부분에 대해 취득자의 잘못(과실)도 없어야 합니다.

다만 취득자가 구입한 물건이 도난품이거나 유실물인 경우에는 취득자가 위 요건을 모두 갖추었다 해도 원래의 권리자(도난당하거나 잃어버린 사람)는 도난·유실한 날로부터 2년 내에 선의취득 요건을 갖춘 취득자에 대해 물건의 반환을 청구할 수 있습니다(민법 제250조). 그러나 이러한 경우에도 취득자가 도품 또는 유실물을 경매나 공개시장에서 또는 동 종류의 물건을 판매하는 상인에게서 선의로 매수한 때에는 피해자 또는 유실자는 취득자가 지급한 대가를 변상해야 그 물건의 반환을 청구할 수 있습니다(민법 제251조 참조).

참고로 위와 같은 특칙은 도품 및 유실물과 같이 점유자의 의사에 반하거나 의사에 근거하지 않고 점유를 상실한 경우를 요건으로 하므로, 횡령한 경우와 같이 점유자의 의사에 부합하여 점유가 이전된 경우에는 이러한 특칙이 적용되지 않습니다.

자, 그럼 지금 배운 법률 지식을 토대로 앞의 사례를 다시 살펴볼까요? 먼저 지영과 종석 사이를 살펴보면, 두 사람 사이에 미술품에 대한 매매계약이 존재하나 이는 소유권 유보부 매매에 해당하기 때문에 종석이 매매 대금을 완납하지 못한 이상 미술품의 소유자는 여전히 지영이겠지요. 그러나 종석은 이러한 사실을 숨기고 들호에게 미술품을 다시 팔아버렸기 때문에 미술품의 원래 소유자가 지영임을 몰랐던 들호 입장에서는 선의취득에 의한 소유권 취득을 주장할 수 있답니다.

본 사안에서 들호는 유명 의사인 종석이 점유 중인 그림을 종석의 소유인 줄 알고 구입했기 때문에 들호의 선의취득은 인정될 가능성이 큽니다. 또한 종석은 비록 자신이 점유 중인 지영 소유의 미술품을 자신의 것으로 속여 판매하기는 했으나, 이는 종석의 의사에 기한 것으로 미술품을 훔친 것은 아니기 때문에 지영으로서는 도품, 유실물 특칙을 주장하기 어려워 보입니다.

결국 미술품의 소유권은 들호가 갖게 될 것이기에 지영에게 그림을 돌려주지 않아도 될 것입니다. 물론 지영은 종석을 횡령죄로 고소하거나, 종석의 횡령행위로 8,000만원 상당의 재산상 손해를 입었기 때문에 불법행위로 인한 손해배상을 청구할 수는 있겠지요.

Part 2

일상 속 법률
형사 편

민사상 채무불이행과 사기

신혼부부인 개리와 지효는 신혼집을 알아보던 중, 석진이 내놓은 주택이 마음에 쏙 들어 전세금 5,000만원으로 석진과 전세 계약을 체결하기로 했다. 그런데 개리가 주택의 등기부를 떼어보자 은행 명의의 8,000만원 상당 근저당권이 1순위로 설정되어 있었다. 전세 계약을 체결하기로 한 당일 개리가 석진에게 근저당권이 걸려 있기 때문에 불안하다고 하자, 석진은 자신이 집을 여러 채 가지고 있는데 다른 집 전세 계약이 되면 전세금을 받아서 위 1순위의 근저당권을 해결할 테니 걱정하지 말라고 했다.

이에 안심한 개리는 석진과 전세 계약을 체결했고 개리와 지효는 위 주택으로 이사했다. 그런데 두 달 후, 석진이 은행에 대출금 이자를 지급하지 못해 주택이 경매로 넘어가게 되었고, 위 주택은 8,500만원에 최종 낙찰되어 개리는 전세금도 회수하지 못하고 쫓겨나고 말았다. 개리는 자신의 신혼생활을 망친 석진을 사기죄로 고소하기로 했고, 이에 대응하여 석진은 자신의 사업이 어려워지는 바람에 주택이 경매로 나간 것이라 사기죄가 성립하지 않는다고 주장하고 있다.

과연 석진은 사기죄로 처벌받을 수 있을까?

이 사례에서 먼저 알고 가야 할 법률 상식은 단순한 채무불이행은 사기죄가 아니라는 것입니다. 살아가면서 우리나라에서는 사기꾼들을 잡아가지도 않고 처벌하지도 않는다는 소리를 한 번쯤은 들어봤을 거예요. 그런데 그것은 일반 국민들의 사기죄에 대한 관념과 형법에 의해 처벌될 수 있는 사기죄 사이에 상당한 괴리가 있기 때문입니다. 일반 국민들이 상식적으로 생각했을 때는 사기꾼이 분명한데, 법적으로 따져보자면 처벌할 수 있는 사기죄에 해당하지 않아 국가가 처벌하고 싶어도 처벌할 수 없는 경우가 많기 때문이지요.

예컨대 甲이 돈을 빌렸는데 돈을 갚아야 하는 날 빌린 돈의 일부만을 지급하고 나머지에 대해서는 차일피일 미루다 결국 핸드폰을 꺼두고 잠수를 타버리는 바람에 돈 받을 길이 묘연해진 경우, 일반인들은 甲이 사기를 쳤다고 생각하는 경우가 많습니다. 하지만 법적으로 분석해본다면 위와 같은 사례에서 사기죄가 인정되기란 하늘의 별 따기와 같습니다.

왜냐하면 민사상 채무불이행은 형법적으로는 죄가 되지 않기 때문입니다. 형사처벌이란 개인의 행위가 사회에 심대한 해악을 끼쳐 도덕적으로 손가락질 받는 정도를 넘어서는 경우에 국가가 나서서 벌금형으로 제재를 가하거나 징역형을 선고하여 사회와 격리를 시키는 것으로서, 법률에 규정이 있는 경우에만 최소한으로 이루어지는 것을 원칙으로 하기 때문이지요.

따라서 비록 돈을 빌려놓고 갚지 않는다고 하더라도 이는 도덕적으로 손가락질을 받을 만한 사유로 볼 수는 있으나, 경제적으로 힘이 들어 돈을 갚지 못한 채무자에게 형사처벌을 내릴 만큼 위법한 행위를 했다고 할 수는 없다는 것

이지요. 또한 다르게 생각해본다면 채권자 입장에서도 채무자가 형사처벌을 받아 교도소에 가는 것보다 계속 사회에서 돈을 벌어 조금씩이라도 빚을 갚는 것이 이득이 된다고 볼 수 있고요.

이런 경우 채권자에게 필요한 조치는 조속히 채무자에 대하여 ※집행권원을 확보하는 것입니다. 물론 판결 등 집행권원의 취득에 오랜 시간이 필요한 경우에는 가압류 등의 사전 처분을 통하여 채무자의 현재 재산이나 장래에 취득할 재산을 동결시켜야 할 것입니다.

그렇다면 과연 사기죄로 형사처벌을 받기 위한 요건에는 어떤 것이 있을까요? 형사상 사기죄로 인정되기 위해서는 가해자가 피해자에게 기망행위를 하고 이로 인해 피해자로부터 재산상 이득을 얻어야 합니다. 여기서 기망행위라 함은 가해자가 계약을 할 당시부터 애초에 자신이 말한 의무를 이행할 의사나 능력이 없었다는 것을 의미합니다.

자, 그럼 지금 배운 법률 지식을 토대로 앞의 사례를 다시 살펴볼까요? 앞서 살핀 바와 같이 사기죄가 인정되기 위해서는 가해자가 처음부터 기망의 의사를 가지고 있어야 합니다. 따라서 이 사례에서 석진이 처음부터 다른 집에서 전세금을 받아 1순위 근저당권을 말소해줄 의사나 능력이 없었던 경우라면 사기죄로 처벌될 수가 있겠지요. 그러므로 석진의 사기죄가 인정되려면 석진 소유의 다른 집이 없었다거나, 집이 있다 해도 해당 집의 전세금을 받아 이전 세입자에게 지급해주어야 하는 등 전세금 융통이 불가능했었다는 사정을 개리가 밝혀야 할 것입니다.

그러나 석진 소유의 다른 집이 예상과 다르게 전세 계약이 되지 않았거나 시장 상황의 급격한 변동으로 전세금이 대폭 하락하는 등 그 액수가 적어서 1순위 근저당권을 말소해주지 못한 사정이 있다면, 석진에게 임대차계약 체결 당시부터 기망의 의사가 있었다고 인정할 수는 없어 사기죄가 성립하지 않습니다. 비록 석진이 개리에게 전세 계약을 체결할 당시 1순위 근저당권을 말소하겠다고 약속했더라도 이를 지키지 못하는 것은 단순한 채무불이행에 불과할 뿐이고 기망의 의사가 없는 한 형사상 사기죄로 처벌할 수는 없습니다.

결론적으로 본 사안의 경우 개리는 석진을 상대로 전세금 상당의 민사상 손해배상청구를 할 수는 있으나, 석진을 사기죄로 처벌받게 하는 것은 어려울 것입니다.

 상식 Box!

집행권원 : 채무자의 재산 등을 채권자가 국가를 통해 강제집행할 수 있는 정당한 권리를 말한다. 채권자, 채무자가 함께 변호사 사무실 등을 방문해 금전대차계약서를 작성하고 이를 공증받는 절차는 집행권원을 확보하는 일반적인 예이다.

형사상 고소 취하의
효력

은지는 태우와 부부로 살고 있는 주부이다. 살을 빼기 위해 수영장을 다니던 은지는 몸짱 수영강사인 데니안을 마음속으로 좋아하게 되었고, 은지의 적극적인 구애 끝에 은지와 데니안은 둘이서 영화를 보게 되었다.

그런데 수년간 데니안을 쫓아다녔던 나은이 이를 알고 은지의 배우자인 태우에게 위 사실을 알렸고, 이로 인해 은지와 태우의 가정은 파탄나고 말았다.

나은이 자신의 인생을 망쳤다고 생각한 은지는 나은을 찾아가 따귀를 때리고 발로 차 전치 6주의 상해를 입혔다. 나은은 은지를 상해죄로 고소했고 이에 대응해 은지는 나은을 명예훼손죄로 고소했는데, 둘은 이후에 서로 처벌받게 되면 득 될 것이 없다는 생각에 서로 고소를 취하하기로 했다.

그런데 이후 나은은 아무런 처벌을 받지 않았으나 은지에게는 벌금 100만 원이 나왔고, 이에 대하여 은지는 쌍방이 고소를 취하했는데 자신만 처벌받은 것은 검사가 뇌물을 받고 편파 수사를 한 것이라며 검사를 상대로 진정을 넣으려 하고 있다. 과연 은지의 주장은 맞는 것일까?

이 사례에서 먼저 알고 가야 할 법률 용어는 '형사상 합의'입니다. 흔히 교통사고가 일어나서, 혹은 싸움을 했는데 상대방이 다쳐서 위로금으로 터무니없이 많은 금액을 주고 형사상 합의를 보았다는 말을 한 번쯤은 들어봤을 것입니다. 실제로 교통사고나 명예훼손, 사기, 쌍방 폭행, 소액의 절도와 같은 범죄의 경우 경찰관이나 법원의 판사가 가해자에게 형사상 합의를 종용하는 경우가 많이 있습니다.

그렇다면 형사상 합의란 무엇일까요? 형사상 합의가 이루어지면 가해자는 처벌을 면하게 되는 것일까요? 결론부터 말하자면 합의를 한다고 무조건 처벌이 면제되는 것은 아닙니다. 형사상 합의란 가해자가 처벌을 면하거나 가벼운 처벌을 받기 위해 피해자에게 일정 금원을 지급하고 고소 취하를 받는 것을 의미합니다. 그런데 피해자가 처벌을 원하지 않는다며 형사상 고소를 취하한다고 해서 가해자를 처벌할 수 없게 된다면 어떻게 될까요? 아마 돈이 많은 가해자는 언제든지 피해자에게 많은 돈을 지급하는 대신 형사상 처벌을 면하고 풀려나와 사실상 법 위에 군림하면서 살 수 있게 될 것입니다.

따라서 우리 법은 죄가 사회적·국가적으로 미치는 영향, 국민들의 법 감정 등을 모두 고려하여, 죄의 성립에 있어 피해자 개인의 의사가 특히 중요한 경우에만 고소 취하가 있을 시 가해자가 형사상 처벌을 면할 수 있도록 규정하고 있습니다. 대표적인 예로는 피해자의 고소가 있어야만 가해자를 처벌할 수 있는 *친고죄(간통죄, 무고죄, 모욕죄 등), 피해자의 의사에 반하여 가해자를 처벌할 수 없는 *반의사불벌죄(절도죄, 폭행죄, 명예훼손죄 등)가 있고, 이러한 죄의 경우에는 형사상 고소가 취하되면 검사의 공소권이 없어지기 때문에 피의자는

처벌을 면하게 됩니다.

친고죄나 반의사불벌죄 이외의 범죄는 가해자와 피해자 사이에 형사상 합의가 이루어진다 하더라도 가해자는 처벌을 받게 되지만, 실무상 양 당사자 사이에 합의가 이루어져 피해자의 고소 취하가 접수된다면 가해자 처벌의 수위가 상당히 감경되는 효과가 있기 때문에 형사 합의 여부는 친고죄가 아닌 경우에도 중요한 의미를 가집니다. 수사기관 또는 법원 역시 단순히 가해자를 처벌하기 위해서만 존재하는 기관이 아니라 피해자의 피해 회복 역할도 수행해야 하는바, 형사사건에서 상당 부분 합의를 종용하고 있답니다.

자, 그럼 지금 배운 법률 지식을 토대로 앞의 사례를 다시 살펴볼까요? 본 사례에서 은지와 나은에게 형사상 성립될 수 있는 범죄를 판단해본다면 은지에게는 상해죄, 나은에게는 명예훼손죄가 성립될 수 있습니다. 그런데 명예훼손죄는 피해자가 명시한 의사에 반하여 처벌을 할 수 없는 반의사불벌죄에 해당하여, 은지가 고소를 취하했다면 이는 피해자인 은지가 가해자의 처벌을 원하지 않는다는 의사를 명시한 것에 해당하지요. 따라서 나은에 대해서는 공소권이 없어지기 때문에 검사가 나은을 처벌하고 싶어도 법에 의해 나은은 처벌을 면하게 됩니다.

반면 상해죄는 친고죄나 반의사불벌죄에 해당하지 않습니다. 따라서 피해자인 나은이 형사상 고소를 취하한다고 하더라도 이는 처벌을 감경하는 요소에 해당할 뿐이지 은지가 처벌을 완전히 면한다는 뜻은 아닙니다. 결국 이 사례의 경우 은지의 주장은 옳다고 할 수 없답니다.

 상식 Box!

친고죄 : 범죄의 피해자 또는 기타 법률이 정한 자의 고소, 고발이 있어야만 공소를 할 수 있는 범죄를 뜻한다. 형법상 간통죄, 사자(死者) 명예훼손죄, 모욕죄 등이 친고죄에 해당한다. 범죄의 성격상 형사소추를 할 경우 피해자의 명예훼손이나 기타 불이익을 가져올 우려가 있거나 범죄가 경미한 경우, 피해자의 처분에 의존하여 처벌 여부를 결정하려는 경우 친고죄로 규정한다.

반의사불벌죄 : 피해자가 가해자의 처벌을 원하지 않는다는 의사를 표시하면 처벌할 수 없는 범죄를 뜻하며, 폭행죄, 존속폭행죄, 협박죄, 명예훼손죄 등이 이에 해당한다.

CASE 34

형사 합의금을 받은 것이
민사소송에서 공제되어야 할까?

휘성은 거미에게 교통사고를 당해 중상해를 입었다. 휘성은 거미가 가입한 보험사를 상대로 민사상 합의 중이었고, 형사조정을 통하여 가해자인 거미로부터 합의금으로 1,000만원을 지급받고 고소를 취하해주었다.

그런데 휘성이 형사 합의를 한 사실을 알게 된 보험사는 휘성에게 합의금으로 1,000만원을 지급받았으니 보험금에서 위 금원을 공제하고 줄 수밖에 없다고 통지해왔다. 휘성은 보험금에서 1,000만원이 공제되면 형사 합의금이 의미가 없어지므로 보험사의 태도가 부당하다고 생각되어 보험사에 항의하고 있는 상태이다.

과연 1,000만원 부분을 민사상 손해배상으로 인정하는 보험사의 태도가 타당하다고 볼 수 있을까?

형사상 합의금과 민사상 손해배상은 서로 별개이면서도 금원이 오간다는 측면에서 공통되는 요소를 가지고 있습니다. 가해자가 피해자에게 불법행위를 했는데 그러한 불법행위가 법률에 의해 형사처벌을 받는 행위에도 해당하는 경우(예컨대 폭행), 피해자가 가해자에 대하여 민사상 불법행위로 인한 손해배상 소송을 제기함과 동시에 경찰에 형사상 고소를 해서 가해자의 입장에서는 통상 민·형사상 소송 절차가 동시에 진행되는 경우가 많습니다.

그런데 형사상 소송 절차는 가해자에 대하여 형사상 처벌을 구하는 절차이고, 민사상 소송 절차는 가해자가 피해자에게 입힌 손해를 배상하는 절차이기 때문에, 그 성질이 서로 다르고 소의 취하 또한 별개로 이루어집니다.

따라서 가해자와 피해자가 형사상 합의를 해서 형사상 고소 취하가 이루어진다고 하더라도 이것으로 인하여 양 당사자 사이의 민사상 소송이 종료되는 것은 아닙니다. 물론 형사 절차에서 양 당사자 사이에 가해자가 일정 금원을 피해자에게 지급하고 피해자는 민·형사상 모든 소를 취하한다는 내용으로 합의가 이루어진다면 형사 절차뿐만 아니라 민사 절차도 모두 종료되겠지요.

때문에 형사 절차가 진행되던 중 가해자가 피해자에게 형사 합의금으로 일정한 금액을 지급한다면 그 금액을 민사상 손해배상금에서 공제해야 하는지가 문제가 됩니다. 왜냐하면 민사상 불법행위에 기한 손해배상금에는 피해자가 범죄로 인해 정신적으로 입은 피해를 보상하는 위자료가 포함되어 있는데, 형사 합의금으로 지급되는 금원의 성질이 이 위자료에 해당한다고 볼 수도 있기 때문이지요.

이에 대하여 우리 판례는 불법행위의 가해자에 대한 수사 과정이나 형사재판 과정에서 피해자가 가해자로부터 합의금 명목의 금원을 지급받고 가해자에 대한 처벌을 원치 않는다는 내용의 합의를 한 경우에, 그 합의 당시 지급받은 금원이 특별히 위자료 명목이라고 명시했다는 등의 사정이 없는 한 그 금원은 손해배상금(재산상 손해금)의 일부로 지급되었다고 봄이 상당하다고 보고 있습니다.

따라서 피해자의 입장에서는 민사상 손해배상금과는 별도로 가해자로부터 형사상 합의금을 지급받고 싶은 경우에는, 가해자와 형사상 합의를 할 당시에 합의서에 꼭 민사상 손해배상금과는 별개로 지급되는 위자료라고 적시해놓아야 이후에 다툼이 없을 것입니다.

자, 그럼 지금 배운 법률 지식을 토대로 앞의 사례를 다시 살펴볼까요? 본 사례의 경우 휘성이 형사상 합의를 하면서 별도의 위로금이라고 명시해두지 않은 이상, 보험회사와 민사상 합의가 되지 않아 민사소송을 건다고 해도 법원으로부터 1,000만원 부분은 공제될 가능성이 높습니다. 따라서 휘성의 입장에서는 거미와 형사상 합의를 볼 당시에 합의서에 민사 관계와는 별도로 형사상 위로금 조로 금원을 지급받는 것이라고 명시를 했어야 보험회사의 위와 같은 공제 주장에 대하여 대항할 수 있을 것입니다.

형사조정제도

영생은 형준이 운영하는 사업장에 고용되어 일을 해왔다. 그런데 최근 사업장 경영이 어려워지면서 형준은 영생에게 임금 지급을 차일피일 미루었고, 영생은 3개월 동안 임금 500만원을 지급받지 못하자 일을 그만두고 임금 미지급으로 노동청에 형준을 신고했다.

형준은 노동청 근로감독관 앞에서도 임금을 지급하겠다고 호언장담만 하고 계속해서 임금 지급을 미루었고, 결국 노동청의 고발에 의해 근로기준법 위반으로 검찰청까지 가게 되었다.

사건 담당 검사는 영생과 형준에게 형사조정을 받을 것을 권했고, 형사조정 기일에 형준은 처벌을 받으면 받았지 자신은 재산이 한 푼도 없기 때문에 임금 300만원 이상은 지급할 수 없다고 말했다. 현재 조정위원은 영생에게 300만원이라도 받는 것이 좋겠다고 권하고 있다.

영생은 그동안 임금을 못 받은 것도 화가 나는데 이자는커녕 주어야 할 임금 자체도 깎는 형준에 대해 어떻게 해야 할까?

이 사례에서 먼저 알고 가야 할 법률 용어는 '조정 절차'입니다. 조정이란 당사자들끼리 합의가 이루어지지 않는 경우 조정을 전문으로 하는 외부 위원들의 중재로 당사자들 사이에서 합의점을 도출하는 것을 의미합니다. 민사 절차에서는 오래전부터 조정제도가 활성화되어 있었지만, 형사 절차는 본질적으로 가해자를 처벌하는 절차이기 때문에 가해자와 피해자가 알아서 합의하여 합의서를 제출하지 않는다면 따로 조정 절차는 없었습니다.

하지만 최근에는 검사실에서 가해자와 피해자 사이의 합의를 도출하게 하는 것은 검사의 중립 의무에 위반될 소지가 많다는 점에 주목하여, 검찰청에서 외부 조정위원을 초청해 가해자와 피해자 사이에 합의가 이루어지도록 형사조정 절차를 마련해두고 있답니다. 그렇다면 형사조정 절차는 어떻게 되고 조정의 효력은 어디까지일까요?

　　대부분의 수사는 경찰이 수행하고 있으나 경찰에게는 수사를 종결할 권한이 없습니다. 수사를 종결할 수 있는 권한은 오로지 검사만이 가지고 있기 때문에 모든 형사사건은 결국 검찰로 넘어오게 되는데, 이를 법률 용어로 '송치'라고 합니다. 그리고 검사는 송치된 사건을 수사하여 죄가 있다고 인정되면 법원에 공소를 제기하고, 죄가 없다고 판단되면 [*]불기소처분을 내리게 됩니다.

　　그런데 검사가 수사를 하면서 보니 가해자에게 형사처벌을 내리기보다 가해자와 피해자가 합의를 보는 것이 더 좋을 것으로 판단되는 경우, 양 당사자에게 형사조정 절차를 이용하여 합의를 해보라고 권유하는 경우가 종종 있답니다. 특히 가해자가 무혐의로 처벌을 받지 않는 사안이거나 처벌이 되더라도 벌금형과 같이 가볍게 처벌되는 경우, 피해액이 크지 않은 경제범죄이거나 초범인 경우 등에는 피해자가 조정 절차를 통해 조금이라도 돈을 받아낼 수 있도록 형사조정제도를 활용하는 경우가 많습니다. 가해자가 벌금을 내거나 불기소처분을 받게 된다면 실질적으로 피해자가 구제받을 수단이 묘연해지기 때문이지요.

　　하지만 이러한 형사조정은 강제되는 절차가 아니라 양 당사자의 동의가 필요한 임의 절차에 해당하기 때문에 일방 당사자라도 형사조정 절차를 밟지 않겠다고 하면 조정 절차는 이루어질 수 없습니다. 또한 형사조정이 이루어진다 해도 이는 단순히 권고안에 불과하여 가해자를 구속하는 힘이 없습니다. 따라서 가해자가 형사조정안에 적시된 바를 이행하지 않더라도 가해자가 더 처벌을 받거나 별도의 죄가 성립되는 것은 아니랍니다.

이에 반하여 민사조정의 경우에는 한 번 성립되면 그 조정 내용이 기재된 조정조서는 확정판결과 동일한 효력을 갖습니다. 따라서 원·피고 양 당사자는 조정조서의 내용에 불복하여 상소를 제기하는 것이 불가능하고, 원고가 같은 내용으로 다시 소를 제기하는 것도 불가능합니다. 그리고 만일 피고가 조정에 기재된 내용대로 이행하지 않는 경우 원고는 조정조서에 근거해 피고의 재산에 강제집행을 할 수도 있습니다.

자, 그럼 지금 배운 법률 지식을 토대로 앞의 사례를 다시 살펴볼까요? 본 사례의 경우 영생은 형준에게 임금 500만원 및 이에 대한 이자를 받을 채권이 있는 것이 맞습니다. 하지만 만일 형준이 임금을 주지 못하겠다고 끝까지 버틴 다면 어떻게 되는 것일까요? 가해자 형준은 100만원 상당의 벌금형을 받고 형사 절차가 마무리될 가능성이 높습니다. 가해자가 납부하는 벌금은 국고로 귀속되는 것이지 고소인(혹은 피해자)이 받는 것도 아니지요.

따라서 형사 절차가 끝나버린 이후에는 영생이 더 이상 형준을 심리적으로 압박할 수 있는 수단이 없고 영생이 형준에게 임금을 받아내려면 복잡한 민사 소송 절차를 거쳐야 합니다. 또한 영생이 설사 민사소송을 제기하여 승소 판결 문을 받아낸다 하더라도 형준이 운영하는 사업장의 자본이 하나도 없는 경우에는 강제집행할 재산이 없어서 결국 영생은 시간만 날리고 돈은 받지 못할 공산이 큽니다. 그러므로 영생은 일단 형준이 지급하려고 하는 300만원이라도 받아내는 것이 현명한 판단이라 생각됩니다.

단, 금전을 지급받는 대신 형사 합의를 해주는 경우, 가능하면 실제로 돈을 지급받은 이후에 합의서를 작성해주어야 한다는 점을 주의해야 합니다. 만약 돈을 주겠다는 약속만 믿고 합의를 해주었는데 추후 가해자가 돈을 지급하지 않는 경우, 이미 고소를 취하하거나 합의서를 제출한 이상 그 효력을 부정할 수 없기 때문이지요.

따라서 형사조정 절차를 거치는 경우에도 금전을 지급받는 대신 형사 합의를 하는 것으로 의견이 일치한다면, 조정위원들에게 다음 조정 기일을 지정해달라고 하고 가해자로 하여금 그때까지 돈을 마련하게 한 후 실제로 돈을 받은 이후에 합의서를 작성해주어야 함을 명심하기 바랍니다.

 상식 Box!

불기소처분 : 일정한 경우에 검사가 공소를 제기하지 하지 않는 것을 뜻한다. 불기소처분 권에는 혐의 없음, 죄가 안 됨, 공소권 없음, 기소 유예 등이 해당된다.

과실범은 모두
형사상 처벌을 받는가?

야구를 좋아하는 용만은 평소 주말이면 가까운 고등학교 운동장에서 야구동호회 회원들과 야구 경기를 했다. 하루는 용만이 장외 홈런을 때려 공이 운동장 밖까지 날아갔는데, 학교 운동장 근처에 세워두었던 자동차의 범퍼를 스쳐 범퍼에 기스가 나고 말았다.

자동차 밖에서 담배를 피우고 있다가 이를 본 자동차 주인 동엽은 112에 신고를 했고 경찰관이 와서 용만에게 동엽과 합의를 볼 것을 종용했다. 현재 동엽은 자동차 범퍼 교체비 및 위자료 100만원을 주지 않으면 합의를 보지 않겠다며 으름장을 놓고 있다.

용만은 자동차 범퍼에 살짝 기스가 났을 뿐인데 100만원을 주는 것은 너무 과하다고 생각을 하고 있으나, 경찰관이 동엽과 합의를 보라고 해서 어떻게 해야 할지 고민하고 있다.

이 사례에서는 과실로 타인에게 피해를 입혔을 때 어떻게 처리되는지에 대한 법률 상식을 알고 가야 합니다. 과실로 인하여 형사상 처벌을 받을 수도 있지만, 민사상으로도 과실로 인한 불법행위에 해당하여 손해배상금을 지급해야할 의무도 부담하게 될 것입니다. 그런데 과실범을 대할 때 형사와 민사는 본질적으로 다른 태도를 취합니다.

우선 형사에서는 원칙적으로 과실범은 처벌하지 않습니다. 형사처벌을 위해서는 범죄의 의도, 즉 고의가 있어야 하는데 과실범은 그 요건을 충족하지 못하기 때문이지요. 우리 형법은 비록 의도된 행위는 아니라고 해도 과실로 인하여 야기된 결과가 사회적으로 용인할 수 없는 정도에 해당한다고 판단되는 경우를 법률로 규정하고, 이와 같이 법률에 처벌 규정이 있는 경우에만 처벌하고 있습니다. 대표적인 예를 들자면 *과실치상죄, *과실치사죄와 같이 과실로 인하여 피해자에게 중대한 결과를 야기시키는 경우에는 법률에서 가해자를 처벌할 수 있게 규정해놓고 있습니다.

이에 반하여 민사에서는 원칙적으로 과실에 의해 발생한 손해도 고의에 의해 발생한 손해와 동일하게 배상 책임을 인정하고 있답니다. 결국 개인의 부주의한 행위로 타인에게 손해를 입힌 경우, 민사상 손해배상책임은 성립한다고 해도 형사적으로는 처벌받지 않는 경우가 자주 발생하는 것이지요.

자, 그럼 지금 배운 법률 지식을 토대로 앞의 사례를 다시 살펴볼까요? 본 사례는 용만이 과실로 인하여 동엽 소유의 자동차를 손괴한 경우에 해당합니다. 이를 법률적으로 해석한다면 용만의 행위는 과실손괴에 해당한다고 볼 수 있는데 우리 형법에서는 과실손괴죄를 규정하고 있지 않습니다. 따라서 비록 용만의 과실로 동엽의 자동차가 훼손된 사실이 있지만, 이는 형사상 처벌을 받는 행위에는 해당하지 않기 때문에 용만에게 형사처벌을 내릴 수는 없는 것이지요.

단, 용만은 자신의 행위로 인하여 차주인 동엽이 입은 손해, 즉 자동차 수리비에 대해서는 민사적으로 책임을 져야 합니다. 그런데 이러한 사례에서 경찰관들이 합의를 종용하는 경우가 종종 있습니다. 이러한 경우는 경찰관이 법률 규정에 무지하여 발생할 수도 있고, 사건 접수 및 처리 절차를 회피하기 위해 의도적으로 합의를 종용하는 경우도 있습니다.

따라서 본인의 행위가 형사처벌의 대상이 될 수 없는 경우라면, 경찰관의 무리한 합의 제의를 굳이 받아들일 필요가 없답니다. 자신의 당연한 권리를 지키기 위해서라도 지식이 필요한 시대입니다.

 상식 Box!

과실치상죄 : 부주의로 인한 행동의 결과로 남에게 상해를 입힘으로써 성립되는 범죄이다.

과실치사죄 : 부주의로 인한 행동의 결과로 사람을 죽임으로써 성립하는 범죄이다. 업무에 필요한 주의를 태만히 함으로써 발생한 업무상 과실치사나 조금만 주의하면 결과의 발생을 피할 수 있는데도 이를 게을리한 중과실치사의 경우는 형이 가중된다.

일반 교통사고 처리 절차

지웅은 차선 변경을 시도하다가 직진으로 운행하던 시경의 차량을 미처 보지 못하고 부딪히고 말았다.

사고로 지웅은 다치지 않았지만 시경은 전치 8주의 상해를 입었고 시경 차량의 수리비가 100만원 상당 나왔다.

현재 지웅은 종합보험에 가입되어 있는 상태인데, 어떻게 대처해야 할까?

아무리 조심한다 해도 자동차를 운행하다 보면 늘 교통사고의 위험이 도사리고 있습니다. 특히 교통사고의 가해자가 되는 경우에는 책임보험이나 종합보험에 가입되어 있어도 어떻게 대처해야 하는지 잘 몰라 보험사가 하자는 대로 일방적으로 끌려다니기 일쑤랍니다. 보험사가 알아서 다 해준다고 하지만 본인의 예상과는 다르게 사건이 흘러갈 수도 있기에, 자동차 운전자라면 교통사고가 기본적으로 어떻게 처리되는지 그 구조를 알아둘 필요가 있습니다.

교통사고를 법률적으로 분석하면 자동차의 운행자가 업무상 과실로 상대방에게 상해를 가하는 것이기 때문에 형법상 업무상 과실치상죄에 해당합니다. 하지만 교통사고는 일상생활에서 매우 빈번하게 일어나고 개인이 아무리 조심해서 운전을 해도 언제든 일어날 수 있는 사고이기 때문에, 이를 형법상 업무상 과실치상죄로 규율하게 된다면 국민의 상당수가 전과자가 되어버릴 우려가 크지요.

이는 형법의 적용은 최후의 수단이 되어야 한다는 형법의 보충성의 원칙에 위배됨을 의미하므로, 우리 법은 '교통사고처리 특례법'이라는 *특별법을 통하여 교통사고를 규율하고 있답니다. 교통사고처리 특례법은 형법의 특별법으로서 형법보다 우선하여 적용됩니다. 교통사고처리 특례법에 따르면 뺑소니 사고, 사망·중상해 사고, 11개 예외 항목 사고, 음주운전을 제외한 단순 사고인 경우에는 교통사고의 가해자가 피해자와 합의하거나 종합보험이나 책임보험에 가입되어 있다면 공소권 없음으로 형사 절차를 종료함으로써 자동차 사고 가해자의 형사상 책임을 면할 수 있도록 길을 마련해두고 있습니다.

이는 단순 자동차 사고의 경우 피해자의 피해 회복만 이루어진다면 가해자의 사회적 비난 가능성이 매우 희박하기 때문에 굳이 형벌로써 다룰 필요가 없다는 취지라고 볼 수 있지요. 교통사고 가해자는 형사상 책임을 면한다 하더라도 민사상으로 피해자에게 과실로 인한 불법행위 손해배상을 해주어야 할 의무를 부담하게 되는데, 교통사고 피해자에 대한 손해배상금에는 피해자의 인적 손해에 대한 치료비·위자료·*소극적 손해 그리고 상대방 차량의 수리비가 모두 포함됩니다.

일반적으로 교통사고 가해자가 종합보험에 가입되어 있는 경우라면 보험사가 교통사고 가해자를 대신하여 피해자와 민사상 합의를 보든지, 아니면 민사소송을 통해 손해배상금을 정하여 피해자에게 배상해줍니다. 따라서 교통사고의 가해자가 보험에 가입되어 있다면 단순 교통사고의 경우 형사적으로나 민사적으로나 크게 신경을 쓸 필요는 없는 것입니다.

한 가지 주의할 점은 교통사고의 경우 쌍방 과실이 매우 많기 때문에, 상대방의 목소리가 크다고 하여 상대방이 요구하는 대로 교통사고 현장에서 합의금 조로 돈을 지급하는 것보다는 보험사를 통해 과실 비율을 조사받는 것이 좋습니다.

그렇다면 본 사례처럼 단순 사고가 발생한 경우 교통사고 당사자들은 무조건 경찰에 사고 신고를 해야만 하는 것일까요? 도로교통법에서는 차량사고 발생 시 경찰 공무원이 현장에 있을 때에는 그 경찰 공무원에게, 경찰 공무원이 현장에 없을 때에는 가장 가까운 국가 경찰관서에 지체 없이 신고해야 한다고 규정하고 있어 문제가 될 수 있습니다. 특히 신고를 하지 않고 그냥 사고 발생 장소를 떠나서 뺑소니가 되는 경우 보험 혜택을 받지 못하고 가중 처벌될 소지가 있기 때문에 교통사고 가해자의 입장에서는 더욱 주의를 기울여야 할 부분이지요.

이에 대하여 판례는 위와 같은 신고 의무는 피해자의 구호 및 교통질서의 회복을 위하여 경찰 공무원이나 경찰관서의 조직적 조치가 필요한 경우에만 요구된다고 하고 있으므로, 사고를 낸 운전자가 사고 현장을 수습할 수 있다면 신고하지 않아도 처벌을 면할 수 있답니다. 따라서 교통사고가 발생했으나 차량 파편 등이 도로에 떨어지지 않아 다른 차량의 교통에 방해가 되지 않는다면 교통사고 당사자들끼리 보험으로 처리하기로 하고 경찰에 신고하지 않아도 문제없습니다.

자, 그럼 지금 배운 법률 지식을 토대로 앞의 사례를 다시 살펴볼까요? 본 사례의 경우, 교통사고 피해자인 시경은 전치 8주의 상해를 입었기 때문에 중상해에 해당한다고 보기는 어렵습니다. 따라서 이는 단순 교통사고에 해당하고, 교통사고 가해자인 지웅은 종합보험에 가입되어 있기 때문에 형사상 처벌을 면할 수가 있습니다. 따라서 만일 시경이 경찰에 신고하여 지웅이 경찰서에서 조사를 받는다 하더라도 공소권 없음으로 형사사건이 종결될 것입니다.

다음으로 민사사건의 경우에도 지웅이 가입한 종합보험의 보험사가 교통사고 피해자인 시경과 합의를 본다거나, 합의가 이루어지지 않을 시 민사소송에 의해 해결될 것입니다.

 상식 Box!

소극적 손해 : 꼭 얻을 수 있는 재산의 취득이 방해되었을 때 생기는 손해를 뜻하며, 대표적인 예로는 노동자가 부상을 당했을 때 일을 하지 못해 임금을 받지 못하는 손해가 있다.

특별법 : 법의 효력이 특정한 사람이나 사항 및 특정 지역에 한해 적용되는 법을 말한다. 특별법은 일반법에 우선하는 것이 원칙인데, 상법과 군법은 각각 민법과 형법에 대해 특별법의 관계에 있다.

뺑소니에 해당할까?

수홍은 만삭인 아내가 출산을 할 것 같다는 연락을 받고 급하게 병원으로 운전하고 가던 중 길을 건너던 석천을 미처 보지 못하여 치고 말았다.

사고 후 수홍은 부근의 택시기사에게 석천을 병원에 후송해달라고 요청했는데, 석천은 경찰서에 신고부터 해야 한다면서 병원에 가지 않았다. 그때 수홍은 아내의 출산 소식을 듣고 얼른 병원에 가봐야겠다는 생각으로 석천에게 자신의 인적 사항을 남기고 병원으로 급히 출발했다.

수홍이 병원으로 간 이후, 경찰관이 사고 현장에 도착하자 석천은 경찰관에게 사고 경위를 설명하고 병원에 가서 치료를 받았다.

이러한 경우 수홍의 행위는 뺑소니에 해당하는 것일까?

이 사례에서는 뺑소니에 대한 법률 상식을 먼저 알고 가야 합니다. 자동차 사고가 난 후, 피해자에 대한 구호 조치 및 신고 조치를 하지 않고 사고 현장을 이탈하는 것을 '뺑소니'라고 하지요. 일반 교통사고의 경우 교통사고처리 특례법에서 규율하는 것과는 달리 뺑소니는 특정범죄가중처벌 등에 관한 법률에 의하여 규율되고 있습니다. 특정범죄가중처벌 등에 관한 법률 역시 형법의 특별법으로서 형법보다 우선하여 적용되고 위 법에 따르면 뺑소니 범행을 한 자는 형법상 업무상 과실치상죄보다 가중되어 처벌받게 됩니다. 뿐만 아니라 뺑소니의 경우 가해자가 보험에 가입되어 있다 하더라도 단순 교통사고와는 달리 형사상 처벌을 면할 수가 없기 때문에, 뺑소니 가해자는 형사적으로나 민사적으로 치명적인 불이익을 감수해야만 합니다.

위에서 살펴본 바와 같이 뺑소니범으로 몰리게 된다면 감내해야 할 불이익이 심대하기 때문에, 교통사고 당사자들은 사고 직후 뺑소니범이 되지 않기 위해 대처를 잘해둘 필요가 있답니다. 먼저 뺑소니에 해당하지 않으려면 교통사고 직후 피해자에게 자신의 신원을 알 수 있는 자료를 제공하고, 피해자에 대한 적절한 구호 조치를 취해야 합니다. 만일 위 두 가지 중 하나라도 하지 않는다면 뺑소니에 해당하게 됩니다.

판례에 따르면 피해자에 대한 구호 조치는 반드시 사고 운전자 본인이 직접 할 필요는 없고, 자신의 지배하에 있는 자를 통하거나 현장을 이탈하기 전에 타인이 먼저 구호 조치를 하여도 무방하다고 보고 있습니다. 그러나 판례는 또한 사고 운전자가 사고를 목격한 사람에게 단순히 사고를 처리해줄 것을 부탁만 하고 실제로 피해자에 대한 병원 이송 등 구호 조치가 이루어지기 전에 사고 현장을 이탈했다면, 특별한 사정이 없는 이상 사고 운전자는 사고 현장을 이탈하기 전에 피해자를 구호하는 조치를 취했다고 볼 수 없다고 하기 때문에, 다른 사람에게 구호 조치를 부탁했다 하더라도 실제로 구호 조치가 이루어질 때까지 가해자는 사고 현장에 남아 있어야 합니다.

교통사고 가해자 입장에서는 피해자가 별 이상이 없다고 해서 사고 현장을 이탈했는데도 피해자가 태도를 바꾸어 경찰서에 신고해서 진술을 하는 경우 객관적인 다른 정황을 취합하여 뺑소니범으로 몰리는 수가 종종 있답니다. 따라서 가해자는 가벼운 접촉사고라 할지라도 반드시 자신의 연락처를 메모하여 피해자에게 주어야 하고, 구두상으로 현장에서 마무리하고 사고 장소를 이탈할 경우 언제든지 뺑소니범으로 몰릴 수 있으니 주의해야만 합니다.

자, 그럼 지금 배운 법률 지식을 토대로 앞의 사례를 다시 살펴볼까요? 본 사례에서 수홍은 석천에게 자신의 인적 사항을 남겼으나 석천에 대한 구호 조치를 했다고 볼 수 없어 뺑소니에 해당한다고 할 수 있습니다. 비록 수홍이 사고 현장에 있던 택시기사에게 석천의 병원 후송을 부탁한 사실이 있으나, 석천이 병원에 이송되기 전에 수홍은 사고 현장을 이탈했기 때문에 판례에 따르면 이는 피해자에 대한 구호 조치를 적절히 취했다고 볼 수가 없는 것이지요.

참고로 판례는 본 사례와 같이 사고 운전자가 그가 일으킨 교통사고로 싱해를 입은 피해자에 대한 구호 조치의 필요성을 인식하고 부근의 택시기사에게 피해자를 병원으로 이송해줄 것을 요청했으나, 경찰관이 온 후 병원으로 가겠다는 피해자의 거부로 피해자가 병원으로 이송되지 않은 사이에 피해자의 신고를 받은 경찰관이 사고 현장에 도착했고 피해자의 병원 이송 및 경찰관의 사고 현장 도착 이전에 사고 운전자가 사고 현장을 이탈했다면, 비록 그 후 피해자가 택시를 타고 병원에 이송되어 치료를 받았다 하더라도 운전자는 피해자에 대한 적절한 구호 조치를 취하지 않은 채 사고 현장을 이탈했다고 볼 수 있으므로, 설령 운전자가 사고 현장을 이탈하기 전에 피해자의 동승자에게 자신의 신원을 알 수 있는 자료를 제공했더라도 사고 운전자의 이러한 행위는 '피해자를 구호하는 등 조치를 취하지 아니하고 도주한 때'에 해당한다고 판시한 바가 있습니다.

동료에게 보낸 카톡 메시지, 명예훼손이 될까?

시원은 같은 회사에 다니는 윤제를 남몰래 짝사랑하고 있었다. 그런데 다른 직원 나정이 윤제에게 눈독을 들이면서 시원의 고민이 시작되었다. 나정은 여자들 사이에서 남자 킬러로 불리는 여우 같은 계집애이기 때문이다.

어느 날 시원은 회식 자리에서 동료들로부터 나정이 현재 칠봉과 사내연애를 하고 있다는 사실을 듣게 되었다. 시원은 남자친구도 있으면서 자신이 짝사랑하는 윤제를 유혹하고 있는 나정에게 분노했고, 이 사실을 윤제에게 알려야 한다고 생각했다.

다음 날 아침 시원은 고민 끝에 윤제에게 카카오톡 메시지를 보내 나정의 험담을 늘어놓으며 나정은 현재 칠봉과 비밀연애를 하고 있으니 나정을 멀리하는 것이 좋겠다고 했다.

윤제는 이 사실을 나정에게 추궁했고, 나정은 현재 시원에게 자신의 명예를 훼손했다며 회사 로비에서 무릎 꿇고 잘못을 빌지 않으면 고소해서 콩밥을 먹이겠다고 으름장을 놓고 있다. 이에 대하여 시원은 있는 사실을 카카오톡 메시지로 동료 1명에게 이야기했을 뿐인데 이것은 명예훼손이 되지 않는다며 맞서고 있는 상태이다.

과연 시원에게 명예훼손죄가 성립할 수 있을까?

일반적으로 허위 사실을 유포시키는 것은 명예훼손으로 처벌을 해야 하지만 진실한 사실을 유포하는 것은 전혀 문제가 되지 않는다고 생각하는 사람들이 많습니다. 이러한 이유로 명예훼손죄로 고소를 당하면 가장 먼저 하는 말이 진실한 사실인데 왜 명예훼손이냐는 것입니다. 하지만 우리 법에서는 형법 제307조 제1항에서 진실한 사실 적시로 인한 명예훼손도 처벌하고 있고, 허위 사실을 적시한 경우에는 형법 제307조 제2항에 의해 가중처벌하고 있습니다.

그렇다면 한 사람에게만 이야기를 해도 명예훼손죄가 성립되는 것일까요? 명예훼손죄의 법 규정을 보면 공연히 사실을 적시한 경우에 처벌한다고 정하고 있습니다. 따라서 명예훼손죄가 성립하는지 여부를 결정짓는 가장 중요한 기준은 '공연성을 갖추었느냐'라고 볼 수 있습니다.

하지만 우리 판례는 전파 가능성이라는 개념을 내세워 비록 한 사람에게 발언을 했다 하더라도 그 한 사람에 의하여 불특정의 다른 사람에게 전파될 가능성이 있는 경우라면 공연성이 인정된다는 취지로 판시하고 있어, 법의 명문 규정에 반하여 국민의 표현의 자유를 지나치게 제한하고 있다고 비판받고 있지요.

　　하지만 진실한 사실 적시로 처벌을 받지 않는 경우도 있습니다. 가령 회사의 상사가 회식 자리에서 여직원을 성추행했는데 이러한 사실을 발설했다고 하여 명예훼손죄로 처벌을 한다면 진실 규명이 힘들어지고 오히려 법률이 악인을 보호하는 격이 되어 사회적으로 타당하다고 볼 수가 없을 것입니다. 그래서 우리 형법은 제310조에서 "진실한 사실로서 오로지 공공의 이익에 관한 때에는 처벌하지 아니한다"고 규정하여, 어떠한 표현이 타인의 명예를 훼손한다 하더라도 그 표현이 공공의 이해에 관한 사항으로 그 목적이 오로지 공공의 이익을 위한 것일 때, 그 내용이 진실한 사실이거나 행위자가 그것을 진실이라고 믿을 상당한 이유가 있는 경우 위법성이 없다고 보아 처벌을 하지 않습니다.

자, 그럼 지금 배운 법률 지식을 토대로 앞의 사례를 다시 살펴볼까요? 위 사례에서 가장 큰 쟁점은 시원에게 진실한 사실 적시에 의한 명예훼손죄가 성립되느냐 하는 것입니다. 시원이 윤제에게 나정의 사생활에 대해 이야기한 것은 진실한 사실 적시에 의한 명예훼손에 해당합니다. 그리고 비록 시원이 윤제 한 사람에게 이야기했다 하더라도 우리 판례에 의하면 윤제가 다른 불특정 다수인에게 또다시 이야기해 전파할 가능성이 있는 이상 공연성이 인정되어 시원은 명예훼손죄를 피해갈 수가 없습니다. 또한 본 사안의 경우에는 시원이 카카오톡 메신저를 사용하여 윤제에게 사실을 적시한 경우로서, 카카오톡 메신저는 모바일 메신저에 해당하기 때문에 정보통신망 이용 촉진 및 정보보호 등에 관한 법률에 의하여 시원은 가중처벌받게 될 수 있습니다.

그렇다면 위법성이 없어질 여지는 없는 것일까요? 명예훼손의 위법성이 조각阻却되기 위해서는 적시한 사실이 '진실한 사실로서 오로지 공공의 이익에 관한 것'이어야 하는데, 본 사안에서 시원의 행동은 자신의 짝사랑을 지키기 위한 것으로 이를 공공의 이익을 위한 것이라 보기는 어렵습니다. 따라서 시원의 행위는 위법성이 조각되기 어려워 처벌의 대상이 될 것입니다.

CASE 40

병원 이용 후기 게시글과
명예훼손

지효는 출산을 한 후 광수가 운영하는 산후조리원에서 산후조리를 했다. 그 후 지효는 나중에 산후조리원을 이용할 임산부들에게 조리원 선택에 도움을 주고자 약 9회에 걸쳐 임신, 육아 등과 관련된 유명 인터넷 카페나 자신의 블로그 등에 산후조리원 이용 후기를 게시했다.

그 과정에서 지효는 산후조리원의 좋은 점뿐만 아니라, 소음, 음식의 간 등 불편한 점도 알렸고, 지효의 글에 카페 회원들이 댓글을 다는 등 활발한 토론이 이루어지게 되었다.

우연히 지효의 글을 보게 된 광수는 지효가 게시글을 통해 자신을 비방했고 자신의 명예를 훼손했다는 이유로 지효를 형사 고소했다.

과연 지효에게 명예훼손죄가 성립될까?

과거 재화와 용역의 시장에서는 그 재화와 용역에 관한 정보가 사업자에게 편중되어 있었습니다. 그러나 지금의 시장 환경은 점차 공급자 중심에서 소비자 중심으로 이동되고 있는 추세입니다. 이와 함께 소비자는 정보의 구조적 편재를 개선하고 사업자와의 정보 격차를 좁히기 위해 인터넷을 통하여 물품 또는 용역에 대한 정보 및 의견 제공과 교환을 증대시키는 소비 패턴을 보이고 있습니다.

이러한 소비 흐름의 한 유형으로 인터넷 카페 게시판 등에 이용 후기가 게재되는 경우를 주위에서 흔히 접하게 됩니다. 그런데 이런 이용 후기에 사업자가 운영하는 사업장의 단점 등이 언급되어 사업자의 사회적 평가가 저하된다면, 그 이용 후기 게시자에게 어떠한 제재가 가능할지 문제가 됩니다.

앞서 살핀 바와 같이 사실을 적시한 경우에도 명예훼손죄는 성립합니다. 또한 인터넷 카페라는 정보통신망을 통해 공공연하게 사실을 드러내 다른 사람의 명예를 훼손한 경우에는 정보통신망 이용 촉진 및 정보보호 등에 관한 법률에 따라 가중처벌됩니다. 단, 정보통신망을 이용한 명예훼손의 경우에는 사람을 '비방할 목적'이 추가적으로 요구됩니다. '비방할 목적'을 추가적으로 요구하는 이유는 사실을 적시해도 명예훼손이 성립하는 상황에서 타인의 명예를 훼손하는 모든 글을 처벌하는 것은 제품과 서비스에 대한 소비자의 정당한 비판까지 모두 범죄화할 가능성이 있기 때문이지요.

그런데 실무상 항상 고민되는 부분이 바로 게시글이 비방의 목적으로 작성된 것인지, 아니면 소비자로서 정당하게 상품에 대해 평가한 것인지를 명백하게 구분하기가 어렵다는 것입니다. 법률 전문가들 역시 이를 명백하게 구분하기 어려운 것은 마찬가지여서, 실제로 본 사례의 경우에도 하급심 법원과 대법원이 정반대의 태도를 보이기도 했습니다.

자, 그럼 지금 배운 법률 지식을 토대로 앞의 사례를 다시 살펴볼까요? 실제로 있었던 본 사례에 대하여 하급심 법원은 정보통신망인 인터넷 카페에 게시한 글의 게재 경위, 내용과 표현 방법 등으로 미루어 볼 때 게시자가 비방의 목적으로 위 글을 게재했다고 판단했습니다. 그러나 대법원은 하급심 법원과는 다른 판단을 했지요. 대법원은 '사람을 비방할 목적'이란 가해의 의사와 목적을 필요로 하므로, 이는 해당 적시 사실의 내용과 성질, 해당 사실의 공표가 이루어진 상대방의 범위, 그 표현 방법, 명예의 침해 정도 등을 고려해야 한다고 했습니다.

또한 적시한 사실이 '공공의 이익'에 관한 것인 경우 특별한 사정이 없는 한 비방할 목적은 부인되는바, 공공의 이익 해당성을 판단할 때에는 공공성·사회성을 갖춘 공적 관심 사안인지 여부, 사회의 여론 형성이나 공개 토론에 기여하는 것인지 여부, 피해자가 명예훼손적 표현의 위험을 자초한 것인지 여부, 훼손되는 명예의 성격과 그 침해의 정도, 그 표현 방법과 동기 등을 고려해야 한다고 판시했습니다.

나아가 물품 사용 또는 용역 이용 소비자가 인터넷 등에 자신이 겪은 객관적 사실을 바탕으로 사업자에게 불리한 내용의 글을 게시하는 행위, 즉 '이용 후기 게시글'에 비방의 목적 유무를 판단할 때에는 '더욱 신중하게 판단'할 필요가 있다고 하였고요.

결국 대법원은 이 사건 게시글이 산후조리원을 실제 이용한 소비자로서 겪은 일과 주관적 평가를 담은 이용 후기에 해당하고, 인터넷 게시글에 적시된 주요 내용은 객관적 사실에 부합하며, 출산을 앞둔 임산부들의 관심과 이익에 관한 것으로 임산부들의 선택에 도움을 주기 위한 동기가 인정되고, 공표 상대방은 인터넷 카페 회원이나 산후조리원 정보를 검색하는 인터넷 사용자들에 한정되었으며, 사업자도 불만이 있는 산모들의 의사 표명을 수인할 필요가 있고, 사업자의 사회적 평가 저하는 인터넷 이용자들의 자유로운 정보 및 의견 교환에 따른 이익에 비해 크지 않음이 인정된다고 했습니다.

따라서 이러한 이용 후기 게시글은 산후조리원에 대한 정보를 구하고자 하는 임산부의 의사결정에 도움이 되는 정보 및 의견 제공이라는 공공의 이익에 관한 것으로서 비방할 목적이 인정될 수 없다고 판단했습니다.

이러한 대법원 판결은 사람을 비방할 목적과 공공의 이익에 관한 법리뿐만 아니라 소비자의 알 권리와 표현의 자유를 보장했다는 측면에 그 의의가 있습니다. 이에 소비자들은 자신이 경험한 사실을 이용 후기 게시글을 통해 알리고자 할 경우 가급적 공공의 이익을 추구해야 하고 적시 사실의 내용은 물론 표현 등에도 주의를 기울여야 할 것입니다.

반면에 소비자들의 이용 후기 게시글로 인해 명예가 훼손되었다고 주장하는 사업자들은 이용 후기 게시자가 적시한 사실이 공공의 이익에 관한 것인지 여부를 먼저 판단해야 합니다. 나아가 이용 후기 게시 행위에 비방의 목적이 있었는지 여부는 더욱 신중하게 고려되므로, 사업자들은 명예훼손을 주장하는 경우 더욱더 각별한 주의를 기울여야 할 것입니다.

※ 본 사안은 의료소송 전문 변호사인 법무법인 세승의 신태섭 변호사님의 도움을 받아 작성되었습니다.

범죄자가 술을 마셨다고
형을 감경해?

평상시에는 착실한 여대생인 민아는 술만 마시면 정신줄을 놓고 자신도 모르게 탐나는 남의 물건을 훔치는 나쁜 버릇이 있다.

친구의 생일 파티에 참석한 민아는 파티를 즐기기 위해 술을 마시다 필름 이 끊겨버렸는데, 다음 날 일어나 보니 자신의 가방 안에 친구의 지갑이 들어 있었다. 기억을 잘 되살려 보니 어제도 술김에 친구의 지갑을 훔친 것이었다.

지갑에 든 돈을 보고 욕심이 생긴 민아는 이번에는 좀 더 크게 한 건 하기 로 마음먹고, 평상시 탐내던 목걸이를 전시해둔 보석상 앞에서 일부러 술 을 마신 후 음주 상태를 이용하여 전시된 목걸이를 훔치는 데 성공했다. 그러나 술에서 깬 민아는 자신의 행동을 반성하고 버릇을 고쳐야겠다는 생각으로 경찰서에 자수를 했다.

과연 민아는 처벌을 받을까? 아니면 술을 마시고 한 행동이라 처벌할 수 없을까?

　요즈음 언론을 통해 자주 접하는 기사 중 하나가 바로 흉악한 범죄자가 범죄 당시 음주 상태였다는 이유로 형을 감경받았다는 기사입니다. 그리고 이러한 기사에는 어김없이 판결을 내린 판사를 욕하는 수많은 악성 댓글이 달리기 마련이지요. 악성 댓글의 내용이 법률적으로 옳고 그르고를 떠나 대부분의 댓글이 판결을 비판하고 있다는 사실에 비추어본다면, 술을 마셨다는 이유로 형을 감경해주는 것에 대해 대부분의 국민은 반감을 가지고 있는 것이 분명합니다. 즉, 이러한 판결은 속칭 '일반인의 법 감정'에 명백히 반하는 것이라고 할 수 있지요.

　그렇다면 범죄 당시에 술을 마셨다는 것이 왜 형의 감경 사유가 되는 것일까요? 수많은 비판에도 불구하고 같은 내용의 판결이 끊이지 않는 이유는 무엇일까요? 이것을 이해하기 위해서는 형벌을 규정하는 근거 중 하나인 '책임'에 대해 알 필요가 있습니다.

　형벌이란 개인의 자유를 구속하고 심하면 개인의 목숨까지도 박탈할 수 있는 엄청난 폭력(?) 행위라고 할 수 있습니다. 그렇기 때문에 개인에게 이러한 형벌을 가하기 위해서는 반드시 그 개인에게 책임능력이 필요하지요. 이러한 사상이 바로 책임이 없으면 범죄는 성립하지 않고 형량도 책임의 대소에 따라 결정해야 한다는 '책임주의'입니다. 우리나라를 포함한 대부분의 문명국가는 책임주의를 바탕으로 형벌을 규정하고 있습니다. 책임이란 규범이 요구하는 합법에 동의하고 이에 따라 행동할 수 있었음에도 불구하고 불법에 결의하고 위법하게 행동한 것에 대해 행위자에게 가해지는 비난 가능성을 의미합니다. 쉽게 설명하면, 어떤 사람에게 옳고 그름을 판단할 의사능력이 있고 충분히 옳은 행동을 할 수 있었음에도 불구하고 일부러 위법행위를 한 경우에만 이를 비난할 수 있다는 것이지요.

　실무에서는 범죄자가 어느 정도 수준에 이르러야 심신장애로 인정할 수 있는지, 그리고 그 판단 기준은 무엇인지가 문제가 됩니다. 심신장애를 인정받는다면 형에 있어서는 반드시 유리한 판단을 받기 때문이지요.

　생리 도벽이 있어 생리 시에 충동적으로 절도를 저지른 사안에 대해 대법원은 "자신의 충동을 억제하지 못하여 범죄를 저지르게 되는 현상은 정상인에게서도 얼마든지 찾아볼 수 있는 일로서, 사정이 없는 한 성격적 결함을 가진 자에게 자신의 충동을 억제하고 법을 준수하도록 요구할 수 있기에, 원칙으로 충동조절장애와 같은 성격적 결함은 형의 감면 사유인 심신장애에 해당하지 않는다고 보는 것이 맞지만, 그 이상으로 사물을 변별할 수 있는 능력에 장애가 있는 정신병이 도벽의 원인이라거나 혹은 도벽의 원인이 충동조절장애와 같은 성격적 결함이라 할지라도 그것이 매우 심각하여 원래 의미의 정신병을 가진 사람과 동등하다고 평가할 수 있는 경우에는 그로 인한 절도 범행은 심신장애로 인한 범행으로 보아야 한다"고 판시하고 있습니다.

또한 우울증 등 기타 정신병이 있고 특히 생리 도벽이 발동해 절도를 저질렀다는 의심이 든다면 전문가에게 피고인의 정신 상태를 감정시키는 등의 방법으로 심신장애 여부를 심리해야 한다고 판시하고 있습니다(대법원 1999. 4. 27. 선고 99도693 판결). 결국 심신장애 여부는 판사가 판단하되, 심신장애로 의심되는 충분한 사정이 있다면 반드시 전문가의 정신감정 등을 받아야 하고, 그렇지 않으면 위법하다는 것이지요.

최근 흉악범에게 음주를 이유로 감형을 해주는 사례를 언론이 악의적으로 보도하자 이에 대하여 반감이 생기는 것은 사실이나, 사리를 분별할 능력이 전혀 없는 어린아이나 중증 치매 환자, 심각한 정신병으로 의사능력 자체가 없는 사람의 행위를 일반인과 동일하게 처벌해서는 안 된다는 사실 역시 부정하기는 어려울 것입니다. 결국 경우에 따라 일부 부당하다고 생각되는 결과가 나타날 수도 있으나, 책임능력이 있는 경우에만 형벌을 가할 수 있다는 책임주의 사상 자체를 부정할 수는 없습니다. 사법부 역시 정신적 질환이나 심각한 알코올중독이 아닌 단순 음주를 *심신미약으로 인정하는 것에는 신중을 기해야 할 것이고요.

자, 그럼 지금 배운 법률 지식을 토대로 앞의 사례를 다시 살펴볼까요? 이 사례에서 민아가 친구의 지갑을 훔친 행위를 판단해보면, 민아는 필름이 끊길 정도로 술을 마신 상태에서 자신도 모르게 지갑을 훔쳤기 때문에 지갑을 훔칠 당시 온전한 판단 능력을 가지고 있었다고 보긴 어렵겠지요. 그러나 다음 날 곰곰이 생각했을때 자신의 행위가 기억났다는 점을 본다면 완전히 의사능력이 없는 상황으로 보기도 어렵습니다. 결국 민아는 지갑을 훔친 행위에 대하여 절도죄로 처벌을 받되, 범죄 당시 사물을 변별하거나 의사를 결정할 능력이 미약했음을 근거로 형법 제10조 제2항에 따른 감형을 주장할 수 있고, 범죄 당시 심신미약 상태가 인정된다면 판사는 반드시 형을 감경해주어야 합니다.

심신장애로 인한 형의 감경의 경우 *임의적 감경 사유가 아닌 *필요적 감경 사유에 해당하기 때문에, 심신미약이 인정되는 경우라면 반드시 감형되어야 합니다. 만약 감형되지 않으면 위법한 판결이 됩니다.

반면 민아가 목걸이를 훔친 행위를 보면, 민아는 음주만 하면 도벽이 생긴다는 자신의 습관을 사전에 충분히 알고 목걸이를 훔치기 위해 의도적으로 술을 마셔 심신장애 상태를 야기했기 때문에, 이러한 경우에는 *형법 제10조 제3항에 따라 형을 면제받거나 감경받지 못한답니다. 하지만 민아는 자신의 범죄를 인식한 후 경찰서에 자수를 했으므로, 형법 제52조(자수, 자복)에 따라 형을 감경 또는 면제받을 수 있습니다.

상식 Box!

심신미약 : 마음이나 정신의 장애로 인해 사물을 변별할 능력이나 의사를 결정할 능력이 미약한 상태를 뜻한다. 형법에서는 형이 감경되며, 민법에서는 피한정 후견인의 원인이 된다.

임의적 감경 사유 : 법관의 자유심증에 따라 본래 정해진 형벌보다 가벼운 형벌에 처할 수 있는 사유를 뜻한다. 징역 3년의 처벌에 대하여 임의적 감경만 있는 경우, 법관의 자유심증에 따라서 징역 1년 6개월을 선고해도 되고, 징역 3년을 선고해도 된다.

필요적 감경 사유 : 법관의 재량권 행사가 제한되어 반드시 본래 정해진 형벌보다 가벼운 형벌에 처할 수 있는 사유를 뜻한다. 징역 3년의 처벌에 대해 필요적 감경이 있는 경우, 법관의 재량권이 제한되어 징역 1년 6개월에 처해야만 한다.

형법 제10조 제3항 : 위험의 발생을 예견하고 자의로 심신장애를 야기한 자의 행위에는 제2항(심신장애로 인해 형을 감경해주는 규정)을 적용하지 아니한다.

정신질환으로
연쇄살인을 저질렀다면?

어려서부터 부모의 지속적인 학대와 폭력, 유기에 시달려왔던 유정은 자라면서 점점 사회에 대해 나쁜 인식만 가지게 되고, 갈수록 위법행위에 대한 죄책감이 사라지게 되었다.

결국 유정은 타인에게 상처를 입혀도 아무런 죄책감이 없는 자신이 무서워져 정신병원을 방문한 결과 정신분열증 진단을 받았고, 약물 치료를 꾸준히 받아야겠다고 결심했다. 그러나 경제적으로 여유가 없는 유정은 결국 지속적인 치료를 받지 못했고, 계속해서 지나가는 행인을 죽이라는 환청에 시달리게 되었다. 급기야 유정은 지나가는 행인을 살해한 뒤 도주해 버렸고, 경찰의 끈질긴 추적에도 전국으로 도피 행각을 벌이며 5명을 연쇄적으로 살해한 끝에 결국 검거되었다.

검거된 유정에 대하여 수사기관에서 전문가에게 정신감정을 의뢰했고, 유정은 정신분열증으로 의사결정 능력이 지극히 부족하다는 진단을 받았다.

유정에게 책임능력이 없거나 지극히 부족한데 유정은 처벌받을 수 있을까?

앞서 다뤘던 내용 중에 '책임능력'이라는 법률 용어가 있었지요. 책임능력과 관련해서 최근 언론에서 자주 거론되고 드라마에도 자주 등장하는 단어가 바로 '사이코패스', '소시오패스'와 같은 단어입니다. 이는 전문용어로 '반사회적 인격장애'라고 하는데, 이 역시 정신 질환의 일종입니다.

그런데 앞서 살펴보았듯이 정신병 환자에 대해서는 책임주의 사상에 근거하여 책임능력이 없거나 미약한 사람에 해당한다는 이유로 형사처벌을 내리지 못하거나 형을 감경해주어야만 합니다. 그러나 이렇게 책임능력이 없다는 이유로 처벌을 못하고 범죄자를 다시 풀어주어야 한다면 이는 분명 사회적으로 엄청난 위험을 초래하게 되는 일입니다.

결국 사회의 안전을 위해서는 책임능력이 없는 사람이라 해도 형벌이 아닌 다른 수단을 통해서 범죄를 저지를 수 없도록 하는 조치가 반드시 필요하고, 이러한 조치 중 하나가 바로 '치료감호'입니다. 치료감호란 심신장애 상태, 마약류·알코올이나 그 밖의 약물중독 상태, 정신성적 장애가 있는 상태 등에서 범죄행위를 한 자 중에서 재범의 위험성이 있고 특수한 교육·개선 및 치료가 필요하다고 인정되는 자를 치료감호 시설에 수용하여 치료하는 보안처분을 의미합니다(치료감호법 제1조 등 참조).

보안처분이란 범죄로부터 사회를 보호하기 위해 국가가 시행하는 강제적 조치로서, 자유의 박탈 또는 제한을 수반하는 격리, 개선 처분을 의미합니다. 보안처분은 비록 형벌은 아니라고 해도 실질적으로 형벌과 유사하게 개인의 자유를 제한할 위험성을 가지고 있는바, 보안처분 역시 반드시 법률에 근거를 두

고 적법한 절차에 따라 행해져야만 합니다.

치료감호는 심신장애, 약물중독, 정신성적 장애인이 *금고 이상의 형에 해당하는 범죄를 저지르고 재범의 위험이 있는 경우에 검사의 청구에 의하여 판사가 선고합니다. 치료감호 시설에 수용하여 치료를 위한 조치를 하며, 현재 국내에는 충남 공주 소재 국립법무병원(공주 치료감호소)이 유일한 치료감호소입니다.

치료감호는 마약 등 중독을 원인으로 하는 경우에는 최장 2년, 나머지 경우에는 최장 15년을 한도로 하며(치료감호법 제16조), 치료감호와 형이 같이 선고된 경우에는 치료감호를 먼저 집행하고, 치료감호 기간을 형 집행 기간에 포함합니다(치료감호법 제18조). 결국 책임능력이 없어 형벌의 부과가 불가능한 경우라 해도 치료감호라는 조치를 통해 사회 안전을 도모할 수 있도록 하는 것이지요.

자, 그럼 지금 배운 법률 지식을 토대로 앞의 사례를 다시 살펴볼까요? 사례에서 유정은 정신분열 진단을 받았고 환청에 시달려 범죄를 저질렀기에 정상적인 책임능력자라고 보기는 어렵겠지요. 그러나 범죄를 인지하고 도피 행각을 벌인 점을 본다면 완전히 의사능력이 상실된 상태라고 보기도 어렵습니다. 물론 범죄행위 당시에만 완전히 의사능력이 없는 상태였다면 심신상실 인정도 가능합니다.

정신 질환과 심신장애에 대하여 대법원은 "피고인이 정신장애 3급의 장애인으로 등록되어 있고, 진료 소견서 등에도 병명이 '미분화형 정신분열증 및 상세불명의 간질' 등으로 기재되어 있을 뿐만 아니라, 수사기관에서부터 자신의 심신장애 상태를 지속적으로 주장해왔으며, 변호인 또한 공판기일에서 피고인의 심신장애를 주장하는 내용의 진술을 하였다면, 비록 피고인이 항소이유서에서 명시적으로 심신장애 주장을 하지 않았다고 하더라도, 직권으로라도 피고인의 병력을 상세히 확인하여 그 증상을 밝혀보는 등의 방법으로 범행 당시 피고인의 심신장애 여부를 심리하였어야 한다"고 판시하고 있습니다.

또한 대법원은 장애인복지법에 따라 정신지체 1급 장애인으로 등록된 피고인이 범죄 당시 소주 5병을 마신 상태에서 저지른 강간살인죄에 있어서, 피고인의 범행 동기나 수법, 범행의 전후 과정에서 보인 태도, 범행 당시 음주 정도,

피고인의 성장 배경·학력·가정환경·사회 경력 등을 통해 추단되는 피고인의 지능 정도와 인성 등에 비추어볼 때, 피고인이 강간 살인 범행을 저지를 당시 자기통제력이나 판단력, 사리분별력이 저하된 어떤 심신장애의 상태가 있었던 것은 아닌가 하는 의심이 드는데도 전문가에게 피고인의 정신 상태를 감정시키는 등의 방법으로 심신장애 여부를 심리하지 않은 채 선고한 원심 판결은 위법하다고 판시하고 있습니다.

　결국 본 사례의 유정 역시 자신이 정신 질환으로 심신장애 상태에서 범죄를 저질렀음을 주장하며 형을 감경 또는 면제받을 수 있을 것으로 보입니다. 단, 유정이 심신장애를 인정받아 형벌이 감경된다 해도 유정의 정신 질환이 치료되지 않는 이상 재범의 위험성이 상당히 존재하는바, 검사는 유정에게 치료감호 청구를 할 수 있고, 판사는 이에 따라 15년 이내로 치료감호를 선고할 수 있답니다. 치료감호가 선고된다면 유정은 공주 치료감호소에 수용되어 치료감호를 받아야 하며, 치료감호를 받은 기간은 형기에 포함됩니다.

 상식 Box!

금고 : 형벌 중 자유형의 하나로서 30일 이상 교도소에 가두어두기만 하고 노역은 시키지 않는 것을 뜻한다.

CASE 43

범죄 피해자 지원제도

세현은 컴퓨터 온라인 게임에 중독되어 현재 전형적인 올빼미족으로 지내고 있다. 평소와 다름없이 야심한 밤에 컴퓨터 게임을 즐기던 세현은 배가 고파 집 근처에 있는 햄버거 가게에 들렀다. 세현이 햄버거 가게 앞에 있는 벤치에 이르자 거기에서 담배를 피우던 수명의 불량 청소년들이 눈이 마주쳤다는 이유로 시비를 걸어왔고, 세현은 이를 피해 자신의 집 앞까지 도망쳤으나 불량 청소년들이 뒤쫓아와 세현의 온몸을 주먹과 발로 때려 세현은 전치 10주의 상해를 입고 말았다.

경찰에 신고하여 조사한 결과, 마침 근처에 CCTV가 있어 세현이 집단 폭행 당하는 영상은 확보할 수 있었다. 그러나 밤이어서 가해자들의 얼굴이 선명하지 않아 현재 가해자 신원 미상으로 수사는 지지부진한 상태이다.

세현은 현재 폭행 때문에 발목이 골절되어 수술을 해야 하는데, 가해자들을 찾을 수기 없이 손해배상을 받을 길노 묘연한 데다, 자신의 집 앞에서 일어난 사건이기 때문에 이번 사건으로 인해 트라우마가 생겨 집에 거주하고 있으면서도 불안감을 호소하고 있다. 이러한 경우 과연 세현은 국가로부터 어떠한 지원을 받을 수 있을까?

길을 가다가 교통사고를 당한 경우, 피해자는 최소한 운전자가 가입한 보험사로부터 치료비 등을 받을 수가 있고 가해자로부터 위로금 등을 지급받을 수도 있습니다. 이렇게 받은 배상으로 피해자는 원상복구는 아니더라도 어느 정도 선에서 피해 회복을 꾀할 수 있지요. 그렇지만 뺑소니인 경우나, 길을 가다가 아무 이유 없이 얻어맞았는데 가해자가 도망가버려서 행방을 알 수 없는 경우는 어떻게 해야 할까요? 아니면 가해자를 상대로 민사상 손해배상청구를 제기하여 승소 판결을 받았으나 가해자가 재산이 하나도 없어서 현실적으로 피해자의 손에 쥐어지는 금원이 없는 경우는 어떠할까요? 이런 경우 금전적 배상을 통한 피해 회복을 전혀 할 수 없는 것일까요?

피해자 입장에서는 참으로 황당하고 억울한 일인데, 최근 언론에서 속칭 '묻지마 범죄'가 자주 언급되는 것을 보면 주변에서 얼마든지 일어날 수 있다는 점에서 참으로 무서운 일이 아닐 수 없습니다. 전혀 예측할 수 없는 범죄 피해가 살아가는 동안 나에게 혹은 가족·친지들에게 일어날 수도 있기 때문에, 만일 치료비 등의 피해 회복이 제대로 이루어지지 않는 경우 어떻게 구제받을 수 있을지 숙지하고 이에 따른 대처 요령을 알아두는 것도 많은 도움이 될 것입니다.

먼저 국가는 국민의 안전과 재산을 보호할 책무를 지고 있습니다. 그런데 국민이 범죄 피해를 입는다는 것은 국가의 책무 해태로 인한 것이라고 볼 수 있겠지요. 따라서 국가가 범죄로 인해 육체적·정신적·재산적 피해를 입은 피해자를 보호해야 할 의무를 지는데, 우리나라에서는 범죄 피해자 보호법에 따라 일정한 조건하에 범죄 피해자를 지원해주고 있답니다.

우리나라에는 '범죄 피해자 구조금 제도'가 있습니다. 국가는 범죄 피해자가 사망한 경우 유족에게 최대 6,000만원 상당을, 범죄 피해자가 8주 이상의 중상해를 입은 경우 최대 5,000만원 상당을, 범죄 피해자가 장해를 입은 경우 최대 5,000만원 상당을 구조금으로 지급해 지원해주고 있고, 이러한 지원 절차는 검찰청의 피해자지원실을 통해 이루어집니다.

범죄 피해자 지원을 받으려면 범죄 피해자는 먼저 구조금 신청 양식을 작성해 검찰청에 제출해야 합니다. 다만 과실에 의한 피해인 경우, 즉 과실치상죄나 과실치사죄, 특히 교통사고의 경우에는 피해자 지원 대상에서 제외됩니다. 또한 범죄 피해자 지원은 기본적으로 가해자에게 자력이 없어 금전적 보상을 전혀 받을 수 없는 경우를 대비하여 보충적으로 이루어지는 것이기 때문에 피해자가 가해자와 합의를 하여 합의금을 받는 경우에는 국가로부터 지원받을 수가 없답니다.

범죄 피해자 주거지원 제도도 있습니다. 범죄로 인해 기존 주거지에서의 생활이 부적절할 경우, 국민임대주택·매입임대주택·전세임대주택을 저렴하게 임대받을 수 있도록 지원하는 제도를 말합니다. 자신의 집에서 성폭행을 당한 경우나 가족이 살해당한 경우와 같이 범죄가 끝난 이후에도 정신적 상처로 인해 범죄 장소가 되었던 자신의 집에 거주하는 것이 힘든 경우가 많지요. 그렇다고 막상 범죄를 당한 직후 여유가 되지 않는 이상 이사를 간다는 것도 쉬운 일이 아니기 때문에 이러한 경우를 대비하여 국가는 일정한 요건이 구비된다면 범죄 피해자에게 우선적으로 주거지원 혜택을 제공하고 있는 것입니다. 이러한 주거지원 역시 검찰청에서 이루어지고 있으므로 범죄 피해자는 검찰청에 주거지원

신청을 해서 지원받을 수가 있습니다.

　그 외에도 많은 지원 제도가 있는데, 만일 전치 6주의 상해를 입은 경우와 같이 범죄 피해자 보호법에서 규정한 지원 대상이 아닌 경우에는 어떻게 될까요? 구제받을 길이 전혀 없는 것일까요? 이러한 경우라도 민간 기관인 범죄 피해자 지원센터를 통해 생활비·학비 등을 지원받을 수 있는 길이 열려 있습니다. 범죄 피해자 지원센터는 범죄 피해자 보호법과는 별개로 피해자의 재산 등을 조회해보고 피해자가 스스로 범죄 피해를 회복하기 힘들다고 판단되는 경우 지원을 해주는 기관입니다.

　덧붙여서 말하자면, 국가를 상대로 손해배상청구도 할 수 있습니다. 이러한 지원 제도와는 별도로 피해자의 신고를 받고도 제대로 출동하지 않아 범죄 피해자가 되는 등 범죄 발생에 국가의 잘못이 명백한 경우라면, 당연히 국가를 상대로 손해배상청구도 가능하겠지요. 단, 범죄 피해자가 국가를 상대로 하는 손해배상청구를 쉽게 인정하는 경우 국가의 배상 규모가 천문학적으로 늘어 결국 감당이 불가능해질 것이기 때문에, 범죄 피해자가 국가를 상대로 하는 손해배상청구는 지극히 예외적인 경우에만 인정되고, 인정된다 해도 국가의 책임 비율에 따라 상당 부분 제한되고 있습니다.

　실제로 연쇄살인범 유○○의 피해자 유족이 국가를 상대로 제기한 손해배상청구는 기각된 바 있습니다. 그러나 최근 경찰의 부실 대응 논란으로 경찰청장까지 사퇴하는 등 사회적으로 많은 이슈가 되었던 토막살해범 오○○ 사건의 경우, 피해자 유족이 국가를 상대로 제기한 손해배상 소송에서 일부 승소하기도 했으나 국가의 책임 비율은 30%로 제한되어 인정되었답니다.

자, 그럼 지금 배운 법률 지식을 토대로 앞의 사례를 다시 살펴볼까요? 본 사례의 경우, 세현은 가해자가 신원 미상이기 때문에 가해자로부터 민사상 손해배상을 받지 못해 치료조차 못 받는 상태입니다. 그러나 비록 가해자가 신원 미상이라 하더라도 범죄 피해로 인해 중상해를 입었다는 사실만 입증될 수 있다면 범죄 피해자 보호법에 의해 세현은 국가로부터 지원받을 수 있습니다.

따라서 세현은 검찰청 민원실이나 범죄 피해자 지원실에 중상해 구조금을 신청하고, CCTV 영상자료를 가지고 범죄 피해자라는 사실을 입증하여 치료비 등의 구조금을 국가로부터 지원받을 수 있습니다. 또한 세현은 집 앞에서 범죄 피해를 당한 관계로 정신적 고통을 호소하고 있는 상태이기에 검찰청에 주거지원 신청을 해서 한국토지주택공사로부터 주거지원을 받을 수도 있을 것입니다.

형사미성년자라 처벌이 안 된다고?

경찰의 끈질긴 수사로 올빼미족 세현에게 무차별 폭력을 행사한 비행 청소년들을 검거하게 되었다. 검거된 비행 청소년 유진(만 18세), 소미(만 12세), 혜라(만 16세)는 동네 불량 서클 일진회 소속 청소년들로 모두 미성년자들이었다. 경찰의 조사 결과, 유진과 소미는 공동으로 세현을 폭행하는 등 범죄에 깊이 가담하였지만, 혜라는 비록 자주 가출을 하고 유진, 소미와 몰려다니며 주위 사람들을 겁주기는 했으나 범죄를 저지른 적은 단 한 번도 없었다.

경찰은 유진, 소미, 혜라 모두를 엄벌에 처하려고 했는데, 유진은 "나는 미성년자라서 교도소에 보낼 수 없을 테니 어디 맘대로 해보라"며 오히려 경찰을 놀렸고, 소미는 "나야말로 14세도 안 된 형사미성년자라서 형법 제9조에 따라 전혀 처벌할 수 없을 것이다"며 어울리지 않게 해박한 지식을 자랑했고, 혜라는 "난 범죄를 저지른 적이 전혀 없는데 나까지 똑같이 범죄자 취급한다"며 오히려 국가인권위원회에 경찰을 고발하겠다고 난동을 부렸다.

과연 유진, 소미, 혜라를 처벌할 방법은 없는 것일까?

청소년 범죄가 중요한 사회문제로 부각되어 언론에 자주 언급되기 시작한 것은 이미 오래전 일입니다. 이런 이유로 이제 대부분의 사람들이 '형사미성년자'라는 개념을 알고 있으며, 심지어 초등학교 학생들까지도 자신이 형법상 처벌의 대상이 아님을 알고 오히려 이를 악용하는 경우까지 생기는 실정이지요. 우리 형법은 제9조(형사미성년자)에서 "14세 되지 아니한 자의 행위는 벌하지 아니한다"고 규정하고 있습니다. 이는 책임주의 원칙에 입각하여 아직 나이가 어려 사물을 변별할 능력이 미숙한 어린 사람들을 보호하기 위해 규정된 조항입니다.

앞에서 살폈듯이 책임주의란 옳고 그름을 판단할 의사능력이 있고 충분히 옳은 행동을 할 수 있었음에도 불구하고 일부러 위법행위를 한 경우에만 이를 비난(처벌)할 수 있다는 것인데, 통상 나이가 어린 사람의 경우 이러한 능력이 부족하다고 보고 법에서 일률적으로 14세로 정하여 그 이하의 사람에게는 형사처벌을 내릴 수 없도록 규정한 것입니다.

그러나 실제로는 청소년들의 성장이 빨라지고 인터넷을 통해 간접적으로 범죄를 접할 기회가 늘어나면서 청소년들이 범죄행위를 하는 나이가 점점 어려지고 있고, 오히려 미성년자를 절대적으로 보호하는 각종 법령 및 제도를 악용하는 청소년들이 증가하는 추세입니다.

그렇다고 청소년들을 무조건 엄벌하는 것만이 능사는 아닙니다. 이는 책임주의 원칙에 반할 뿐만 아니라, 성인 범죄자와는 다르게 교화, 개선의 가능성이 큰 청소년에게 형벌을 가하는 것은 오히려 그들을 범죄자로 낙인 찍어 영구

히 사회에서 격리시키는 악효과를 가져올 수도 있기 때문이지요. 이런 이유로 우리나라는 소년법을 제정하여 범죄행위를 저지르거나 저지를 우려가 있는 미성년자들에게 형벌이 아닌 보호처분을 내림으로써 교화, 개선을 추구하거나 때로는 엄중한 처벌로 소년의 건전한 육성을 위해 노력하고 있습니다.

소년법은 만 19세 미만 소년 중 ① 죄를 범한 소년(범죄소년) ② 형벌 법령에 저촉되는 행위를 한 10세 이상 14세 미만인 소년(촉법소년) ③ 집단적으로 몰려다니며 주위 사람들에게 불안감을 조성하는 성벽이 있거나, 정당한 이유 없이 가출하거나, 술을 마시고 소란을 피우거나 유해 환경에 접하는 성벽이 있는 사람 중 그의 성격이나 환경에 비추어 앞으로 형벌 법령에 저촉되는 행위를 할 우려가 있는 10세 이상인 소년(우범소년)을 보호 대상으로 규정하여 법원 소년부에서 심리하는 것을 원칙으로 합니다. 특히 ③번 항목과 같이 실제로 범죄를 저지르지 않은 경우라 해도 단지 범죄의 우려가 있다는 이유만으로 보호처분에 처해질 수 있도록 규정한 것은 책임주의를 상당히 완화하고 사회보장적인 측면에 중점을 둔 규정이라 할 것입니다.

위와 같은 소년범의 경우 원칙적으로 소년보호사건으로 구분되어 처리되는데, 이러한 경우 형법에 규정된 범죄를 저질렀다고 해도 형벌이 아닌 보호처분을 받게 됩니다. 보호처분의 종류, 기간 및 가능 연령 등은 아래와 같습니다.

1. 보호자 또는 보호자를 대신하여 소년을 보호할 수 있는 자에게 감호 위탁

2. 수강명령(만 12세 이상의 소년에게만 가능)

3. 사회봉사명령(만 14세 이상의 소년에게만 가능)

4. 보호관찰관의 단기 보호관찰(1년)

5. 보호관찰관의 장기 보호관찰(2년, 1년 범위 내에서 1회 연장 가능)

6. 「아동복지법」에 따른 아동복지시설이나 그 밖의 소년보호시설에 감호 위탁

7. 병원, 요양소 또는 「보호소년 등의 처우에 관한 법률」에 따른 소년의료보호시설에 위탁

8. 1개월 이내의 소년원 송치

9. 단기 소년원 송치(최장 6개월)

10. 장기 소년원 송치(최장 2년, 만 12세 이상의 소년에게만 가능)

이를 보면 보호처분은 사회봉사 등 인신 구속을 전제로 하지 않는 처분이

대부분이며 인신 구속의 기간 역시 상당히 단기간으로 한정한다는 것을 알 수 있습니다.

물론 소년보호사건으로 법원에 송치된 사건이라 해도, 소년부가 심리한 결과 금고 이상의 형에 해당하는 범죄 사실이 발견되고 그 동기와 죄질이 형사처분을 할 필요가 있다고 인정되는 경우라면 검찰청 검사에게 송치하여 형사처벌을 내려줄 것을 요청할 수도 있습니다. 그러나 소년범은 기소되어 형사처벌을 받는 경우에도 범죄 당시 18세 미만이라면 아무리 중범죄를 저질렀어도 사형 또는 무기징역은 선고할 수 없고 15년의 유기징역형에 처해집니다. 또 유기징역형을 선고하는 경우에도 장기와 단기를 정하여 선고하며(부정기형), 장기는 10년, 단기는 5년을 초과하지 못합니다.

간혹 사회적인 이슈가 되는 악질 소년범에 대해 징역형(부정기형)을 선고하는 경우가 있는데, 전과가 많지 않은 이상 이런 경우는 극히 이례적입니다. 실무상 초범이거나 경미한 소년범이라면 검찰에서 '선도 조건부 기소유예'라고 해서 범죄예방 자원봉사위원의 선도 또는 소년의 선도·교육과 관련된 단체·시설에서의 상담·교육·활동 등을 조건으로 기소유예 처분을 내리는 경우가 많습니다.

자, 그럼 지금 배운 법률 지식을 토대로 앞의 사례를 다시 살펴볼까요? 유진, 소미, 혜라 모두 소년법에 따라 보호처분이 가능합니다. 유진은 범죄소년에 해당하고, 소미는 촉법소년, 혜라는 우범소년에 해당합니다. 유진의 범죄에 대해서는 유진이 비록 미성년자라 해도 법원 소년부가 검찰청 검사에게 송치함으로써 일반 형사사건과 동일하게 진행이 가능하고 징역형 선고 역시 가능합니다. 소미는 형사미성년자이지만 만 10세가 넘은 이상 보호처분의 대상이 되고 역시 소년원 송치의 방식으로 실질적인 인신 구속이 가능합니다. 소미의 주장은 어린 나이에 어디서 주워들었는지는 모르겠으나 하나만 알고 둘은 모르는 격이지요.

헤라는 전혀 범죄를 저지르지 않았다 해도 집단으로 몰려다니며 불안감을 조성하고 자주 가출하는 습벽이 있는바, 역시 소년법상의 보호처분이 가능하여 소년원 송치까지 가능합니다. 결국 유진, 소미, 헤라는 보호처분을 통해 자신들의 짧은 식견을 반성하고 건전한 사회구성원으로 새롭게 태어나게 될 것입니다.

Part 3

비즈니스 속 법률

법인은 어떻게 법률행위를 하고 책임은 누가 지는가?

형돈은 철판을 가공하여 건설업체에 납품하는 사업을 하고 있다. 어느 날 형돈은 지인을 통해 알게 된 무도 건설업체의 대표이사 준하로부터 급하게 철판 1천 장이 필요하니 먼저 철판을 납품해주면 한 달 후에 대금 1억원을 지급하겠다는 요청을 받았다. 형돈은 무도 건설업체의 재정 상태가 탄탄하니 걱정할 필요가 없다는 지인의 말을 믿고 무도 건설업체에 철판 1천 장을 납품했다.

그런데 무도 건설업체는 대금을 입금하기로 한 날짜에 1,000만원만을 형돈에게 입금했고, 준하는 형돈에게 원청업체가 결제를 해주지 않아 대금을 줄 수 없으니 조금만 기다려달라며 나머지 9,000만원의 지급을 차일피일 미루었다.

형돈은 준하의 말을 믿고 1년을 기다렸으나 결국 나머지 대금을 지급받지 못했다. 이에 따라 형돈은 준하를 사기죄로 고소하고, 무도 건설업체와 대표이사인 준하 그리고 무도 건설업체의 실질적인 내부 업무를 관장하고 있는 회장 길을 상대로 9,000만원에 대한 민사소송을 제기하려고 한다. 과연 형돈의 주장은 받아들여질까?

이 사례에서 먼저 알고 가야 할 법률 용어는 바로 '법인'입니다. 법인이란 자연인이 아니면서 권리능력이 주어지는 주체입니다. 자연인(사람)에게 법률행위의 당사자성이 인정되는 것은 당연하겠지요. 그런데 사회가 발달함에 따라 자연인들이 모여서 함께 법률행위를 하는 경우가 빈번해졌고, 이러한 경우 법률행위의 당사자가 되는 모든 사람들이 모여 계약을 하는 것은 상당히 번거로운 일일 겁니다. 이에 따라 법인에 대하여 독자적인 법인격을 인정하여 법인의 구성원이 모두 계약의 당사자가 되어야 하는 불편함을 제거하여 편리성을 도모했고 법률행위의 당사자로서 법인을 인정하게 된 것입니다.

법인은 자본 혹은 사람들로 구성되어 이루어지는 법인격체로, 전자를 재단법인이라 하고 후자를 사단법인이라 합니다. 법인은 그 구성원인 자연인과는 전혀 별개의 법적 권리주체입니다. 따라서 법인은 독자적으로 법률행위를 하며 법률상 권리와 의무의 주체가 되고, 법인의 법률행위에 대해서는 법인이 책임을 지고 다른 특별한 법률이 있지 않는 한 법인을 구성하는 자연인은 설사 법인을 대표하여 법인의 대외적 법률행위를 관장하는 대표이사라 하더라도 법인의 의무에 대해 따로 책임을 지지 않지요.

다만, 회사의 법인격이 그 배후에 있는 지배자에 의하여 *채무 면탈의 목적으로 남용되는 경우에까지 법인과 그 배후자를 구별하는 것은 사회적으로 타당하지 않다고 볼 수 있기 때문에, 이런 경우에는 회사의 법인격을 부정하고 배후자에게 책임을 물을 수가 있는데 이를 '법인격부인론'이라 합니다. 우리 판례는 엄격한 요건하에서 법인격부인론을 받아들이고 있답니다.

자, 그럼 지금 배운 법률 지식을 토대로 앞의 사례를 다시 살펴볼까요? 본 사례의 경우 형돈과 무도법인 사이의 계약이 이루어졌기 때문에 무도법인은 형돈에게 대금 1억원을 지급할 의무를 집니다. 따라서 형돈이 무도법인을 상대로 대금 9,000만원의 지급을 구하는 청구 소송을 한다면 문제없이 형돈이 승소할 것입니다.

하지만 무도 건설업체의 실질적인 업무를 관장하고 있는 회장 길이나 대표이사인 준하는 무도법인과는 별개이므로 형돈에게 대금 부분에 대한 책임을 질 이유가 없지요. 그리고 무도법인이 원청업체로부터 하도급을 받아 건설업을 실제로 하고 있었다면, 무도법인이 준하나 길에 의하여 채무 면탈의 용도로 사용되었다고 보기도 힘들기 때문에 무도법인의 법인격을 부인하기 어려워 보입니다. 그러므로 준하나 길이 도의적으로 형돈에 대하여 책임을 지겠다고 하지 않는 이상 형돈은 준하나 길에게 대금 9,000만원 부분에 대한 책임을 물을 수가 없습니다.

법인의 법률행위에 대해 일반적으로 하는 오해가 법인의 책임과 대표이사의 책임을 동일시하여, 법인이 질 책임을 대표이사 역시 동일하게 져야 한다고 생각하는 경향이 있다는 것입니다. 그러나 이는 명백하게 잘못된 생각입니다. 법인이란 별도의 인격을 가진 존재이므로, 법인의 책임은 법인이 지는 것이지 이를 대표이사가 동일하게 부담하는 경우란 원칙적으로 없답니다.

간혹 은행권 채무와 같은 경우, 대표이사가 법인의 채무에 대해 같이 책임을 지는 경우가 있는데, 이는 대표이사가 법인의 채무에 대해 연대보증을 했기 때문에 연대보증으로 인해 발생하는 의무이지 대표이사라는 이유만으로 법인의 채무를 대신 부담하는 경우는 없습니다.

그렇다면 형사상 사기죄는 인정될까요? 준하에게 형사상 사기죄가 인정될 수 있는지도 문제가 되나, 무도법인이 형돈으로부터 공사 자재를 납품받아 실제로 공사에 착수했고 대금의 일부분인 1,000만원을 형돈에게 지급한 사정이 있다면 나머지 대금을 지급하지 못한 것은 경영 악화에 따른 민사상 채무불이행에 불과하고 사기죄가 성립한다고 보기는 힘듭니다. 사기죄가 성립하려면 준하가 형돈으로부터 철판에 관한 납품 계약을 체결할 당시부터 대금 1억원을 지급할 능력이나 의사가 없었음이 인정되어야 하기 때문이지요.

　실제로 경제범죄 고소 사건 중에서 무혐의 결정을 받는 비율이 가장 높은 범죄가 사기죄입니다. 일반적으로 돈을 빌려가서 갚지 않거나 물품 대금을 갚지 않는 경우 모두 사기죄가 성립한다고 생각하기 쉬우나, 이는 민사 채무불이행에 해당할 뿐 반드시 사기가 된다고 단정할 수는 없답니다.

 상식 Box!

　채무 면탈 : 자신의 빚을 갚지 않을 목적으로 재산을 도피시키는 행위를 말한다.

미성년자가
법률행위를 했다면?

유라, 민아, 소진, 혜리는 연예인을 꿈꾸는 만 18세의 고등학생들이다. 이들은 지인의 소개로 한 연예기획사와 기간 3년의 연습생 계약을 체결하고 연예인이 되기 위한 각종 트레이닝(보컬 및 안무 교육 등)을 받게 되었다.

계약의 주된 내용은 아래와 같다.

① 유라, 민아, 소진, 혜리는 계약 기간 동안 다른 기획사와 연예 활동을 위한 계약을 체결할 수 없고, 이를 위반하는 경우 기획사는 연습생 계약을 해지할 수 있다.

② 유라, 민아, 소진, 혜리는 모든 트레이닝을 무료로 받는 대신 각자의 잘못으로 계약이 해지되는 경우 기획사가 지출한 트레이닝 비용의 2배를 배상한다.

그런데 계약 체결 과정에서 유라와 민아는 본인 명의로 계약을 한 반면(민아는 추후 전속 계약에 대하여 부모님의 동의를 얻었다), 소진은 본인이 미성년자임을 숨기기 위해 신분증을 위조하여, 혜리는 부모님의 도장을 훔쳐 부모님이 계약에 동의한 것처럼 속여 계약을 했다.

유라, 민아, 소진, 혜리는 6개월간 기획사가 제공하는 트레이닝을 받았으나, 데뷔를 시켜주지 않는다는 이유로 연습생 계약의 파기를 선언하고 다른 기획사와 전속 계약을 체결했고, 이에 기획사 역시 계약의 해지를 주장하며 유라, 민아, 소진, 혜리 각자에게 6개월간 지출한 트레이닝 비용의 2배에 해당하는 2,000만원의 손해배상을 요구했다.

유라, 민아, 소진, 혜리는 기획사의 손해배상청구에 응할 의무가 있을까?

이 사례에서 먼저 알고 가야 할 법률 용어는 '행위능력'입니다. 단독으로 유효한 법률행위를 할 수 있는 능력을 행위능력이라고 하는데, 민법은 만 19세 미만의 미성년자, 피한정 후견인, 피성년 후견인의 경우 단독으로 완전한 법률행위를 할 능력이 부족한 사람으로 보아 이들을 보호하고 있답니다. 정리하면 민법에서 미성년자, 피한정 후견인, 피성년 후견인은 제한적인 행위능력만 갖는다고 하여 '제한행위능력자'라고 하는데, 이들이 법정대리인이나 후견인의 동의 없이 단독으로 행한 법률행위는 취소할 수 있도록 함으로써 이들을 보호하고 있는 것이지요.

그러나 제한행위능력자와 거래한 상대방 역시 보호할 필요성이 있기 때문에 이에 대한 각종 규정도 마련되어 있답니다. 예를 들어 제한행위능력자의 법률행위에 대하여 법정대리인이나 후견인이 추후 이를 승인하거나 제한행위능력자가 자신이 완전한 행위능력자인 것처럼 거래의 상대방을 적극적으로 속인 경우, *취소권을 행사할 수 없도록 규정하고 있는 것입니다.

참고로 계약이라는 것은 취소한다고 해서 모든 문제가 해결되는 것이 아닙니다. 계약이 취소되는 경우, 취소된 계약은 처음부터 무효인 것으로 보아 취소된 계약에 근거하여 주고받은 것이 있다면 이를 상호 간에 반환해야 하지요. 이러한 반환 과정에서도 제한행위능력자는 특별한 보호를 받아 언제나 받은 이익이 현존하는 한도 내에서만 상환할 책임이 있습니다. 단, 거래 상대방은 미성년자임을 알고 계약했다면 계약으로 얻은 이익을 전부 반환할 책임이 있습니다.

자, 그럼 지금 배운 법률 지식을 토대로 앞의 사례를 다시 살펴볼까요? 본 사례는 필자가 직접 자문을 수행한 연예기획사의 사안을 일부 각색한 것인데, 다행히 미성년자를 상대로 소송에는 이르지 않고 종결되었습니다.

유라의 경우, 만 19세에 이르지 않은 미성년자가 계약을 체결했기 때문에 이러한 법률행위는 미성년자나 법정대리인이 취소할 수 있습니다. 따라서 유라는 기획사와의 연습생 계약을 적법하게 취소할 수 있습니다.

민아의 경우, 미성년자인 민아의 계약 이후 동의권자인 부모님이 동의를 했기 때문에, 이는 불완전한 법률행위를 사후에 보충하여 확정적으로 유효하게 하는 일방적 의사표시인 추인으로 보아 취소가 불가능하답니다.

소진과 혜리의 경우, 비록 미성년자이지만 적극적으로 *사술을 사용해 거래 상대방에게 자신이 성년이거나 법정대리인의 동의가 있는 것처럼 속였기 때문에, 이 역시 취소권 행사가 불가능합니다.

결국 민아, 소진, 혜리는 모두 계약의 취소가 불가능하기 때문에 기획사와의 계약 내용에 따라 트레이닝 비용의 두 배인 2,000만원을 반환할 의무가 생기지요. 반면 적법하게 계약을 취소한 유라의 경우, 처음부터 연습생 계약이 없는 것이 되어 연습생 계약에 따라 자신이 취득한 이익인 무료 트레이닝을 받음으로 얻은 이익을 반환해야 합니다.

그런데 제한행위능력자인 유라는 계약의 취소 시점을 기준으로 이익이 현존하는 한도 내에서만 반환할 책임을 부담하는데, 유라는 무료 트레이닝을 받음으로써 트레이닝 비용 1,000만원 상당의 채무를 면했기 때문에, 트레이닝 비용 1,000만원을 반환할 의무를 부담한다고 보는 것이 타당합니다.

참고로 미성년자라 해도 만 18세 이상인 경우 부모의 동의를 얻어 혼인할 수 있는데, 혼인을 하게 되면 성년으로 간주되어 법정대리인의 동의 없이도 법률행위가 가능하게 됩니다. 단, 혼인은 혼인신고를 수반하는 법률혼을 의미하며 동거와 같은 사실혼은 여기서의 혼인에 해당하지 않습니다.

상식 Box!

취소권 : 의사표시 및 법률행위를 취소할 수 있는 권리를 뜻한다.

사술 : 사람을 속이는 행위를 뜻하며, 민법 제17조 제1항은 '무능력자가 사술로써 능력자로 믿게 한 때에는 그 행위를 취소하지 못한다'라고 규정하고 있다.

프랜차이즈 업주가 무리한 요구를 하는 경우

수만은 프랜차이즈점을 운영하고 있다. 그런데 본사가 상호명을 바꾸면서 수만이 운영하는 가게의 인테리어를 전부 뜯어고치라고 요구했고, 약관에 의하면 인테리어 공사는 본사가 지정하는 업체를 통해서만 할 수 있으며 공사비는 가맹점 업주가 모두 부담하게 되어 있었다.

본사에서 지정된 업체는 수만에게 공사비로 3,000만원을 요구했는데, 이는 평균 공사비인 2,000만원을 훌쩍 뛰어넘는 금액이었다.

따라서 수만은 굳이 인테리어 공사를 할 필요가 없다면서 본사의 요구를 거부했고, 그러자 본사에서는 수만에게 원재료 공급을 모두 끊어버리겠다고 협박하고 있는 상태이다.

수만은 약관에 따라 본사의 요구에 응해야 하는 것일까?

이 사례에서는 불공정한 법률행위라는 법률 상식을 먼저 알고 가야 합니다. 불공정한 법률행위는 상대방으로 하여금 자기의 *급부에 비하여 현저하게 균형을 잃은 *반대급부를 하게 함으로써 부당하게 재산상의 이익을 얻을 목적으로 하는 법률행위를 의미합니다.

우리 민법은 객관적으로 급부와 반대급부 사이에 현저한 불균형이 존재하고 주관적으로 그러한 법률행위가 피해 당사자의 궁박, 경솔, 무경험을 이용하여 이루어진 경우에 이러한 불공정한 내용을 목적으로 하는 법률행위는 무효로 한다고 규정하고 있습니다. 이는 강자가 약자의 지위에 있는 자를 이용해 폭리를 취하는 것을 막기 위한 것으로 강행규정에 해당합니다. 따라서 불공정한 법률행위는 절대적인 무효에 해당하고, 이러한 강행규정을 배제하는 당사자 사이의 약정 역시 무효가 됩니다. 또한 불공정한 법률행위에 해당하여 무효인 경우인데도 당사자들이 이미 급부를 이행한 경우, 불법행위의 원인은 폭리자에게만 있으므로 폭리자는 상대방에게 급부의 반환을 청구하지 못하고, 상대방만이 폭리자에게 급부의 반환을 요구할 수 있습니다.

하나 더 알고 가야 할 법률 상식은 일부 무효의 전부 무효 원칙입니다. 우리 민법에 의하면 법률행위 가운데 일부분에 무효가 있는 경우 원칙상 그 법률행위는 전부 무효가 되고, 예외적으로 당사자 간에 그 무효 부분이 없어도 법률행위를 했을 것이라 인정되는 경우에만 나머지 부분이 유효하게 됩니다.

그런데 일부 무효의 전부 무효 원칙을 약관에도 동일하게 적용하기에는 무리가 있습니다. 왜냐하면 약관은 당사자 사이에서 일어날 수 있는 수많은 법률

관계를 상정하고 있으므로 각 약관 조항 사이의 연관성은 일반 민사 계약과 달리 희미하다고 볼 수 있기 때문이지요. 이에 따라 민법에 우선하는 특별법인 약관 규제에 관한 법률에서는 약관의 일부 조항에 무효가 있는 경우, 그 무효가 되는 일부 조항에 대해서만 부분적으로 법률효과가 발생하지 않는 것을 원칙으로 하고 있답니다.

자, 그럼 지금 배운 법률 지식을 토대로 앞의 사례를 다시 살펴볼까요? 위 사례는 요즈음 사회적으로 많은 문제가 되고 있는 속칭 '갑·을관계'에 대한 사례입니다. 결론부터 말하자면 수만은 약관의 내용에도 불구하고 본사의 요구에 응하지 않아도 됩니다.

먼저 수만은 본사와 약관 내용에 따라 프랜차이즈 계약을 체결했습니다. 그런데 약관에 따르면 수만은 본사가 일방적으로 지정하는 인테리어 업체와 공사 계약을 체결해야 하고, 인테리어 업체는 이를 이용해 시가보다 1,000만원이나 더하여 폭리를 얻고 있지요. 이와 같은 내용의 약관 규정은 대기업인 본사가 사회적으로 약자인 수만의 궁박을 이용해 부당한 재산적 이익을 얻을 것을 목적으로 하고 있다고 볼 수 있으므로 불공정 행위에 해당하여 무효가 될 여지가 상당합니다. 따라서 수만은 공정거래위원회에 위 약관 규정에 대하여 심사 청구를 할 수 있고, 공정거래위원회로부터 위 약관 조항의 삭제·시정 조치를 받아 본사의 부당한 요구를 거부할 수 있을 것입니다.

참고로 최근 가맹점 업주에게만 일방적으로 공사를 하도록 하고 비용을 부담하게 하는 것은 불공정하다는 취지의 판결이 선고된 바 있습니다.

상식 Box!

급부 : 채권은 채권자가 채무자에 대하여 일정한 행위를 청구할 수 있는 권리를 말하는
데, 이때의 채무자의 행위를 급부라고 한다. 즉 채권자가 채무자에게 청구할 수 있는 행
위를 뜻하는 것이다.

반대급부 : 어떤 행위에 대한 지급 대가로서, 매매계약에서 매도인이 물품을 내주는 데
대한 반대급부는 매수인이 치르는 값이다.

기망당하여
법률행위를 했다면?

사업가 홍철은 자신이 진호의 토지를 점유하고 있는 것을 이용해 서류를 위조해서 해당 토지를 자신 앞으로 소유권 이전등기를 했다. 그 후 홍철은 지니 그룹 회장인 상민에게 해당 토지가 자신의 토지인 것처럼 속여 상민과 토지 매매계약을 체결하고 상민으로부터 매매 대금 3억원을 받은 뒤 상민에게 이전등기를 해주었다.

이후 이러한 사실을 알게 된 진호는 상민의 등기가 원인 무효의 등기임을 이유로 상민에게 소유권 이전등기의 말소를 요구하는 소를 제기했고, 재판 결과 진호의 승소 판결로 확정되었다.

이러한 경우 상민은 누구를 상대로 어떤 조치를 취할 수 있을까?

이 사례에서는 부동산의 소유권 취득 요건에 대한 법률 상식을 먼저 알고 가야 합니다. 물권이 변동되기 위해서는 물권변동의 원인이 되는 *채권행위가 있고, 이에 따른 *등기이전·점유이전이 수반되어야 합니다.

따라서 원인이 되는 계약과 등기이전·점유이전의 요건 중에 하나라도 부족하거나 결함이 있는 경우라면 물권변동이 일어나지 않기 때문에, 부동산 매매계약만 체결하고 등기를 이전받지 못한 상태라면 부동산 소유권은 여전히 매도인에게 있고, 원인이 되는 법률행위 없이 부동산의 등기만 이전되어 있다 하더라도 그 부동산 등기는 무효이고 이러한 원인 무효의 등기로는 부동산 소유권을 취득할 수 없습니다.

하지만 우리 민법은 법률행위의 일방 당사자가 고의로 위법한 사기 행위를 하여 상대방을 착오에 빠지게 하고 이로 인해 의사표시를 하게 한 경우에는 비록 법률행위가 당사자·목적·의사표시 요건을 모두 구비하여 유효하게 성립했다 하더라도 사기 행위로 인해 의사표시를 한 당사자에게 그 의사표시를 취소할 수 있는 권한을 주어 의사표시자를 보호하고 있답니다.

자, 그럼 지금 배운 법률 지식을 토대로 앞의 사례를 다시 살펴볼까요? 위 사례에서 가장 큰 궁금증은 지니 그룹 회장 상민이 토지를 취득할 수 있는지의 여부입니다. 결론적으로 말하면 상민은 토지를 취득할 수가 없습니다. 비록 상민이 홍철과 유효하게 토지 매매계약을 체결하고 토지의 이전등기까지 받았다 하더라도 부동산의 등기가 유효하려면 상민의 이전등기 이전에 존재하고 있는 홍철의 등기가 유효해야 하기 때문이지요.

또한 우리나라는 부동산 등기부등본의 공신력을 인정하지 않고 있기 때문에 부동산 등기부등본에 소유자로 표시되어 있는 것을 믿고 부동산을 구입했다 해도 매도인이 실제 소유자가 아니라면 매수인은 보호받지 못한답니다.

즉, 본 사례에서 홍철은 진호와 토지 매매계약을 체결하는 등의 법률행위 없이 서류를 위조하여 자신 앞으로 이전등기를 마쳤기 때문에, 이러한 홍철의 이전등기는 원인 무효의 등기가 되어 홍철은 적법하게 토지에 대한 소유권을 취득할 수 없습니다. 따라서 상민의 등기 또한 원인 무효의 등기이고 상민은 토지에 대한 소유권을 취득할 수 없습니다. 무효 등기 이후에 무효인 등기를 토대로 이루어진 후속 등기는 전부 무효인 것입니다.

본 사례에서 만약 상민이 요환이라는 사람에게, 요환이 다시 재윤에게 토지를 매매하였다면 상민, 요환, 재윤의 등기는 전부 무효이고, 상민, 요환, 재윤 모두 진호에게 자신의 등기를 말소할 의무를 집니다.

결국 토지의 진정한 소유자는 진호이고 상민은 진호에게 대항할 수가 없기 때문에 상민은 진호에게 자신의 등기를 말소해야 할 의무를 부담하게 되고, 결국 홍철에게 속은 상민의 권리 구제 수단이 문제가 될 것입니다. 정리하자면, 먼저 홍철은 상민에게 자신이 진정한 토지 소유자인 것처럼 속였고, 이에 속은 상민이 홍철과 토지 매매계약을 체결하였으므로 결국 홍철은 상민을 속여 매매 대금 3억원을 편취했다고 볼 수 있습니다.

그렇다면 상민의 권리 구제 수단에는 무엇이 있을까요? 우선 상민이 취할 수 있는 형사 절차는 관할 경찰서에 가서 홍철을 사기죄로 고소하는 것입니다. 경찰서에서는 상민의 고소장을 접수받고 해당 사건을 조사한 후, 담당 경찰관이 홍철에게 사기 혐의가 있다고 판단하면 검찰청에 당해 사건을 송치합니다. 그리고 검찰청에서 홍철의 사기 사건이 검사에게 배당되고, 검사가 사기 혐의가 인정된다고 판단한다면 형사법원에 사기로 공소 제기를 하고 이후에 형사법원에서 판사가 최종적으로 홍철의 사기죄가 유죄로 인정된다고 판단해 홍철에게 사기죄로 벌금형 또는 징역형을 선고하게 되는 것이지요.

하지만 형사 절차는 사기꾼인 홍철을 처벌하는 절차이지 상민이 입은 피해인 매매 대금 3억원을 복구해주는 절차가 아니기 때문에, 상민은 민사 절차를 통해 자신이 입은 피해를 배상받아야 합니다.

일반적으로 형사 절차와 민사 절차를 혼동하여, 형사 고소를 하면 국가에서 돈을 받아준다거나 형사 고소로 가해자가 처벌을 받는다면 따로 민사소송을 제기할 수 없다고 알고 있는 경우가 있으나, 이는 전혀 잘못된 생각입니다.

형사 절차와 민사 절차는 전혀 별개이기 때문에 형사 고소로 처벌은 처벌대로 받게 하고, 돈에 대한 부분은 별도로 민사소송을 제기하여 해결해야 하지요. 다만, 형사사건이 진행되는 중에 홍철이 자신의 처벌 수위를 낮추기 위해 피해자인 상민에게 합의를 시도하는 경우가 많으며, 이런 합의 절차를 통해 상민이 실질적으로 피해 변제를 받을 수는 있습니다.

다음으로 홍철에게 형사처벌을 내리는 것 외에 민사적으로 상민이 어떠한 권리 구제 절차를 밟을 수 있는지 살펴보도록 하겠습니다. 앞서 이야기했듯이 형사 절차를 진행하는 도중 형사조정제도 혹은 형사합의절차를 통하여 상민의 피해가 복구될 수도 있으나, 형사 절차는 본질적으로 가해자를 처벌하는 절차이기 때문에 홍철이 임의로 상민에게 피해 배상을 해주지 않는 이상 상민은 민사 절차를 통하여 자신이 입은 손해를 복구하는 수밖에 없답니다.

우선 홍철의 사기에 의해 홍철과 상민이 토지 매매계약을 체결했다 하더라도 위 매매계약 자체는 무효가 아니기 때문에 유효하게 성립됩니다. 따라서 위 매매계약에 따라 상민은 홍철에게 토지의 소유권을 이전시켜달라는 권리를 취득하고 있기 때문에 이에 따라 상민은 홍철에게 토지의 소유권 이전을 요구할 수 있습니다. 그러나 통상적으로 보았을 때, 사기꾼인 홍철이 진호로부터 토지를 구입하여 유효하게 토지의 소유권을 자신 앞으로 이전등기한 후 이를 다시 상민에게 이전등기해주는 경우는 생각하기 어렵습니다.

따라서 상민은 홍철과의 위 토지 매매계약을 사기에 의한 의사표시임을 이유로 취소하고 이미 지급한 매매 대금 3억원의 반환을 요구할 수 있고, 또한 홍철의 채무불이행을 이유로 토지 매매 계약을 해제하고 위 매매 대금의 반환을 요구할 수도 있을 것입니다.

상식 Box!

채권행위 : 행위자 사이에 채권 · 채무의 관계를 발생시키는 것을 내용으로 하는 법률행위로서, 매매 · 임대차 · 증여 등이 이에 속한다.

등기이전 : 부동산 물권을 승계하여 취득한 경우에 권리자의 명의 이전을 하는 등기를 말하며, 소유권 이전등기란 해당 부동산의 소유권에 대한 이전등기를 신청하는 내용의 문서를 말한다.

점유이전 : 점유를 옮기는 행위, 즉 자신이 가진 물건을 타인에게 넘겨주는 행위를 말한다.

사자(使者)와 대리인

과일가게를 운영하는 개리는 광수가 소유하고 있는 사과나무의 사과 품질이 매우 좋은 것을 보고 광수로부터 사과 100상자를 구입하기로 했다. 그래서 개리는 자신의 가게에서 종업원으로 일하고 있는 지효에게 광수로부터 사과 100상자를 구입하는 계약을 체결하고 오라고 지시했다.

그런데 지효는 계약 당일 개리가 사과 200상자를 구입하라고 지시한 것으로 착각하고 광수와 사과 200상자에 대한 매매계약을 체결했고, 또한 광수가 재배하는 복숭아도 아주 맛있어 보여 복숭아 100상자를 구입하는 계약도 체결했다.

현재 광수는 개리에게 사과 200상자와 복숭아 100상자를 가져가고 이에 대한 대금 500만원을 지급하라고 청구하고 있는데, 개리는 이에 대하여 어떻게 대항할 수 있을까?

이 사례에서 먼저 알고 가야 할 법률 개념은 '대리권'입니다. 법률행위를 하기 위해서는 당사자·목적·의사표시의 3요소가 필요한데, 현실적으로 당사자 본인이 직접 모든 의사표시를 하러 다니기는 어려울 수도 있겠지요. 이에 따라 대리권이라는 제도가 생성되었고, 본인으로부터 대리권을 수여받은 대리인은 본인의 이름으로 법률행위를 하여 본인과 상대방 사이에 직접 법률효과가 생기게 하는 지위를 가지고 있습니다.

여기서 중요한 점은 대리인은 상대방과 법률행위를 함에 있어 대리인 자신의 이름이 아니라 본인을 대신하여 본인의 이름으로 계약을 한다는 점입니다. 만일 대리인이 자신의 이름으로 상대방과 법률행위를 한다면 상대방 입장에서는 계약 당사자가 본인이 아닌 대리인이라고 착각할 여지가 크고, 대리인이 대리권만을 가지고 있음에도 불구하고 대리인과 상대방 사이에 직접 계약이 성립될 가능성도 있을 테지요.

이렇듯 대리인이 법률행위의 상대방에게 자신이 계약의 당사자가 아니고 대리인이라는 것을 표현하는 행위를 법률 용어로 *현명顯名이라고 합니다. 대리인은 본인이 대리인에게 권한을 주는 행위인 수권행위에 의해 정해질 수도 있지만 법률 규정에 의해 대리인이 될 수도 있습니다. 전자를 임의대리인이라 하고 후자를 법정대리인이라 하는데, 대표적인 법정대리인으로는 친권자, 후견인, 재산관리인 등을 들 수 있습니다.

대리인과 구별되는 개념 중에 '사자'라는 개념도 있습니다. 사극의 전쟁 장면에서 전령이 장군의 뜻이 담긴 서찰 등을 전달하는 장면을 심심치 않게 볼

수 있습니다. 이러한 전령은 단순히 보낸 사람의 의사를 그대로 전달하는 역할만 수행하는데, 이러한 사람을 법률에서는 사자使者라고 하고 단순한 전달 기관을 의미합니다. 즉, 사자는 본인이 완성한 의사표시를 그대로 상대방에게 전달하거나 본인이 결정한 의사를 상대방에게 표시하는 사람을 말하지요.

사자와 대리인은 구별되는 개념으로 궁극적으로 효과의사에 대한 결정권이 있는지 여부에 따라 구별됩니다. 효과의사는 어떠한 법률행위를 할 때 어떻게 할 것인지 그 범위와 정도에 재량권을 가지고 자신의 판단에 따라 최종적으로 의사를 결정하고 표시할 수 있는 것이라 보면 됩니다. 예를 들어 사자는 본인이 결정한 의사인 "사과를 1상자 구입하겠다"를 단순히 상대방에게 전달하는 것이고, 대리인의 경우에는 본인이 질 좋은 사과를 10상자 범위에서 구입해오라고 위임하면 대리인 자신의 판단하에 사과를 몇 상자 구입할 것인지 정하여 상대방에게 "사과 몇 상자를 구입하겠다"라고 표시할 수 있겠지요.

자, 그럼 지금 배운 법률 지식을 토대로 앞의 사례를 다시 살펴볼까요? 본 사례에서 개리는 지효에게 사과를 100상자 구입하라고 시켰는데, 이는 계약의 당사자가 되는 본인 개리가 효과의사를 모두 정한 후 지효에게는 상대방인 광수에게 표시만 하라고 시킨 것입니다. 따라서 지효에게는 효과의사를 결정할 권한이 없기 때문에 지효는 사자에 해당합니다.

그렇다면 개리는 계약한 대로 사과 200상자를 모두 구입해야 하는 것일까요? 일단 개리는 사과 100상자를 구입할 의사로 지효한테 상대방인 광수에게 의사표시를 전달하라고 시켰음에도 지효가 착오를 일으켜 광수와 사과 200상자에 대한 계약을 체결하고 말았지요. 이러한 경우 지효는 *선의의 사자에 해당하고 이는 본인인 개리가 마음속으로 결정한 의사인 '사과 100상자 구입'을 상대방에게 잘못 표시해 사과 200상자를 구입하게 한 것과 동일하기에 착오를 이유로 취소가 가능합니다.

따라서 본인인 개리는 광수에 대하여 자신은 사과 100상자를 구입할 의사였는데 사자인 지효가 이를 잘못 이해하고 200상자를 구입하겠다고 표시했다며 사과 200상자를 구입한다는 의사표시를 취소하여 계약을 소멸시킬 수 있습니다. 다만 계약을 취소하는 경우, 법률에 명시적인 규정은 없으나 다수의 학자들은 광수가 사과 200상자를 준비하면서 들인 비용과 같은 *신뢰이익을 개리가 배상해야 한다고 합니다.

광수는 아무런 과실 없이 사과 200상자에 대한 매매계약이 유효한 것으로 믿었고 이를 준비하면서 수고를 들였으므로, 계약의 취소로 인해 사과 200상자에 대한 대금은 받지 못한다 하더라도 계약을 믿고 사과를 준비한 비용만큼은 배상을 해주어야 개리와 광수 사이의 관계가 공평하기 때문입니다. 물론 개리가 광수에게 신뢰이익을 배상해준다면 개리는 실수로 잘못된 의사표시를 한 지효에게 손해배상을 청구하여 광수에게 배상해준 금액을 받을 수 있을 것입니다.

그렇다면 개리는 사과가 아닌 복숭아 100상자를 구입해야 하는 것일까요? 개리는 지효에게 복숭아를 구입하라고 시킨 적도 없는데 지효가 임의로 광수에게 복숭아를 구입하겠다고 해서 개리와 광수 사이에 복숭아 100상자에 대한 계약이 성립되었습니다. 지효는 효과의사에 대한 결정권도 없으면서 효과의사를 스스로 결정하고 이를 표시한 경우에 해당하므로, 이는 악의의 사자에 해당하여 권한이 없으면서 대리행위를 한 것인 무권대리와 동일하게 됩니다.

무권대리의 경우에는 상대방의 신뢰 및 거래의 안정성을 보호하기 위하여 일정한 경우 표현대리 법리에 따라 본인이 책임을 져야 할 수도 있습니다. 판례 역시 대리인이 아니라 사실행위를 위한 사자라 하더라도 외관상 그에게 어떠한 권한이 있는 것처럼 보이는 표시 또는 행동이 있어 상대방이 그를 믿었고 또 그를 믿는 데 정당한 사유가 있었다면 표현대리 법리에 의해 본인에게 책임이 있다고 하고 있습니다.

본 사례의 경우, 지효는 개리의 가게에서 종업원으로 일하면서 사과 100상자를 구입하라는 개리의 의사를 광수에게 표시하러 왔으므로 광수의 입장에서는 개리의 종업원인 지효가 복숭아에 대해서도 권한을 가지고 왔을 것이라고 믿을 만한 정당한 이유가 있다고 볼 수 있지요.

따라서 표현대리 법리에 의해 개리와 광수 사이에는 유효하게 계약이 성립하므로, 개리는 광수에게 복숭아를 구입하고 대금을 지불할 의무를 지게 될 것입니다. 개리의 입장에서는 의도치 않게 복숭아를 구입하게 되었으므로 이에 대한 손해에 대해서는 종업원인 지효에게 불법행위를 이유로 손해배상을 청구하여 손해를 회복할 수 있을 것입니다.

 상식 Box!

현명 : 대리인이 대리행위를 하는 경우 상대방에게 본인을 위한 것임을 표시하는 것을 현명이라고 한다. 이때 본인을 위한 것임을 표시한다는 것은 그 행위의 법률 효과를 본인에게 귀속시키려는 의사이므로, 비록 대리인이 마음속으로 자기의 이익을 도모할 생각이었다고 하더라도 그것만으로 대리행위가 무효로 되는 것은 아니다.

선의의 사자 : 선의라 함은 일정한 사실을 알지 못한 것을 말한다. 법학상의 선의, 악의의 개념은 윤리적 의미가 아니라 일정한 사실에 대한 지(知), 부지(不知)라는 심리 상태를 말한다. 즉, 선의의 사자란 일정한 사실을 알지 못한 사자를 칭하는 것이다.

신뢰이익 : 무효인 계약을 유효라고 믿었기 때문에 입은 손해를 말하며 소극적 계약이익이라고도 한다.

법인의 불법행위 책임

용준은 드림학교법인의 이사장으로 드림학교를 대표하여 학교의 대외적인 법률행위를 처리하고 있다. 그런데 드림학교법인이 최근 무리하게 체육관을 증축하던 중 재정 상태가 악화되어 급히 돈을 빌려야만 하는 상황에 처했고, 용준은 수지은행으로부터 드림학교법인 명의로 2억원을 차용했다.

만기일이 되어도 드림학교법인이 빌린 돈을 갚지 않자 수지은행은 드림학교법인을 상대로 차용금 2억원을 지급하라는 소송을 제기하려고 하는데, 알고 보니 학교법인이 의무를 부담하려면 사립학교법 제28조 제1항에 의하여 감독청의 허가를 받아야 하는 것이었다. 그런데 용준은 수지은행으로부터 2억원을 차용하면서 감독청의 허가를 받지 않았다.

이 사실을 알게 된 수지은행은 민사적으로 어떠한 청구를 해야 하는 것일까?

이 사례에서 먼저 알고 가야 할 법률 상식은 법인의 '불법행위 책임'입니다. 법인은 법적으로 인정된 관념적인 법률행위의 주체이기 때문에 얼핏 생각하면 실질적으로 현실에서 행동을 할 수도 없는 법인이 어떻게 불법행위를 저지를 수가 있는지 상상이 안 가고, 법인 구성원들의 불법행위로 인하여 법인이 책임을 진다는 것이 부당하게 느껴질 수도 있습니다.

그렇지만 만일 법인에게 불법행위 책임을 물을 수 없다면 어떻게 될까요? *무자력인 대표 기관이 무단으로 법인 명의로 계약을 하고 다니면서 법인격을 오남용해도 채권자로서는 돈이 많은 법인에게는 책임을 물을 수가 없고 돈이 없는 대표 기관에게만 채권을 가지게 되어 사회적으로 엄청난 손실을 입을 우려가 큽니다. 따라서 법인의 대표 기관이 불법행위를 저지른 경우, 우리 민법 제35조에서는 법인은 이사 기타 대표자가 그 직무에 관하여 타인에게 가한 손해를 배상할 책임이 있다고 규정하여 법인에게도 불법행위 책임을 지게 하고 있습니다. 이는 자본이 풍부한 법인 명의를 믿고 계약한 상대방의 신뢰를 보호하고, 불법행위자인 대표자를 선출하여 법인격을 남용하게 한 법인에게 책임을 가하게 하는 데 그 의의가 있다고 하겠습니다.

자, 그럼 지금 배운 법률 지식을 토대로 앞의 사례를 다시 살펴볼까요? 먼저 드림학교법인과 수지은행 사이의 계약이 유효한 것인지가 쟁점이 됩니다. 본 사례에서 법률행위는 드림학교법인과 수지은행 사이의 *소비대차계약만 존재합니다. 물론 계약을 실제로 체결한 사람은 드림학교법인의 이사장인 용준이지만, 용준은 드림학교법인 명의로 수지은행과 계약을 체결하였으므로 계약의 당사자는 엄연히 드림학교법인이 되는 것이지요.

법률적으로 분석해보자면 용준이 대표권을 가지고 드림학교법인을 대리하여 법률행위를 한 것에 해당하는데, 대표권이 무한정 인정되는 것은 아닙니다. 법인의 정관에 의해 임의로 제한되기도 하고 법률에 의해 제한되기도 합니다. 이렇듯 대표권이 제한됨에도 불구하고 대리행위를 하는 경우 무권대리에 해당하는데, 정관에 의한 대표권 제한의 경우에는 계약 상대방의 신뢰를 보호하기 위해 표현대리가 성립할 여지가 있습니다.

하지만 법률, 특히 강행규정에 의한 대표권 제한의 경우에는 상대방의 신뢰보다 법률이 보호하는 이익을 더 우선시하여 표현대리가 인정되지 않고 그 계약 행위는 절대적으로 무효가 된답니다. 본 사례의 경우에는 사립학교법 제28조 제1항에 의해 학교법인의 대표자는 학교법인에 의무를 부담하는 법률행위를 하는 경우 감독청의 허가를 받아야 하므로 대표권이 제한되고 있지요. 그리고 이 사립학교법은 사립학교의 건전한 발달을 도모하는 데 그 목적이 있고 강행규정에 해당하여 위 법을 어기는 경우 법률행위는 무효가 됩니다.

판례도 학교법인이 타인으로부터 금전을 차용하는 행위는 학교 운영상 통상적인 거래 행위도 아닐뿐더러 그로 인하여 학교법인은 일방적인 의무 부담의 대가로 소비에 용이한 금전을 취득하는 결과가 되어 이를 감독하지 않으면 학교 재산의 원활한 유지·보호를 기할 수 없음이 분명하므로, 사립학교법 제28조 제1항에 의해 감독청의 허가를 받아야 할 의무 부담 행위에 해당한다고 보아 학교법인의 금전 차용 행위의 경우 대표자는 감독청의 허가를 받아야 한다고 판시한 바가 있습니다.

이 사례에서 이사장 용준은 감독청의 허가를 받지 않고 드림학교법인 명의로 차용 계약을 체결함으로써 강행규정인 사립학교법을 위반했기에, 드림학교법인과 수지은행 사이의 차용 계약은 절대적 무효이고 따라서 드림학교법인은 수지은행에 대하여 계약상 차용금 2억원의 지급 의무를 부담하지 않습니다.

그렇다면 이사장 용준은 드림학교법인에 대한 불법행위 책임을 지게 되는 것일까요? 정답은 '아니요'입니다. 용준은 어디까지나 드림학교법인을 대표하여 드림학교법인 명의로 법률행위를 했으므로 용준은 법률행위의 당사자가 아니기에 드림학교법인에 대해 계약상 책임을 부담하지는 않습니다.

하지만 이사장 용준은 감독청의 허가도 없이 수지은행과 드림학교법인 명의로 소비대차계약을 체결했고, 결국 위 소비대차계약이 무효가 됨에 따라 수지은행에 2억원의 손해를 끼쳤습니다. 이는 불법행위에 해당하고 용준은 수지은행에 대하여 민법상 불법행위 책임으로 2억원을 배상해줄 책임을 지게 됩니다.

그렇다면 드림학교법인은 수지은행에 대한 불법행위 책임을 어떻게 질까요? 만일 개인인 이사장 용준이 재산이 없고 드림학교법인이 부자이기 때문에 수지은행이 드림학교법인의 자력을 믿고 2억원을 빌려주었는데, 용준에게만 2억원을 청구할 수 있다고 하면 수지은행 입장에서는 실질적으로 피해 회복이 곤란해질 것입니다. 따라서 수지은행이 자산 많은 드림학교법인에 대해 어떠한 책임을 물을 수 있는지 살펴봐야겠죠. 앞서 이야기한 바와 같이 법인은 대표자의 불법행위에 대해 책임을 부담하게 됩니다. 따라서 드림학교법인의 대표자인 이사장 용준이 수지은행에 대해 불법행위 책임을 부담하는 이상 드림학교법인도 수지은행에 대해 불법행위로 인한 손해배상으로 2억원을 지급해야 할 책임을 지게 됩니다.

주의할 점은 드림학교법인이 책임지는 2억원이 결코 드림학교법인과 수지은행 사이의 계약상 책임이 아니라는 것입니다. 앞서 살핀 바와 같이 드림학교법인과 수지은행 사이에서 체결된 계약(법률행위)은 무효이고, 드림학교법인은 법률에 의해 준법률행위로서 불법행위 책임을 수지은행에 지게 되는 것입니다.

이를 정리해서 말하자면, 수지은행은 이사장 용준과 드림학교법인 양자에 대해 불법행위로 인한 손해배상책임으로 2억원을 지급하라고 청구할 수 있고, 만일 드림학교법인이 수지은행에 2억원을 지급하는 경우 드림학교법인은 이사장 용준에게 2억원 지급을 요구하여 손해를 보전할 수 있을 것입니다. 다만, 이사장 용준이 드림학교법인을 위해 2억원을 사용한 경우에는 드림학교법인에 손해가 있다 할 수 없으므로, 드림학교법인은 이사장 용준에 대하여 어떠한 [*]구상청구도 하기 힘들 것입니다.

상식 Box!

무자력 : 특정인이 부담해야 하는 채무의 총액이 그자가 소유한 금전적 가치가 있는 재산권의 총체를 뜻하는 적극재산의 총액을 초과한 것이다. 즉 채무초과와 같은 의미이다.

소비대차계약 : 빌려주는 사람은 돈이나 물건의 소유권을 이전하고, 빌리는 사람은 빌린 물건과 동일한 종류, 질, 양의 물건을 반환할 것을 약속함으로써 성립하는 계약.

구상청구 : 타인이 부담해야 할 것을 자기가 대신 변제하여 타인에게 재산상의 이익을 부여한 경우 그 타인에게 상환을 청구할 수 있는 권리.

부록

▶ 범죄의 성립과 형사절차

❁ 형법의 의미 : 범죄와 형벌 + 보안처분에 관한 법률

- 광의의 형법 : 형법전 + etc...
- 협의의 형법 : "형법전" 만...

❁ 형법의 발달

복수시대	속죄시대	위하시대	박애시대	과학시대

위하시대 위에: 노하다. 꾸짖다.
위하, 두려워하다, 협박할 / (형법의 인간화시대)

사형벌 시대 ———— 공형벌 시대

❁ 죄형 법정주의

: 국가의 자의적 형벌권 확장 및 행사를 방지하여 국민의 자유와 안권을 보장하기 위한 형법의 최고원리

[역사적 전개 ❁]

[배경 · 기원]

17C 말 ~ 18C초
고전적 죄형법정주의
"법률 없으면,
  범죄 없고 형벌도 없다."

———(19C. 법실증주의 도전)———▶   제2차 세계대전 ———(인류의 반성)———▶ 20C. 현대적 죄형법정주의
———(형식적 법치주의로 전락)———▶   독재권력에 의한 인권침해   "실질적 죄형법정주의"
                                                                        "적정한 죄형법정주의"

        ▼
    법률 만능주의 출현

    "형식적 죄형법정주의"

    (ex) 1935. 독일 형법 제2조
        건전한 국민 감정에 반치는 행위
        → 형법 규정 없어도 처벌

        (ex) 우리 : 유신헌법

a. 대헌장 (법률에 근거 없이 처벌 X)

b. 권력 분립론 ; 사법부는 법률의 기계적 적용만... 해석은 X

    그러기 위해서는 '죄형법정주의'가 있어야 함.

c. 심리 강제성

❀ 죄형 법정주의의 내용 (5가지)

─ 관습형법 금지의 원칙

─ 명확성의 원칙 : 법적 안정성의 확보   (ex) 민주주의 질서를 침해한 자는 지역에 처한다.
                                        (?)   (?)   (?)
                                                            ⤷ 절대적 부정기형 금지의 원칙

─ 유추 해석 금지의 원칙 (예외) 행위자에게 유리한 유추해석까지 금지하는 것은 아님.
   ＊（민법·상법 등에서는 가능）

              a. 두개의 사건이 유사한 경우에 한 사건에 적용되는 결론을 다른 사건에도 적용.

                 A사건   A'사건
                   ↓   ⤏ 유사하다는 이유로 그대로 적용
                  결론

              b. 일정한 사항을 직접 규정하고 있는 법규가 없음에도 불구하고 , 그와 가장

                 유사한 사항을 규정하고 있는 법규를 적용하고 있는 것.

                 (ex) "소、말、돼지、양 " 축산물 가공처리법

                 ＊법해석 : 해석자의 가치개입 ---- ┌ 검사 : 엄격한 법집행 중시 (당연해석) ⟹ 유죄
                                                 └ 판사 : 피고인의 자유권 중시 (유추해석) ⟹ 무죄

─ 형벌 효력 불소급의 원칙 : 법적 안정성과 법률에 대한 예측가능성/실형목적 (예외) 피고인에게 유리. 전쟁. 혁명
└ 적정성의 원칙 : 실질적 법치주의 실현 목적   ⚖ 범죄   형벌   연대상인천 …… 따귀 3대
                                                                  소매치기 …… 손목자르기, 사형

❀ 범죄의 주체와 객체   ⓐ 범죄의 주체 : 사람

                      ⓑ 범죄의 객체 : 사람이나 물건

❀ 범죄의 종류

   ① 개인적 법익에 관한 범죄 : 살인죄. 폭행죄. 상해죄. 강도죄. 강간죄. 절도죄. 사기죄. 손괴죄

   ② 사회적 법익에 관한 범죄 : 방화죄. 문서·화폐 위조죄. 도박죄

   ③ 국가적 법익에 관한 범죄 : 내란죄. 외환죄. 뇌물죄. 공무 집행 방해죄

❀ 범죄의 성립

   구성요건 해당성 , 위법성 , 책임성을 모두 충족시켜야 범죄가 성립된다.

   ┌──────────────┐
   │ 구성요건 해당성 │ : 사람을 살해한 자는 사형,무기 또는 5년이상의 징역에 처한다. (형법 §250 -①)
   └──────────────┘   (구성요건)
 연기와   예↓   아니오 ┄┄┐
 불의관계   ┌──┤ 범
   ┌──────────────┐ │ 죄
   │   위법성   │ │ 불
   └──────────────┘ │ 성
          예↓ 아니오 ┄┤ 립
   ┌──────────────┐ │
   │   책임성   │ │
   └──────────────┘ │
          예↓ 아니오 ┄┘   ＊친족상도례 : 범죄성립 O. 처벌 X
   ┌──────────────┐   (ex) 절도 등
   │   범죄성립   │
   └──────────────┘

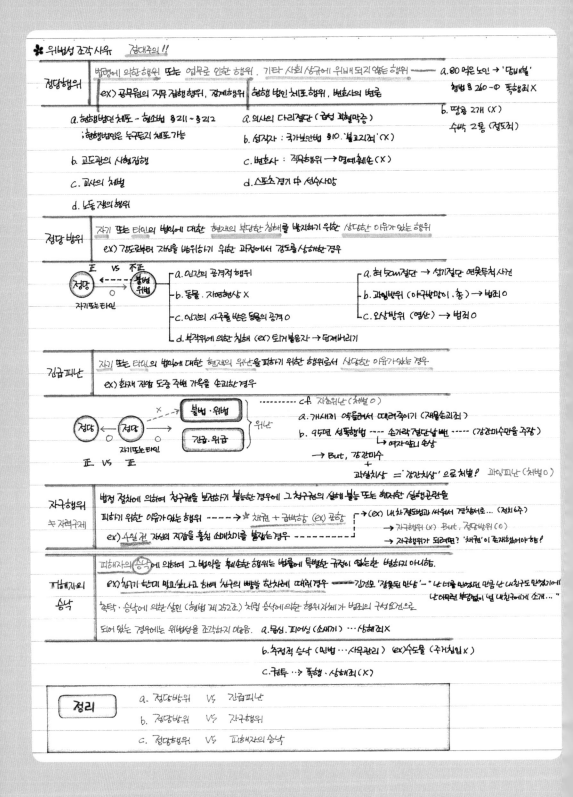

✿ 위법성 조각 사유   절대주의!!

정당행위
법령에 의한 행위 **또는** 업무로 인한 행위. 기타 사회 상규에 위배되지 않는 행위 ──── a. 80 먹은 노인 → '담배별'
(ex) 공무원의 직무 집행 행위, 징계행위, 현행 범인 체포 행위, 변호사의 변론
형법 § 260-① 폭행죄 X

　　a. 현행범인 체포 - 형소법 § 211 ~ § 212　　　a. 의사의 다리절단 (감염 괴혈막증)　　b. 땅땅 2개 (X)
　　 ; 현행범인은 누구든지 체포가능　　　　　　　b. 선장자 : 국가보안법 §10. '불고지죄' (X)　　수박 2통 (절도죄)
　　b. 교도관의 사형집행　　　　　　　　　　　c. 변호사 : 직무행위 → 명예훼손 (X)
　　c. 교사의 체벌　　　　　　　　　　　　　　d. 스포츠 경기 中 선수사망
　　d. 노동 쟁의 행위

정당방위
자기 또는 타인의 법익에 대한 현재의 부당한 침해를 방지하기 위한 상당한 이유가 있는 행위
(ex) 강도로부터 재산을 방위하기 위한 과정에서 강도를 상해한 경우

正 VS 不正
정당 ◄--►불법·위법
자기또는타인
　　　├ a. 인간의 공격적 행위　　　　　　　　　　├ a. 허 50cm 절단 → 설기절단 연못투척 사건
　　　├ b. 동물. 자연현상 X　　　　　　　　　　　├ b. 과잉방위 (야구방망이. 총) → 범죄 O
　　　├ c. 인간의 사주를 받은 동물의 공격 O　　　└ c. 오상방위 (염산) → 범죄 O
　　　└ d. 부작위에 의한 침해 (ex) 퇴거불응자 → 끌어내리기

긴급피난
자기 또는 타인의 법익에 대한 현재의 위난을 피하기 위한 행위로서 상당한 이유가 있는 경우
(ex) 화재 진압 도중 주변 가옥을 손괴한 경우

　　　　　　　　　　　× ┌─ 불법·위법 ┐ ········· cf. 자초위난 (처벌 O)
정당 ◄─ 정당 ─┤　　　　　　├ 위난　　a. 개새끼 약올려서 때려죽이기 (재물손괴죄)
　　　　　　　 └─ 긴급·위급 ┘　　　b. 9주된 성폭행범 ──── 손가락 절단날 빼 ──── (강간미수만을 주장)
자기또는타인　　　　　　　　　　　　　　　　　　　→ 여자 억지 주장
正 VS 正　　　　　　　　　　　　　　　　　　　 → But, 강간미수
　　　　　　　　　　　　　　　　　　　　　　　　　+
　　　　　　　　　　　　　　　　　　 과실치상 = '강간치상'으로 처벌! 과잉피난 (처벌 O)

자구행위
＊자력구제
법정 절차에 의하여 청구권을 보전하기 불능한 경우에 그 청구권의 실행·불능 또는 현저한 실행곤란을
피하기 위한 이유가 없는 행위 ──── → ＊채권 + 급박함 (ex) 공항 ┌→ (ex) 내 차 정도범과 싸워서 경찰서로... (절취 6주)
(ex) 4일 전 자신의 지갑을 훔친 소매치기를 붙잡는 경우 ─────┘　　→ 자구행위 (X) But, 정당방위 (O)
　　　　　　　　　　　　　　　　　　　　　　　　　　　　　　 → 자구행위가 되려면 : '채권'이 존재했어야 함!

피해자의 승낙
피해자의 승낙에 의하여 그 법익을 훼손한 행위는 법률에 특별한 규정이 없는한 범법이 아니함.
(ex) 치기 탄데 밀고싶다고 하며 상구의 빰을 한차례 때린 경우 ──── 강건호 '잘못된 만남'─ " 난 너를 믿었던 만큼 난 내친구도 믿었기에
　　　　　　　　　　　　　　　　　　　　　　　　　　　　　　　　난 어쩌력 부끄럽이 널 내친구에게 소개..."
촉탁·승낙에 의한 살인 (형법 제 252조) 처럼 승낙에 의한 행위자체가 범죄의 구성요건으로
되어 있는 경우에는 위법성을 조각하지 않음.　a. 문신. 피어싱 (소세끼) ··· 상해죄 X
　　　　　　　　　　　　　　b. 추정적 승낙 (민법 ··· 사무관리) (ex) 수도물 (주거침입 X)
　　　　　　　　　　　　　　c. 권투 ··· 폭행·상해죄 (X)

┌─────────┐
│ **정리**   │　a. 정당방위　 VS　긴급피난
│　　　　　 │　b. 정당방위　 VS　자구행위
└─────────┘　c. 정당행위　 VS　피해자의 승낙

❋ 책임성

사회적으로 비난받을 만한 책임 즉, 비난가능성이 있어야 함.

ⓐ 책임 조각 사유 : • **형사처벌 ✗** 절대주의!!
　　　　　　　　　　　　　　　　　　　　　　　*범죄행위(시)
　　　　　　• 형사 미성년자 (만 14세 미만) , 심신 상실자 , 강요된 행위
　　　　　　　　　　　　　　(ex) 몽유병환자　(ex) 그놈 목소리

ⓑ 책임 감경 사유 : • **형사처벌 ○** 절대주의!!
　　　　　　　　　• 심신 미약자 , 농아자
　　　　　　*범죄 행위(시)　　귀머거리 + 벙어리

❋ ┌─────────────────┐
　　│ 형벌의 목적과 본질 │
　　└─────────────────┘

　┌─ 응보론　　　 ; "이에는 이 , 눈에는 눈"　　　Kant : 등해보복론
　│　(고전학파)　　*탈리오의 법칙　　　　　　　　(ex) 살인 → 사형 / 강간 → 거세형　　　─ 사형존치론
　│　　　　　　　　　　　　　　　　　　　　　Hegel : 동가치 보복론
　│
　│
　├─ 일반 예방주의　; 포이에르바하 "심리강제설"
　│　(고전학파)　　　… 범죄인 처벌 ⇒ 일반인들이 범죄를 저지르면
　│　　　　　　　　　　　　　　　　　　형벌이라는 고통이 따른다는 것을 알게 됨.
　│
　└─ 특별 예방주의　; 범죄의 개선 , 교육 , 사회복귀를 위한 재범방지　　　　─ 사형폐지론
　　　(근대학파)
　　　영향 ┊　→ 이탈리아 법의학자 . 정신의학자
　❋ 리스트 , 롬브로조 ⇒ 범죄생물학자
　　　　　　(ex) 이태리 강도살인범 '빌렐라' ⇒ 시체해부 ⇒ 뒷머리 가운데 '홈'

✤ 형벌의 종류 (9가지)

생명형 ─ 사형

자유형
- 징역 : 30일 이상 구금, 노역 O
- 금고 : 30일 이상 구금, 노역 X
- 구류 : 30일 미만 구금, 노역 X

명예형
- 자격상실
- 자격정지 (1년이상 ~ 15년 미만)

재산형
- 벌금 : 50.000원 이상의 금전 부과
- 과료 : 2.000원 이상 50.000원 미만의 금전 부과 cf. 과태료 (행정벌) ≠ 형벌
- 몰수 : 범죄와 관련한 재물을 국가에 귀속시킴, 부가형 (ex) 범죄도구 등
  (≒ 추징)

✤ 명예형으로 상실 또는 정지되는 자격

공무원이 되는 자격, 공법상의 선거권 및 피선거권, 법률로 요건을 정한 공법상의 업무에 관한 자격, 법인의 이사·감사 또는 기타 법인의 업무에 관한 검사역이나 재산 관리인이 되는 자격 등.

✤ 보안처분 (≠ 형벌, 제3의 형사제재) : 형벌과 함께 또는 형벌의 대안적 제재 수단으로서 부과하는 형사제재로 국가의 예방적 조치를 말한다.

✤ 보안처분의 종류

ⓐ 치료감호 : 치료를 위한 조치를 하는 자유박탈적 보안처분 Insane 상태 (심신상실) ⇒ 무죄 ····· 치료감호 (기간의정함 X)

ⓑ 보호관찰 : 집행 유예나 가석방 처분 등을 받은 경우
----- 가석방된자 ⇒ 인간적이지는 않지? "매일 전화"

ⓒ 소년법상의 보호처분 : 소년법에서는 만 10세 이상 만 19세 미만의 소년을 대상으로 보호관찰, 소년원 송치 처분 등. 선도에 초점.

: 우리나라의 현행법상 보안처분으로 사회보호법상의 보호감호·치료감호·보호관찰, 소년법상의 보호처분, 형법과 소년법상의 사회봉사명령·수강명령, 보호관찰 등에 관한 법률에 의한 보호관찰, 보안관찰법에 의한 보안관찰, 모자보건법상 일정한 환자에 대한 불임수술명령 등이 있다.

✤ 전자발찌 부착 명령도 '보안처분'

지식+

소년범상의 보호처분 종류

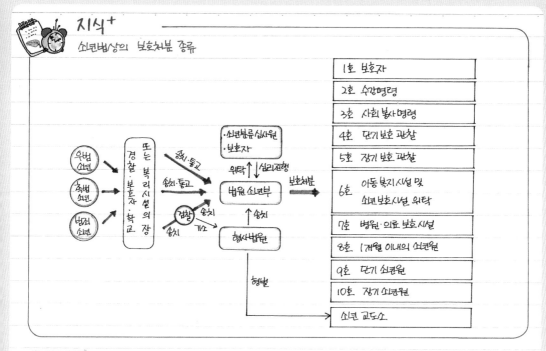

1호	보호자
2호	수강명령
3호	사회봉사명령
4호	단기 보호관찰
5호	장기 보호관찰
6호	아동 복지시설 및 소년보호시설 위탁
7호	병원·의료 보호시설
8호	1개월 이내의 소년원
9호	단기 소년원
10호	장기 소년원

소년 교도소

✿ 고소와 고발   a. 고소 : 피해자나 피해자와 일정한 관계에 있는 사람이 범죄 사실을 수사 기관에 알려 처벌의사를 표하는 것
　　　　　　b. 고발 : 고소권자 이외의 제3자가 수사기관에 알려 처벌 의사를 표하는 것

✿ 단기 자유형의 폐해를 보완하기 위한 조치

　보호관찰 , 사회봉사명령 , 수강명령 , 집행유예 , 선고유예 , 벌금 , 과료 등

✿ 판결 전 조사 제도

　법원이 보호관찰, 사회봉사명령 , 수강명령을 부과하기 위하여 필요하다고 인정될 때에 보호관찰관에게 피고인의

　범행동기 , 직업 , 생활환경 , 교우관계 , 가족상황 , 피해 회복 여부 등 필요한 사항을 조사해 줄 것을 요청하는 제도로

　우리나라에서는 소년범의 경우 실시하다가 성인범으로 전면 확대 실시되고 있음.

✿ 수강명령

　유죄가 인정된 의존성·중독성 범죄자를 교도소 등에 구금하는 대신 자유로운 생활을 하면서 일정시간 보호관찰소

　또는 보호관찰소 지정 전문기관에서 교육을 받도록 명하는 제도. 마약사범, 가정 폭력사범 ,성폭력사범 등에게 주로 부과됨.

✿ 사회봉사명령

　일정 시간을 무보수로 사회에 유익한 근로를 하도록 명령하는 것으로 복지 시설이나 공동시설에서

　봉사 활동을 하게 됨.

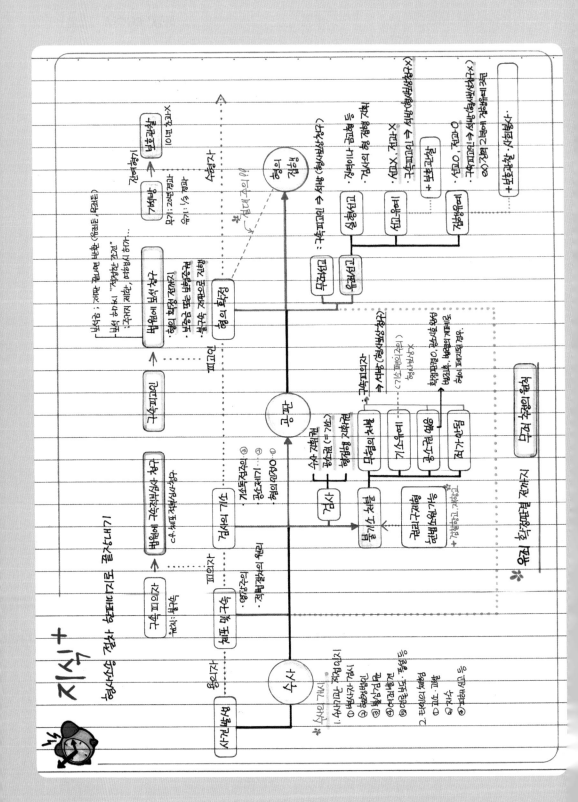

✤ 〔즉결심판〕
　─ 의미 : 증거가 명백하고 가벼운 범죄사건에 대하여 검사의 기소에 의한 정식 형사 소송 절차를 밟지 않고 판사가 그 자리에서
　　　　　바로 형을 선고하는 경우로 '즉심' 이라고도 한다.　(ex) 도로교통법 위반, 경범죄처벌법 위반 등
　─ 특징 : ⓐ 경찰의 조서만을 증거로 삼아 유죄선고 가능. 피고인의 자백만 있고 보강증거가 없어도 유죄선고 가능.
　　　　ⓑ 법관이 정식재판에 회부가능. 당사자에게도 정식재판 청구권 보장.
　　　　ⓒ 판결은 확정판결과 동일한 효력 인정 → 기판력과 일사부재리의 효과 발생.
　　　　ⓓ 즉결심판의 청구권자 : 관할 경찰서장과 관할 해양 경찰서장. 이 점에서 기소독점주의의 예외.

✤ 가벼운 범죄사건
　즉결심판의 대상이 되는 가벼운 범죄 사건이란 20만원 이하의 벌금·구류·과료의 형벌이 부과되는 사건을 말한다.

✤ 즉결심판과 약식명령
　ⓐ 약식명령은 검사의 청구가 개시요건,　ⓑ 즉결심판의 청구권자는 경찰서장

✤ 기판력
　확정판결을 받은 사항에 대해서는 후에 다른 법원에 다시 제소되더라도 이전 재판내용과 모순되는 판단을 할 수 없도록
　구속하는 효력.

✤ 즉결심판과 전과기록
　일반적으로 벌금은 전과에 해당하지만, 즉결 심판을 거친 벌금형은 전과기록이 남지 않는다.

✤ 국민 참여재판

　〈우리나라〉　∵논의활발, 신중성↑　(But, 현실은 X)　현실극복
　미국 ; 배심제 ─ 사실심 (배심원단)
　　　　　민사 (책임유무)·형사 (유죄·무죄)
　　　　　법률심 (판사)　─────→국민참여재판
　독일 ; 참심제 (국민 → 형량 결정에 참여)

ⓐ 목적 : 사법 절차 즉, 재판의 민주적 정당성과 신뢰를 향상
ⓑ 적용사건 : ⅰ) 살인, 강도, 뇌물, 특수강도강간 등의 사건에 대해 적용.
　　　　　ⅱ) 피고인이 원하지 않거나 배제 결정이 있는 경우에는 적용하지 않음. (미국과 다른점 ; 미국 ⇒ 민사·형사)
ⓒ 배심원 : 일정한 전과가 있는 사람은 제외, 변호사·경찰관 등 일정한 직업을 가진 사람도 배심원이 될 수 없음.
ⓓ 평결과 양형 의견 : 배심원의 유·무죄에 대한 평결과 양형에 관한 의견은 권고적 효력을 지닐뿐 법적인 구속력은 없다.
　┈ 헌법 8 27-①; 모든 국민은 헌법과 법률이 정한 법관에 의하여 법률에 의한 재판을 받을 권리를 가진다.　↳헌법위배 가능성 때문임.
ⓔ 평결 : 전원일치 원칙, 합의가 안되는 경우 판사의 의견을 듣고 다수결로 함.
ⓕ 양형 의견 : 유죄의 판결이 나오면 판사와 양형에 관해 토의하고, 배심원 각자의 의견을 개진함.
　　　　(배심제 요소)　　　　(참심제 요소)
ⓖ 판사 : 배심원의 평결과 다른 선고를 하는 경우에는 배심원들에게 평결과 다른 선고를 한 이유를 판결문에 분명하게 밝혀야 함.

❋ 범죄 피해자 구조 제도 ✤

├ ⓐ 대한민국 국민이 대한민국 내에서 입은 범죄피해

├ ⓑ 가해자가 배상할 능력이 없을때 / 가해자를 모를때

├ ⓒ 생명 또는 신체를 해하는 죄 중 고의범에 의한 피해 (과실범 ✕)

├ ⓓ 범죄피해로 인한 사망 또는 장해 및 중장해

├ ⓔ 유족, 장해, 중장해 구조금 또는 긴급구조금

└ ⓕ 검찰청 '범죄피해 구조 심의회'

❋ 형사 보상 및 명예 회복 제도

├ ⓐ 형사보상제도 ⅰ) 피의자로서 미결 구금된 사람이 무죄 취지의 불기소 처분을 받거나

│　　　　　　　ⅱ) 피고인으로서 미결 구금되었다가 무죄 판결을 받는 경우

│　　　　　　　ⅲ) 판결이 확정되어 형의 집행을 받던 사람이 재심을 통해 최종적으로 무죄 판결을 받는 경우

│　　　　⟹ 국가가 그로인한 물질적·정신적 피해를 보상하는 제도.

├ ⓑ 형사 보상 청구절차 ┌─ 피의자 : 3년이내
│　　　　　　　　　　　 │ (To. 검찰청)　그 처분을 한 검사가 소속된 지방 검찰청의 피의자 보상 심의회에 청구
│　　　　　　　　　　　 │
│　　　　　　　　　　　 └─ 피고인　ⅰ) 무죄 재판이 확정된 사실을 안 날로부터 3년
│　　　　　　　　　　　　 (To. 법원)　ⅱ) 재판이 확정된 날로부터 5년이내
│　　　　　　　　　　　　　　　　　　ⅲ) 무죄판결을 한 법원에 청구

└ ⓒ 명예 회복 제도　ⅰ) 무죄 판결이 확정된 때로부터 3년 이내

　　　　　　　　　　ⅱ) 자신을 기소한 검사가 소속된 지방 검찰청에 청구

　　　　　　　　　　ⅲ) '무죄 재판 사건의 재판서를 법무부 홈페이지에 게시해줄 것 '을 청구

❋ 배상 명령 제도 (소송촉진 등에 관한 특례법)

├ ⓐ 의미 : 형사 사건의 피해자가 형사 재판 과정 중에 간단한 신청 절차만으로 민사적 손해 배상 명령까지 받아낼 수 있도록
│　　　　한 제도. (직접적인 물적피해나 치료비만이 대상 ⟹ 영업손실 ✕, 위자료 ✕) ∴ 활용도 ↓

├ ⓑ 신청대상 : 상해나 폭행, 절도나 강도, 횡령이나 배임, 사기나 공갈, 재물 손괴 등으로 재산상의 피해를 당했을 때만 인정됨.

└ ⓒ 신청 방법　ⅰ) 피고인이 재판이 진행 중인 법원에 2심 변론이 끝나기 전까지 배상 명령 신청서를 제출

　　　　　　　　ⅱ) 형사재판의 증인으로 출석하고 있을 때 : 구두로 신청 가능

　　　　　　　　ⅲ) 배상명령이 기재된 확정판결문 : 배상명령 불이행시 ⟹ 강제집행 가능.

지식 test!

다음 사례에 대한 <u>옳은</u> 법적 판단을 〈보기〉에서 고른 것은?

경찰관 갑은 심신 장애가 없는 만20세의 A와 B가 을의 지갑을 훔치는 현장을 목격하고 A를 체포했다. 이 때 A가 갑에게 상처를 입혔다. 한편 을은 도망가는 B를 현장에서부터 뒤쫓아 B에게 폭행을 가하여 지갑을 되찾았다. B는 이에 반격하며 을을 폭행했다.

* 갑이 A를 체포할 때 A에게 범죄 사실의 요지, 체포의 이유와 변호인을 선임할 수 있음을 말하고 변명할 기회를 주었음 (미란다원칙 고지)

보기

ㄱ. 갑이 영장 없이 A를 체포한 행위는 위법성이 인정되지 않는다. (영장주의 예외 . 정당행위)

ㄴ. A가 갑에게 상처를 입힌 행위는 범죄 성립의 요소를 모두 갖추었다. (상해죄. 공무집행 방해죄)

ㄷ. 을이 B를 폭행한 행위는 범죄의 구성 요건에 해당하지 않는다. (But . 정당방위) … (주의 : 자구행위 X)

ㄹ. B가 을을 폭행한 행위는 위법성이 인정되지 않는다. (위법성 O)

① ㄱ, ㄴ ② ㄱ, ㄷ ③ ㄴ, ㄷ ④ ㄴ, ㄹ ⑤ ㄷ, ㄹ

지식 test!

그림은 피의자에 대한 형사 절차의 일부이다. (가)~(라)에 대한 <u>옳은</u> 설명을 〈보기〉에서 고른 것은?

(가) 체포 → (나) 구속영장 청구 → (다) 구속영장 발부 → (라) 구속적부심 청구

보기

ㄱ. (가)의 이유와 일시, 장소는 피의자의 가족에게 지체 없이 통지되어야 한다.

ㄴ. (나)가 없는 경우에도 피의자에 대한 구속 영장이 발부될 수 있다.

ㄷ. (다)의 권한은 법관에게 있다.

ㄹ. (라)의 주체는 피의자와 검사이다. (구속피의자, 변호인 , 법정대리인 , 가족 등)

① ㄱ, ㄴ ② ㄱ, ㄷ ③ ㄴ, ㄷ ④ ㄴ, ㄹ ⑤ ㄷ, ㄹ

법치 행정과 행정 규제

❀ 행정의 의미 :

권력 ── 입법 ── 행정 ── 사법 ──┐ 공통 : a. 국가권력 통제 (∵ 권력분립)
　　　　　제정　　집행　　적용　　　　　　b. 국가목적·공익실현
　　　　　적극적　　적극적　　소극적　　　　c. 국민의 기본권 보장

❀ 행정법의 의미 ⓐ 행정 작용에 관한 공법으로 행정권의 (조직) 과 (작용) 및 그작용에 대한 권리구제에 관한 법.
　　　　　　　　ⓑ 특징 : 통일적인 법전이 없고 여러개의 단행법으로 되어있음.

❀ 행정법의 기본원리

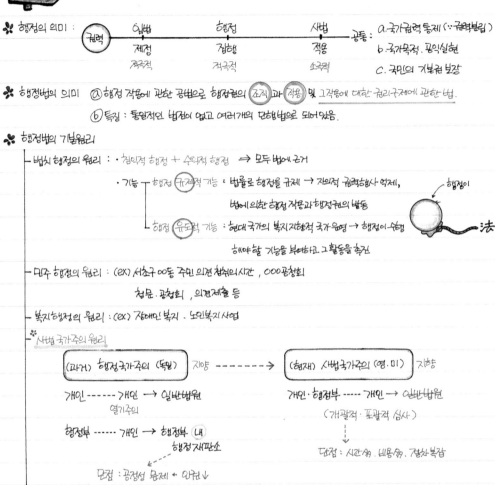

┌ 법치 행정의 원리 : · 침익적 행정 + 수익적 행정 ⇒ 모두 법에 근거
│　　　　　　　　· 기능 ┬ 행정 (규제적) 기능 : 법률로 행정을 규제 → 자의적 권력행사 억제,
│　　　　　　　　　　　　│　　　　　　　　　 법에 의한 행정 작용과 행정권의 발동
│　　　　　　　　　　　　└ 행정 (유도적) 기능 : 현대 국가의 복지 지향적 국가유형 → 행정이 수행
│　　　　　　　　　　　　　　　　　　　　　　 해야할 기능을 부여하고 그 활동을 축진
│
├ 민주 행정의 원리 : (ex) 서초구 ○○동 주민 의견 청취의 시간, ○○○공청회
│　　　　　　　　　　청문·공청회, 의견제출 등
│
├ 복지행정의 원리 : (ex) 장애인 복지·노인복지사업
│
├ ❀ 사법 국가주의 원리
│
│　　(과거) 행정국가주의 (독일) 지양 ------→ (현재) 사법국가주의 (영·미) 지향
│
│　　개인 ------ 개인 → 일반법원　　　　　　개인·행정부 ----- 개인 → 일반법원
│　　　　　열기주의　　　　　　　　　　　　　　(개괄적·포괄적 심사)
│
│　　행정부 ------ 개인 → 행정부 (내)　　　　　　　　↓
│　　　　　　　　　행정재판소　　　　　　　단점 : 시간소요, 비용소요, 절차 복잡
│
│　　　　　　단점 : 공정성 문제 ← 인권↓
│
└ 지방 분권주의 원리

❀ 행정 행위 ≒ 행정처분 ······· (ex) 영업정지처분, 운전면허정지처분, 세금부과처분 ...

┌ 공정력 : 행정 행위에 하자가 있는 경우에도 당연 무효인 경우를 제외하고는 권한 있는 기관에 의해 취소될 때까지는
│　　　　　 일단 적법하고 유효한 행정 행위로 취급되는 효력. (∵ 행정작용의 우월성 → 질서유지)
│
└ 집행력 : 행정상 의무를 상대방이 이행하지 않는 경우 행정청이 스스로의 강제력을 발동하여 그 의무를
　　　　　　직접 이행시키는 힘.　　　　　(법원의 판결 또는 명령을 필요로 하지 않음)
　　　　　　　　　　　　　　　　　　　　　　　　　　↓
　　　　　　　　　　　　　　　　　　　　　　　　강제집행

행정에 대한 시민참여

❀ 거버넌스 (governance)

- 의미 : 공공문제 해결에 있어서 정부와 시민 사회 그리고 여러 공공 기관, 민간 조직들과의 연결 네트워크를 강조하는

  국정 관리 체계로 지역 사회에서부터 국제 사회에 이르기까지 여러 공공 조직에 의한 행정서비스 공급 체계의

  복합적 기능에 중점을 두는 포괄적인 개념임.

- 거버넌스의 등장 배경 : 사회가 복잡·다양해지고 시민 의식이 성숙함에 따라 국가와 시민 간의 관계가

  수직적 상하 관계에서 수평적·협력적 관계로 전환되면서 전통적인 통치 (government) 와

  구별되는 개념으로 행정에 시민이 참여하는 형태가 일반화됨. 국정 운영 방식이 등장하게 됨.

❀ 시민참여의 대표적인 방법

- **청문** : 행정청이 어떠한 처분을 하기에 앞서 당사자 등의 의견을 직접 듣고 증거를 조사하는 절차

  엄격한 진행 방식이 특징

- **공청회** : 행정청이 공개적인 토론을 통하여 어떠한 행정 작용에 대하여 당사자, 전문 지식과 경험을 가진 자,

  기타 일반인으로부터 의견을 널리 수렴하는 절차

  비교적 완화된 진행 방식이 특징

- **의견 제출** : 행정청이 어떠한 행정 작용을 하기에 앞서 당사자 등이 의견을 제시하는 절차로서

  청문이나 공청회에 해당하지 아니하는 절차

  특별한 진행 방식은 없음.

❀ 정보 공개 제도

- 의미 ⓐ 국민의 '알권리'를 보장.

  ⓑ '열린 정부' 로서 행정의 공정화·민주화를 실현하는데 기여.

- 한계 ⓐ 정보 공개 청구는 공공 기관에만 할 수 있음.

  ⓑ 일반 회사에 대해서는 정보 공개를 청구할 수 없음.

Double Click 지식 PLUS

유엔거버넌스센터 (UN Project Office on Governance)

유엔 사무국 직속 경제사회국 산하 기구로 유엔 회원국들의 자국 시민의 환경 개선과 행정 및 공공분야의 역량 강화를 지원할 목적으로 2006년 9월 서울에 설립됐다. 한국 정부가 국민의 삶의 질을 향상시키고 국제사회와 인류 발전에 기여하기 위해 별도의 기여금을 유엔에 기탁해 주도적으로 설립한 기관이며 유엔 산하기구로는 유일하게 서울에 본부를 두고 있다. 유엔 거버넌스센터는 자국 시민이 처한 환경을 개선하고 'UN 새천년 개발목표(MDGs : Millennium Development Goals)' 와 같이 국제적으로 합의 가 된 목표를 달성하려는 회원국들의 활동을 돕기 위해 투명하고 효과적이며, 민주적인 참여 거버넌스를 증진 하는 것을 목적으로 한다. 2011년 현재 전 세계 192개국 유엔 회원국을 대상으로 사업을 벌이고 있다.

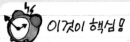 이것이 핵심!

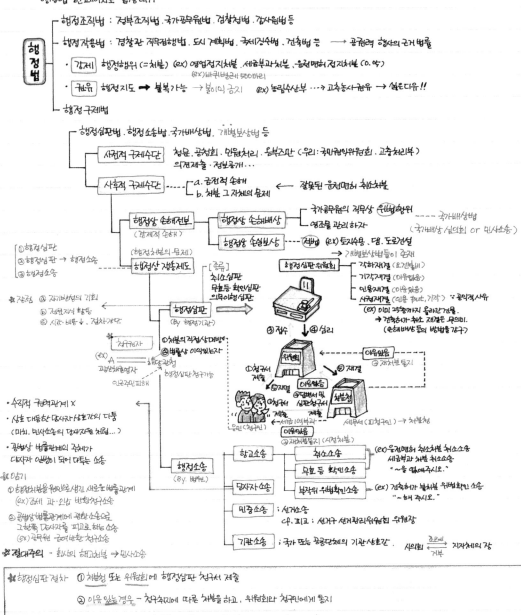

❀ 행정심판 절차 ① 처분청 또는 위원회에 행정심판 청구서 제출

② 이유 있는 경우 - 청구취지에 따른 처분을 하고, 위원회와 청구인에게 통지

③ 이유 없는 경우 ㉠ 처분청은 답변서와 심판청구서를 위원회에 제출
　　　　　　　　　 ㉡ 위원회는 답변서를 청구인에게 송달
　　　　　　　　　 ㉢ 접수 및 심리
　　　　　　　　　 ㉣ 재결 - 행정심판 위원회는 재결서를 청구인과 피청구인에게 송달

❋ 국가배상 심의회

  국가 또는 지방자치단체의 배상 결정을 심의하기 위한 법무부 산하 행정위원회이다.

  현재는 손해배상의 소송시 배상심의회에 배상신청을 하지 아니하고도 제기할수 있다.

❋ 당사자 소송

  행정청의 처분 등을 원인으로 하는 법률 관계에 관한 소송, 그 밖에 공법상의 법률관계에 관한 소송으로서 그 법률 관계의

  한쪽 당사자를 피고로 하는 소송   (ex) 조세 과·오납 반환소송, 공무원의 급여 청구소송

❋ 민중 소송

  국가 또는 공공 단체의 기관이 법률에 위반되는 행위를 한때에 직접 자기의 법률상 이익과 관계없이 그 시정을 구하기 위하여

  제기하는 소송   (ex) 선거무효소송

❋ 기관소송

  국가 또는 공공 단체의 기관 상호간에 있어서의 권한의 존재 여부또는 그 행사에 관한 다툼이 있을때에 이에대하여 제기하는소송

  [사례]

    시의회 ⇄ 시장
    (수정 없이 재의결 / 조례 제출 / 재의 요구)

❋ 국가 배상법의 행정상 손해 배상 제도 : 재산상 손해 + 정신상 손해 ----- 손실보상과 구별!

  역사적 변천 :

    국가 무책임 원칙 ⇒ 국가 책임의 원칙

  근대 국가 초기에는 불법 행위를 한 공무원에게만   현대 복지국가의 이념과 국가 행정 기능의 확대로 인하여
  책임이 있고 국가는 책임이 없다는 사상이 지배   국민의 권리 보호 필요성이 점차 증가함에 따라 등장.

❋ 공무원의 직무상 불법행위의 요건

  ┬ 공무원의 행위 : 국가 공무원 및 지방공무원, 그리고 널리 공무를 위임받아 그에 종사하는 모든 자.

  ├ 직무행위의 위법성 • 직무행위 : 직무와 밀접하게 관련된 행위를 포함.

  │   • 위법성 : 법률이나 명령을 위반, 부당한 행위 포함.

  │   └→ 고의또는과실○

  └ 손해발생 : 물질적, 정신적인 모든 손해를 의미

❋ 영조물의 설치 및 관리의 하자의 요건

  ┬ 공공 영조물의 존재 : 도로, 다리 등과 같이 국가나 지방자치 단체의 공공 목적에 사용되는 물건

  ├ 설치 및 관리의 하자 : 일반적으로 갖추어야 할 안정성에 흠이 있는 상태 [고의또는과실 X]

  └ 손해 발생 : 하자와 손해 사이에 상당한 인과관계

❋ 구상권

  공무원의 직무상 불법행위로 인하여 국가나 지방자치단체가 배상 책임을 진 경우, 공무원이 그 직무를 집행할 때에 고의 또는

  중대한 과실이 있으면, 국가 또는 지방 자치단체는 구상권을 행사할 수 있다.

  공무원의 직무상 불법행위 + 영조물 관리하자의 경우 모두에 행사 가능.

✽ 행정상 손실 보상 제도 : │ 재산상 손실 │

├ 의미 : · 적법한 공권력의 행사에 의해 침해된 사유 재산상의 특별한 희생에 대해 보상해 주는 제도

│ · 근거 : │ 공평 부담의 원칙 │ + │ 사회 정의의 원칙 │

├ 보상요건 : · 공공의 필요에 의한 재산권의 수용 · 사용 · 제한

│ · 사유 재산권에 가해진 특별한 희생

├ 보상범위 : · 정당한 보상 : 등가 교환의 가치 이상의 보상 + 침해 이전의 생활 상태 보장

│ └----- ⟨ 손실 ⟩ < ⟨ 보상 ⟩

├ 보상절차 · 일반적인 규정은 없고, │ 개별 손실 보상법 │ 에서 각각 정함.

│ · 보상에 불복하는 경우 : 행정 심판과 행정 소송 제기 가능

└ 보상 방법 : · 특별한 규정이 없으면 현금 보상의 원칙

✿ 행정 민원

├ 의미 : 국민이 행정 기관에 특정한 행위를 요구하는 것

├ ⟨종류⟩ 일반 민원 : 행정 서류의 발급이나 정부 시책에 대한 건의 등

│ ✽고충 민원 : 행정 기관의 위법, 부당하거나 소극적인 처분 및 불합리한 행정 제도에 대해 불만을 제기.

│ (ex) 국민 신문고 제도

└ 민원 처리 원칙 : 민원인 1회 방문으로 업무 처리 , 그 결과는 원칙적으로 민원인에게 문서로 통지해야 함.

(최근 스마트폰 문자)

지식 test!

다음 사례에서 <u>갑이 확인해야 할 법적 요건</u>을 〈보기〉에서 고른 것은?　　　　[12. 수능]

> 갑이 거주하고 있는 지역은 최근 개발 제한 구역으로 적법하게 지정되었다. 주택 주변의 토지를 개발하여 상가 건물을 건축하려고 했던 갑에게 이 소식은 충격적인 것이었다. 왜냐하면 개발 제한 구역으로 지정될 경우 해당 지역 내에서는 토지의 용도 변경이나 매매 등 여러 법률 행위가 상당 수준 제한되기 때문이다. 이에 갑은 국가로부터 손실 보상을 받고자 한다.

보기
ㄱ. 갑이 받게 되는 불이익이 특별한 희생인가?
ㄴ. 공공 영조물의 설치 · 관리상의 하자가 있는가?
ㄷ. 개발 제한 구역의 지정이 공공의 필요에 의한 것인가?
ㄹ. 개발 제한 구역의 지정이 담당 공무원의 고의 또는 과실로 인한 것인가?

① ㄱ, ㄴ　　　✔ ㄱ, ㄷ　　　③ ㄴ, ㄷ　　　④ ㄴ, ㄹ　　　⑤ ㄷ, ㄹ

청소년의 권위와 학교생활

미성년자 ----- 만 19세 미만
연소자 ──── 만 15세 이상 ~ 만 18세 미만

✿ 청소년 근로의 보호 절대주의!! ✿ (무조건 암기)

- a. 최저 취업연령의 제한 · 15세 미만인 자는 근로자로 사용하지 못한다.
  - · 다만, 노동부장관이 발급한 취직인허증을 소지한 자는 취업가능

- b. 연소자 증명서의 비치 · 사용자는 18세 미만인 자에 대하여는 그 연령을 증명하는 가족관계 기록사항에 관한 증명서와
  친권자 또는 후견인의 동의서를 사업장에 갖추어 두어야한다.

- c. 근로계약 · 미성년자는 법정 대리인의 동의하에 직접 근로계약 체결
  - · 부모나 타인의 대리계약 체결 방지

- d. 임금청구 · 미성년자는 단독으로 임금청구 (부모나 제3자의 중간착취 예방)

- e. 근로시간의 제한 · 18세 미만인 자는 1일 7시간, 1주일 40시간 ⎤ 1日 max : 8시간
  - · 단, 합의연장은 1일 1시간, 1주일에 6시간 이내 (50% 임금가산) ⎦ 1주 max : 46시간

- f. 여성과 연소자에 공통되는 보호 ⟶ 고향의 전기·중량의 물건
  - · 도덕상 또는 보건상 유해·위험한 사업에 근로를 금함. (ex : 타킷다방) … 네이버 …
  - · 야간·휴일근로의 제한 : 오후 10시부터 오전 6시까지의 사이 및 휴일에 근로시키지 못함.
    - ⓣ 본인의 동의와 노동부 장관의 인가를 받은 경우에는 가능 (50% 임금가산) ⟶ (ex) 아역탤런트 .앵커 …
  - · 갱내근로의 금지

✿ 미성년자에 대한 용어 구분

- · 민법 : 미성년자 ⟷ 성년
- · 소년법 : 소년
- · 근로 기준법 : 연소자
- · 청소년 보호법 : 청소년 ⟷ 성인

✿ 청소년

만 19세 미만의 자, 다만 만19세가 도달하는 해의 1월1일을 맞이하면 청소년을 벗어남. (청소년 보호법 제2조)

✿ 연소자

근로기준법상 보호 대상이 되는 만 15세 이상 만 18세 미만의 미성년자

✿ 근로시간 절대주의!!

구분		성인 근로자	연소 근로자
정규	1일	8시간	7시간
	1주	40시간	40시간
연장	1일	제한없음	1시간
	1주	12시간, 특례있음	6시간

❀ 소년범에 대한 특별 대책

  ① 소년범의 취급

    a. i) 소년범의 제정, 가정법원 (지방법원) 소년부에서 처벌보다는 소년의 교육과 반성·선도를 목적으로 재판한다.

      ii) 단, 중죄를 지은 소년은 보통의 형사 재판을 받을수 있다.

    b. 소년 교도소, 소년원, 소년 분류 심사원 등을 설치 ⟹ 형사보상 특별 취급
      (형벌)   (7한 보호처분)

  ② 소년범에게 부과되는 보호처분 : 형벌 X → ∴ 전과기록 X

  ③ 소년범에 대한 형사 처벌에서의 특례 : 만 18세 미만자는 사형이나 무기징역을 선고하지 못함. (최대 징역 15년)

❀ 우범소년의 사유

  1. 집단적으로 몰려다니며 주위 사람들에게 불안감 조성

  2. 정당한 이유 없는 가출

  3. 술을 마시고 소란을 피우거나 유해환경에 접촉

❀ 검사의 결정 전 조사 제도

  검사가 소년부 송치, 기소유예, 공소 제기 등의 처분을 결정하기 앞서 피의자의 주거지 또는 검찰청 소재지를 담당하는 보호관찰소의 장,

  소년 분류 심사원장 등에게 피의자의 품행, 경력, 생활환경이나 그밖에 필요한 사항을 조사하게 하는제도.

❀ 선도 조건부 기소유예

  사건의 조정 및 범법 의도를 살펴 재범 가능성이 희박하다고 여겨지는 만 19세 미만의 청소년 범죄자에 대해

  검사가 공소를 제기하지 않고 지역의 범죄 예방 위원들의 선도를 조건으로 기소를 유예하는 제도.

❀ 소년 분류 심사원

  소년법원이 위탁한 소년을 수용하여 그 자질을 분류심사하는 시설, 소년사건 처리의 과학화 요청에 부흥하여

  소년의 신체·성격·소질·환경·학력 및 경력과 그 상호관계를 규명하여 보호소년의 교정에 관한 최선의 방침을

  수립하는 것을 목적으로 함.

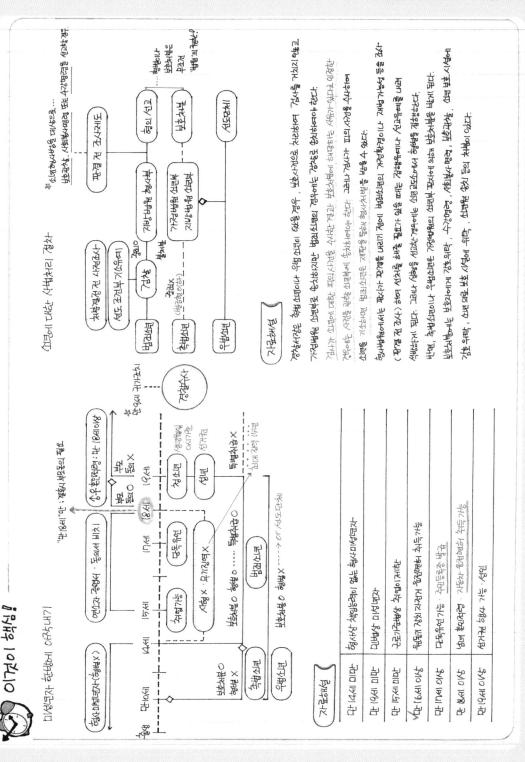

학교 생활과 법

❊ 교육법 : 교육과 관련된 법의 총칭

교육법의 체계

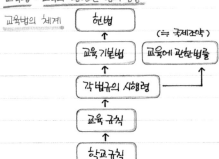

헌법
↑
교육 기본법   교육에 관한 법률 (≒ 국제조약)
↑
각 법규의 시행령
↑
교육 규칙
↑
학교 규칙

❊ 헌법상 교육받을 권리 (제 31조)

┌ 기회 균등 (①항) : 모든 국민은 능력에 따라 균등하게 교육을 받을 권리를 가진다.
│   ⋯⋯능력에 따른 적절한 교육 (합리적 차별) (ex) 초등 3학년 10반 (Special Class)
└ 의무 교육 (②항) : 모든 국민은 그 보호하는 자녀에게 적어도 초등교육과 법률이 정하는 교육을 받게 할 의무를 진다.
                    ⋯⋯⟶ 교육기본법 §8 : 6년의 초등교육과 3년의 중등교육으로 한다.

❊ 교육권

① 의미 : 교육 당사자 (교사, 학생, 학부모)의 교육에 관한 전반적인 권리

② 교육권의 내용 ┬ 학생의 교육권 · 학습권 (교육 받을 권리) = 수학권 (≠ 수업권 : 교사의 권리)
               │   ✱ case ; 중당 3학년 ⟶ 절도 ⟶ 학교측 자퇴 권고 ⟶ 학습권 침해
               │   (의무교육 대상)   ∴ 학생 또는 학부모로부터
               │   손해배상 청구
               │   · 교육의 기회균등권, 교육과정 선택권, 학생 자치활동권, 학교시설 이용권 등
               │   · 교육받을 권리는 학생과 그 법정대리인인 학부모가 동시에 가지는 권리임.
               ├ 학부모의 교육권
               └ 교사의 교육권 · 근거 : a. 의무교육에 의한 국가의 위탁.
                                      b. 학부모의 위탁
                              · 내용 : 학생을 교육할 권리, 교육과정 편성권, 교재의 선정과 채택권,
                                        (=수업권)
                                      교육방법의 결정권, 평가의 권한, 징계권 등

❊ 학교 폭력

단순히 신체적인 고통이나 상해를 가할 의도로 행한 행위를 넘어서 집단적 따돌림, 욕설과 위협과 같은 심리적·언어적 학대까지

모두 포함하는 것.

✱ 학교폭력 대책 자치위원회   교원, 학부모, 외부인사로 구성되어 학교에 설치된 법정기구.

; "학교 폭력과 관련된 모든 것" ⎯⎯⎯ (학교폭력 예방 및 대책에 관한 법률)

❊ 학생의 징계와 처벌

　ⓐ 징계 사유 : 품행이 불량하여 개전의 가망이 없다고 인정된 자, 정당한 이유 없이 결석이 잦은 자, 학칙을 위반한 자 등

　　위 사항에 대하여 교육상 필요하다고 인정할 때 ✓ 징계권의 발동 (학교장의 재량)

　ⓑ 징계의 종류

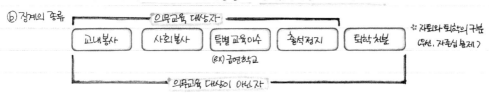

　　의무교육 대상자
　　| 교내봉사 | 사회봉사 | 특별 교육이수 | 출석정지 | | 퇴학 처분 |

　　(ex) 금연학교
　　의무교육 대상이 아닌자

　　※ 자퇴와 퇴학의 구분 (우선, 자초심 문제 ?)

　ⓒ 징계의 절차 : 학교장의 재량, 학생 징계시 해당 학생 또는 학부모에게 진술의 기회를 부여하는 등

　　적정한 절차를 거쳐야 함.

❊ 체벌 (체벌은 훈육의 최후의 수단)

　ⅰ) 체벌 사유를 안 알린 채 교사가 감정적 행위를 할 때

　ⅱ) 낯선 사람 보는데서 공개적으로 모욕을 줄 때　　⟹ 정당행위로 인정 받을 수 없다. (대법원)

　ⅲ) 위험한 물건을 이용해 부상을 유발할 때　　⟹ 체벌 = 징계 ✕

　ⅳ) 성별·연령·개인 사정상 못 견딜 모욕감을 줄 때　　장계의 종류는 아니고, "형법상의 정당행위"

　　　　　　　　　　　중학생 교장에서 담배 ⟹ 따귀 ⟹ 고막파열 ⟹ 정당행위 ○

❊ 학교에서의 사고 발생

　점심시간 ⟶ 의자빼기 ⟶ 척추손상 ⟶ 학교가 책임?

　Quiz. 학생측의 변호사라면, 무엇을 주장해야 하는가?

　　　"학생에 대한 관리·감독 의무"

　⟶ 대법원 판례 : 점심시간, 쉬는시간에는 인정 ✕

　　　(부모가 일반불법행위 책임을 지게 됨)

　(ex ①) 체육시간 중에 발생한 사고 : 책임 ○

　(ex ②) 평소 말썽 ↑ (청개구리) ⟶ 유리창 닦기 ⟶ 밖에서 닦다가 떨어져 사망 : 책임 ○

소비자의 권리와 법

❀ 소비자의 기본적 권리 : 소비자 기본법이 규정한 8대권리

- 안전할 권리
- 알 권리
- 선택할 권리
- 의견을 반영할 권리
- 피해 보상을 받을 권리
- 교육을 받을 권리
- 단체 조직 및 활동권
- 쾌적한 환경에서 소비할 권리

ex ① Danger
　　　　　　　　　　　　안전할 권리

ex ② 맥도날드 ----- 11살 (4명, 비만)
　　　　　　　　　(고혈압, 고지혈증, 당뇨 ...)
　　맥도날드 패소 : 알 권리, 안전할 권리,
　　　　　　　　　　　선택할 권리
　　해결 : 메뉴판, 출입문 (영국)　⊘ 비만어린이 출입금지

ex ③ "원산지 표시법"
　　　알 권리 + 선택할 권리

ex ④ 스타벅스 커피 Case
　　　변호사의 고민 ----------
　　　(i) 안전할 권리
　　　(ii) 알 권리

ex ⑤ 담배 경고문
　　　--- 동남아 '사진경고문'
　　알 권리, 안전할 권리, 선택할 권리

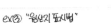

❀ 소비자의 책임

① 상품의 올바른 사용법을 익힐 책임

② 상품을 안전하게 사용할 책임

③ 상품의 사용과 용역의 이용에서 나타나는 문제점을 지적할 책임.

④ 모든 거래에서 정직하게 임해야 할 책임. ---------------  ♫♪ SK Telecom...
유민이 사라진 스토리
(솔직한 소비자가 되자! ㅋㅋㅋ)

⑤ 자원을 아껴써야 하는 책임.

✿ 국가 및 지방 자치 단체 등의 의무

　└ 국가 및 지방 자치 단체 : 관계 법령 및 조례 제정과 개정 및 폐기, 필요한 행정 조직의 정비 및 운영, 필요한 시책의 수립 및 실시,

　　　　　　　　　　　　　 소비자의 건전한 조직 활동 지원 및 육성

　├ 사업자 : 소비자 보호 시책에 적극 협력, 소비자 위해 방지 노력, 소비자의 건전한 의견이나 불만 반영,

　　　　　　 소비자 피해 보상 기구 설치 운영

　├ 한국 소비자원 : 소비자 피해 불만 처리 및 상담, 물품 및 용역에 대한 시험·검사, 소비자 보호 시책 건의, 소비자 교육 및 홍보,

　(정부)　　　　 국민 생활 향상을 위한 종합적인 조사·연구　　┌── (ex) 화장품 수거·검사 (아토피 치료제 份)

　　　　　　　　　　　　　　　　　　　　　　　　　　　　　 └── (ex) 삼양라면, 전두환

　└ 소비자 단체 : 소비자 보호 시책 건의, 물품 및 용역에 대한 시험검사, 소비자 문제 검사, 소비자 교육,

　(민간)　　　　 소비자 피해 불만 처리 및 상담, 정보 제공 및 당사자 간 합의 권고

✿ 한국 소비자원……

　소비자의 권익을 보호하고, 소비 생활의 합리화를 꾀하며, 국민 경제의 건전한 발전을 기여하려는 목적으로

　소비자 보호법에 의하여 정부가 출연한 특수 법인으로 공정거래위원회 산하 기관

　　　　　　　　　　　　　　　　　　　　└┈┈ (규제)

✿ 독점 규제 및 공정 거래에 관한 법률

　┌ 목적 : ・ 사업자의 시장 지배적 지위의 남용과 과도한 경제력 집중 방지

　│　　　 ・ 부당한 공동 행위 및 불공정 거래 행위 규제 ……… 담합 (ex) 대기업의 중소기업 죽이기

　│　　　 ・ 자유롭고 공정한 경쟁의 촉진

　└ 기능 : ・ 국민 경제의 균형 있는 발전 도모, 창의적 기업 활동의 조장, 소비자 보호

✿ 약관

　일종의 표준화된 계약서.

　약관 규제법에서는 불공정한 약관의 경우에는 무효로 보고 있다.

✿ 소비자 분쟁 해결 기준

　① 의미 : 소비자와 사업자 사이에서 소비자의 불만을 원활하게 해결하기 위하여 품목별로 유사한 피해 유형별 해결 기준을 정한

　　　　　공정거래위원회 고시 !!! (판사가 재판의 기준으로 사용 ○ or 사용 ✕)

　② 적용 : 물품을 구입하거나 용역을 제공받은 소비자가 그 물품이나 용역의 품질, 가격, 거래 조건 또는 표시상의 불일치 등으로

　　　　　정당한 불만을 제기할 때 제조업자, 판매업자, 수입업자 및 용역을 제공한 자는 원칙적으로 이 기준에 따라

　　　　　보상해야 함. 소비자 분쟁 해결 기준은 공정거래위원회가 제정하며 이러한 소비자 분쟁 해결 기준보다

　　　　　소비자에게 유리한 분쟁 해결 기준이 있으면 소비자 보호를 위하여 그 기준에 따른다.

　③ 손해 배상 청구 : 소비자가 소비자 분쟁 해결 기준에 따라 피해 보상 받은 것이 만족스럽지 못할 때에는

　　　　　　　　　민사상 손해 배상 청구 가능

✿ 소비자 피해 구제 절차

✿ ① 해당 사업자에게 직접 적절한 보상 요구 : 사업자는 7일 이내에 보상여부와 내용을 알리고
　　⇒ 14일 이내에 이행해야함.

② 한국 소비자원에 피해 구제 신청 : 한국 소비자원은 피해 구제 신청 당사자에게 피해 보상에 대한 합의를 권고.
　　⇒ 30일 이내 미합의시에는 소비자 분쟁 조정 위원회에 조정을 요청할 수 있음.

③ 소비자 분쟁 조정 위원회의 조정 : 조정 요청을 받은 소비자 분쟁 조정 위원회는 30일 이내에 조정결정 ⇒ 당사자는 조정 결정을
통지받은 날로부터 15일 이내에 그 결정을 수락할지를 위원회에 통지하여야 한다. 성립된 조정 결정은 재판상 화해와
동일한 효력을 가지게 된다.

④ 민사 소송 : 소비자 분쟁 조정 위원회의 조정 내용이 불만족스러울 때에는 민사 소송을 제기할 수 있으며,
조정 절차를 거치지 않고 바로 소송을 제기할 수도있음.

✿ 공정 거래 위원회
ⓐ 독점 및 불공정 거래에 관한 사안을 심의·의결하기 위해 설립된 국무총리 소속의 중앙행정기관이자 합의제 준사법 기관.
ⓑ 사업자의 시장지배적지위의 남용과 과도한 경제력의 집중을 방지하고, 부당한 공동행위 및 불공정 거래행위를 규제.

✿ 불공정 행위의 유형
ⓐ 터무니없이 싸게 팔거나 혹은 비싸게 구입하여 경쟁 사업자를 배제하는 행위
ⓑ 끼워팔기나 회사 직원에 대한 판매강요 등 부당한 거래를 강제하는 행위
ⓒ 지위의 우월함을 이용한 부당한 거래 행위 (ex. 남양유업 사태)
ⓓ 허위 과장광고, 경쟁사에 대한 비방적인 내용등 부당한 표시나 광고 행위.

　지식 PLUS

　소비자 분쟁 조정위원회

　소비자 피해의 당사자인 소비자나 사업자가 한국소비자원이나 소비자 단체의 합의 권고를 받아들이지 않았을 때
조정절차를 밟아 분쟁 해결을 도모하는 준사법적 기구이다. 소비자분쟁위원회의 결정은
재판상 화해와 동일한 효력을 가지며, 만약 양 당사자 중 누구라도 조정 결정 사항에 불복할 경우에는
민사소송을 제기할 수 있다.

상임위원	비상임 위원					계
	소비자대표	사업자대표	분야별 전문가	변호사	소계	
2	8	8	25	7	48	50

❀ 청약철회권 (cooling off)

충동구매로부터 소비자를 보호하기 위해 계약의 의사표시에 아무런 하자가 없는 경우에도 일방적으로 그 의사표시를 철회할수

있는 권리이다. 청약철회권을 행사하는 경우 계약은 처음부터 없었던 것으로된다. 취소는 유효한 법률 행위의 효력을 행위시에

소급하여 소멸시키는 일방적 의사표시인데 반하여, 철회는 아직 효력을 발생하고 있지 않은 의사표시를 그대로 저지하며

효과를 발생시키지 않게 하는 일방적 의사표시이다.

Louisvuitton ·CHANEL

가슴 떠는 뜨거운 심정으로 구매

차가운 머리, 차가운 이성으로 환불.

❀ 철회 불가능사유

1. 소비자 책임으로 재화 훼손 (내용 확인을 위해 포장 훼손한 경우는 제외) ←------------

2. 소비자가 재화를 사용하였거나 일부 소비하여 그 가치가 현저히 떨어진 경우

3. 판매하기가 곤란할 정도로 그 가치가 현저히 떨어진 경우

4. 복제 가능한 재화의 포장을 훼손한 경우 등 ←----------------

❀ 다른 물건이 온 경우 철회기간

① 물건을 받은 날로부터 3개월 이내

② 물건이 다르다는 것을 알거나 알 수 없었던 날로부터 30일 이내

❀ 기간의 충돌

방문 판매로 물건을 샀는데 할부 거래를 한 경우, 방문판매법을 우선시하여 14일 이내에 철회가능

❀ 소비자 보호 관련법 ┬ 방문 판매 등에 관한 법률 -----다 방 (14일)

　　　　　　　　　　　　　　　　　　 다단계판매　　 방문판매 또는 전화권유 판매

　　　　　　　　├ 전자상거래 등에서의 소비자보호에 관한 법률 : 7일

　　　　　　　　└ 할부거래 등에 관한 법률 : 7일

❀ 제조물 책임법 (PL법)

❋제조물 피해 ─ (과거) 민법 §750 --------→ (현재) PL 法 (민법의 특별법) ─ 사법

　　　　　　　고의·과실 (소비자입증)　　　　　　소비자 ; 결함의 존재만

　　　　　　　　　　　　　　　　　　　　　　　　　　↓

　　　　　　　　　　　┌ a. 소비자는 '결함과 손해' 사이의 인과관계만

　　　　　　　　　　　├ b. 입증책임의 전환 → '무과실 책임'

　　　　　　　　　　　└ c. 제품 제조, 가공, 수입 / 판매자·유통업자 상대로 소송

❀ 하자와 결함의 구분

ⓐ 상품에 존재하는 흠으로 인하여 상품성을 상실한 경우 '하자' ⇒ "니 얼굴"

ⓑ 상품에 존재하는 흠으로 인하여 안전성을 결여한 경우 '결함'

결함의 존재	피해의 발생

설계결함 (Design Defect)

제조 결함 (Manufacturing Defect)

경고결함 (Failure to Warm or Instruct)

※ 표시상의 결함
 ; 경고문구 ✕
  성분표시 ✕
  설명문구 ✕

- 결함의 존재와 피해자의 피해 발생간의 필연적인 관계가 증명되어야 한다.
- 육체적인 피해 (Physical Injury)
- 재산상의 손해 (Property Loss)

보상의 책임 의무

----(ex) 수입업자, 인터넷 쇼핑몰...

- 제조사, 판매자 등 그 제품의 제조, 유통, 판매과정 에 관여한 자가 부당하여, 민사법적 손해배상 책임이다.

---

case①

Diet Slide
설계상·표시상 결함

case②
日本, 부억 청심세제
손끝 감각상실.
→ 고무장갑?
표시상의 결함

case③
U.S.A
1인 승용차 (2명탑승)
전복사고 (허반신 마비)

우리나라 case
임냐후...
"소금" ; 유사하게 생긴
설탕과 구별
"위험렉스" ; 마시지 마시오.

❀ 리콜 (Recall) 제도
① 의미 : 소비자의 생명·신체 또는 재산에 피해를 줄 우려가 있는 결함 상품에 대해, 사업자가 상품의 결함을 스스로 또는 정부의 강제 명령에 의해 소비자에게 통지 ⟹ 관련 상품을 수리 또는 교환하는 등의 조치를 하는 제도로 결함이 있는 상품을 생산한 기간에 그 결함 제품을 구매한 모든 사람이 리콜 대상이 됨.
② 보완책 : 리콜 제도는 사업자에게 상당한 부담을 주어 자발적인 리콜이 이루어지기 어려운 면이 있기 때문에, 이를 보완하기 위하여, 리콜의 권고와 리콜명령 제도가 시행됨.

❀ 리콜 제도와 제조물 책임 제도의 차이점.
- 제조물 책임 제도 : 사후 보상 제도.
- 리콜 제도 : 사전적 예방 차원의 적극적 소비자 보호 제도

근로자의 권리와 법

❋ 근로자 : (임금) + (노동)

          봉급. 월급. 급료 ...   정신노동. 육체노동

Q1. 쓰러져가는 정육점 주인. 구멍가게 주인 ? 근로자 ✕

Q2. 단과 선생님 ? 근로자 ✕. 종합반 선생님 ? 근로자 ○

Q3. 정규직. 비정규직 ? 둘 다 '근로자' ○

        → 근로의 기회를 보장 (구체적 권리 ✕ , 상대적 권리 ○)

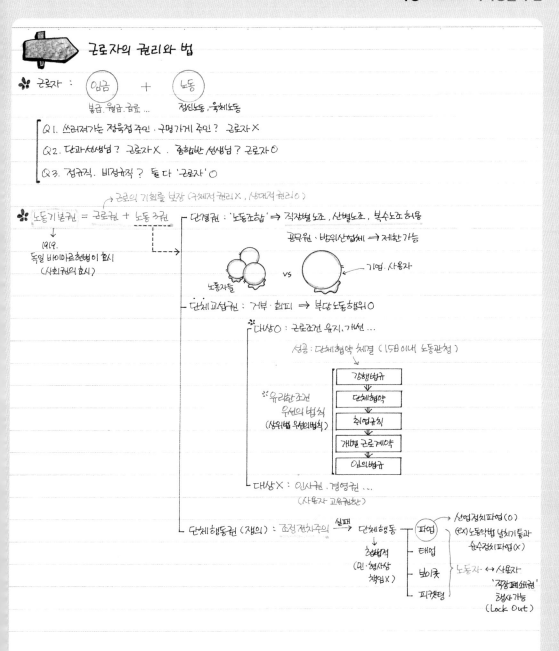

❋ [노동기본권] = 근로권 + 노동 3권 ┌ 단결권 : '노동조합' ⟹ 직장별 노조, 산별노조, 복수노조 허용
       ↓
     1919.
    독일 바이마르헌법이 효시
    (사회권의 효시)

                공무원 · 방위산업체 ⟹ 제한 가능

                          → 기업. 사용자

        노동자들   vs

├ 단체교섭권 : 거부 · 회피 ⟹ 부당노동행위 ○

        ※ 대상 ○ : 근로조건 유지, 개선 ...

             성공 : 단체협약 체결 (15일 이내 노동관청)

                     | 강행법규 |
   ※ 유리한 조건 | 단체협약 |
      우선의 법칙 | 취업규칙 |
    (상위법 우선의 법칙) | 개별 근로계약 |
                     | 임의법규 |

        └ 대상 ✕ : 인사권. 경영권 ...
              (사용자 고유권한)

└ 단체행동권 (쟁의) : 조정 전치주의 실패→ 단체행동 ┌ (파업) → 산업정치파업 (○)
                                                   (ex) 노동악법 날치기통과
                      ↓합법적   ├ 태업   순수정치파업 (✕)
               (민·형사상   ├ 보이콧   → 노동자 ↔ 사용자
                책임 ✕)   '직장폐쇄권'
                                └ 피켓팅   행사 가능
                                                      (Lock Out)

❀ 근로계약의 체결

a. 근로자의 요구와 관계없이

b. 사용자는 근로조건 등에 대해 '서면 (문서) '명시

c. 근로자에 '1부'를 교부

d. 위반시 벌금 500만 이하

❀ 근로 기준법 : 최저기준 (근로시간 : 최대) ⟹ 위반 내용 : 그 부분만 무효
　　　　　　　cf. 최저임금법　　　　　　　　　　　　(일부 무효)
　　　　　　　(성인·청소년 동일)

지식 PLUS

황견계약 (Yellow-dog contract)

황견계약이란 노동조합에 가입하지 않는 것을 조건으로 하는 경우, 노동조합 탈퇴를 고용 조건으로 하는 경우,

*유니온 숍의 체결을 제외하고 특정한 노동조합의 조합원이 될 것을 고용조건으로 하는 경우, 노동조합 활동의 금지를

고용조건으로 하는 경우의 근로 계약을 말한다.

* 유니온 숍 (union shop) : 사용자가 종업원을 고용할 때에는 자유이나, 일단 채용이 되면 반드시 노동조합에

가입해야 하며 조합으로부터 제명되거나 조합을 탈퇴한 자는 회사가 해고해야 한다는 것을 정한 노동 협약상의 조항.

❀ 근로관계의 종료

퇴직 VS 해고　　 ─ 해고 사유의 정당성 : 긴박한 경영상의 필요 여부, 해고를 회피하기 위해
(=사직서)　↓
　　　　　염격　　　　　　　　　　　성당 기간 최대한의 노력을 했는지 여부

　　　　　　　　　　　　　　　　형평성 : 해고 대상의 결정기준이 합리적이고 공정했는지 여부와
　정당한 해고
　(A)+(B)+(C)　　　　　　　　　　특히 근로능력과 관계없이 성별이나 장애 등을
　하나라도 누락되면
　'부당해고.' 임!!　　　　　　　　　이유로 삼은 것은 아닌지 여부.

❀ 근로 시간의 제한.

① 1주 40시간 초과 금지 , 하루 8시간 이내

② 1주 12시간 이내 연장 근로 가능 : 사용자와 근로자 사이에 합의가 있는 경우

③ 휴식시간 : 근로시간 4시간에 30분 , 8시간에 1시간

④ 1주간 개근한 근로자 : 1주 1회 이상의 유급 휴일

⑤ 1주간 하루라도 결근한 근로자 : 무급의 휴일 청구권 인정

⑥ 연차 유급 휴가 제도 근로 계약시 정함.

⑦ 연소자와 여성에게 적용되는 근로 시간에 대한 특별한 보호 규정 준수　절대주의!!

❀ 부당해고 · 감봉 · 전직 · 기타 징계

　　⇒ 노동위원회 ──불복──→ 소송 (행정법원 → 고등법원 → 대법원)

　　　민사법원 : 해고 무효 확인 소송 (노동위원회의 구제와는 별도로 ...)

❀ 근로 3권 침해 ⟹ 부당 노동행위 발생

　ⓐ 노동위원회 + 법원을 통한 구제

　ⓑ 사건 판정, 소송 제기 : 근로자 개인 or 조합 이름으로 가능

부당 노동행위 발생
⇓ 3개월 이내 구제 신청시 제출
지방 노동 위원회
사실 조사 및 ⇣ 불복시 10일 이내 심문 회의 ⇣ 재심 신청
중앙 노동 위원회
사건 판정 ⇣ 불복시 15일 이내 구제명령 / 기각명령 ⇣ 행정소송 제기
행정소송 (행정법원 → 고등법원 → 대법원)

❀ 임금 체불에 대한 구제

　　고용노동부 (진정서 제출) ------→ 사용자 지급명령 ──사용자 불복──→ 형사 처벌 가능

　　형사절차와 별도로 민사소송 제기 가능 ⟹ 강제집행 등 가능

Double Click 지식PLUS

부당 노동행위의 유형

┌─────────────────────┐
│ 부당 노동행위에 해당되는 경우 │
└─────────────────────┘

　· 황견 계약 (yellow-dog contract, 비열계약)

　· 사업주가 단체 교섭에 전혀 응하지 않는 경우

　· 정당한 사유 없이 고의적으로 교섭을 중단하는 경우

　· 사업주가 노동조합 교섭 위원을 지정하여 교섭에 응하겠다고 하는 경우

┌─────────────────────────┐
│ 부당 노동 행위에 해당되지 않는 경우 │
└─────────────────────────┘

　· 노동조합의 교섭 담당자가 지나치게 많은 경우 (ex) 10 : 70

　· 노동조합에서 개별 근로자의 권리 분쟁에 관한 사항에 대해 교섭을 요청하는 경우

　· 순수한 인사 경영상의 사항에 대해 교섭을 요청하는 경우

　· 조합원의 후생 자금, 경제상의 어려움에 대한 원조, 재난 구제 등을 위한 기금의 기부

　· 최소 규모 노조 사무실 제공

직장 내 성희롱 심화 Story

1. 의미 : 고용이나 업무와 관련하여 사업장 내외에서

사업주·상급자 또는 근로자가 직장내의 지위를 이용하거나

업무와 관련하여 다른 근로자에게 성적 언동 등으로

성적 굴욕감 또는 혐오감을 느끼게 하거나

성적 언동 또는 그 밖의 요구 등에 따르지 아니하였다는

이유로 고용에서 불이익을 주는 것을 말한다. (남녀고용평등과 일·가정 양립지원에 관한 법률 제2조 제2호)

```
                              ┌─ 직장 내 성희롱
                     성희롱 ──┤
              ┌─────────      └─ 성추행
   성폭력 ────┤   형사처벌 X
              │       ↓ 범죄 성립요건 충족
              │   형사처벌 O     ┌─ 강간과 추행의 죄 (성폭행)
              └──────── 성범죄 ──┤
                                 └─ 성풍속에 관한 죄
```

2. 직장 내 성희롱 행위자와 피해자

(1) 행위자 : 사업주나 상급자, 근로자 (동료, 하급자) 등이 모두 해당

(2) 피해자 : 남녀 근로자 모두 해당

① 남성도 피해자가 될 수 있으며, 특히 하급자인 남성근로자가 상급자인 여성을 성희롱하는 경우도 성립된다.

② 모집 채용 과정 중의 응시자도 잠정적으로 피고용인의 지위를 가지므로 성희롱의 피해자가 될 수 있음.

③ 파견근로자 및 협력업체 근로자도 근로공간에서 업무를 수행하는 경우 피해자에 해당함.

④ 근로 기준법상의 근로자로 인정되는 경우에만 해당하므로 보험 모집인, 학습지 교사, 골프장 경기 보조원 등

특수 고용형태 종사자는 적용받지 않음.

3. 직장 내 성희롱, 이럴 때 성립된다.

(1) 직장 내의 지위를 이용하거나 업무와 관련하여 이루어진 경우

(2) 성적 언동이나 성적 요구에 불응한 것을 이유로 고용상 불이익을 준 경우 (조건형 성희롱)

(3) 성적인 언동 등으로 성적 굴욕감 또는 혐오감을 유발하여 고용환경을 악화시킬 것. (환경형 성희롱)

(4) 행위자의 성희롱 의도가 없었더라도 성희롱 여부는 피해자의 입장에서 판단한다.

4. 직장 내 성희롱 피해자의 법적 구제방법

(1) 지방노동관서를 통한 구제신청

(2) 지방노동위원회에 구제신청

(3) 법원에 민사소송 : 직장 내 성희롱 피해에 대한 민사상의 손해배상은 성희롱을 직접 행한 가해자는 물론이고,

사용자에게도 그 책임을 물을 수 있음. (민법 제750조, 756조)

✱ **성차별 (VS 성구별) :** 모든 영역에서 합리적 이유없이 성별을 이유로 행하여지는 모든 구별·배제·제한

원인 ┬ 사회구조적 원인 : 인습, 직업 기회의 제도적 차별 등

└ 참여기회의 제약 : 여성의 사회화 차이, 가사와 직업의 이중 부담 등

✱ **성범죄** → 처벌된다고 착각하지 말자!!

├ 직장 내 성희롱 → 형사처벌 X, 단 가해자에게 민사상 손해배상 청구가능

├ 친고죄 → (강간죄 …) 피해자의 고소가 필수요건. 그래야 수사 및 처벌가능. 고소 없으면 불가능.

└ 반의사 불벌죄 → 피해자의 의사에 반해서는 처벌할 수 없다. (피해자가 처벌 원치 않으면 처벌 불가능)

Double Click 지식 PLUS

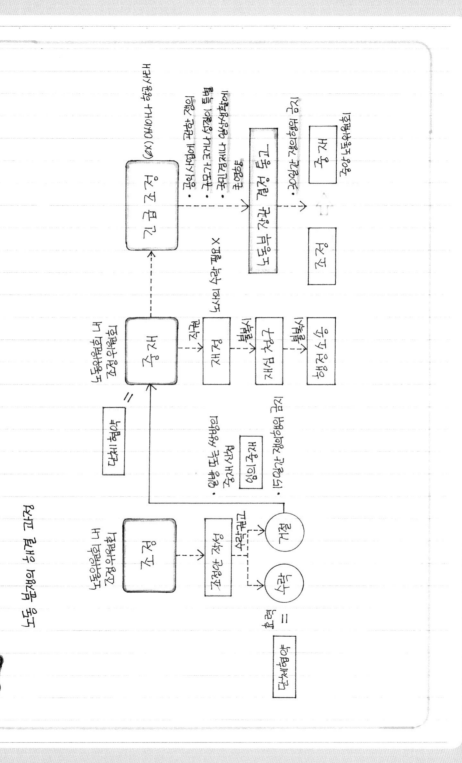

법률 용어 정리

ㄱ

가압류

법원이 채권자를 위해 나중에 강제집행을 할 목적으로 채무자의 재산을 임시로 확보하는 일. 채무자가 강제집행을 하기 전에 재산을 숨기거나 팔아버릴 우려가 있을 경우에 한다.

가처분

금전 채권이 아닌 청구권에 대한 집행을 보전하거나 권리관계의 다툼에 대해 임시적인 지위를 정하기 위해 법원이 행하는 일시적인 명령이다.

강제집행의 면탈

강제집행을 면할 목적으로 재산을 은닉, 손괴, 허위 양도 또는 허위의 채무를 부담하여 채권자를 해하는 행위를 말한다. 형법 제327조(강제집행면탈)에 따라 3년 이하의 징역 또는 1천만원 이하의 벌금에 처해질 수 있는 범죄행위이다.

공중송신권

각종 저작물을 공중(公衆)이 수신하거나 접근하게 할 목적으로 무선 또는 유선통신의 방법에 의해 송신하거나 이용에 제공할 수 있는 권리를 말한다. 저작권법 제18조(공중송신권)에 따라 저작자는 그의 저작물에 대한 공중송신권을 가진다.

구성요건

형법에서 금지되거나 요구되는 행위가 무엇인기를 추상적, 일반적으로 기술해놓은 것을 말한다. 예를 들어 절도죄의 구성요건은 '타인의 재물을 절취하는 것'이고, 강도죄의 구성요건은 '폭행 또는 협박으로 타인의 재물을 강취하거나 기타 재산상의 이익을 취득하거나 제삼자로 하여금 이를 취득하게 하는 것'이다.

귀책사유

법률적인 불이익을 부과하기 위해 필요한 주관적 요건. 의사능력이나 책임능력이 있고 고의나 과실이 있어야 한다.

근저당

담보할 채무의 최고액만을 정해두고 저당권을 설정하는 것. 근저당 5억원이 설정되어 있을 경우 일시에 5억을 빌리는 것뿐만 아니라 우선 2억원을 빌렸다가 이후 3억원을 추가로 빌리는 것이 가능하다.

기소

'공소 제기'와 같은 의미로, 검사가 특정한 형사사건에 대하여 법원에 심판을 요구하는 것을 말한다.

ㄴ

내용증명

등기 취급을 전제로 우체국 창구 또는 정보통신망을 통해 발송인이 수취인에게 어떤 내용의 문서를 언제 발송했다는 사실을 우체국이 증명하는 특수 취급 제도를 말한다.

ㄷ

도산법

파산 위기의 기업과 개인 채무자의 회생 등에 관련된 법률을 통틀어 일컫는 말. 우리나라의 경우 '채무자 회생 및 파산에 관한 법률'(일명 통합도산법)이 도산법에 해당한다.

동산

부동산 이외의 물건을 일컫는 말이다. 민법상 '물건'은 '유체물 및 전기 기타 관리할 수 있는 자연력'을 말하고, '부동산'은 '토지 및 그 정착물'을 말한다.

등기부
부동산에 관한 권리관계를 적어두는 공적 장부.

ㅁ

면접교섭권
이혼으로 자녀와 떨어져 사는 부모가 정기적으로 자녀와 만날 수 있는 법적 권리를 말한다. 이는 미성년 자녀에게도 인정된다.

모용
타인의 이름이나 자격 등을 사칭하는 행위를 말한다.

물권변동
물권의 발생, 변경, 소멸 따위를 통틀어 이르는 말이다.

ㅂ

보호법익
어떤 법의 규정이 보호하려고 하는 이익을 말한다. 살인죄의 보호법익은 사람의 생명, 절도죄의 보호법익은 재물의 소유권이다.

부동산 실명법
'부동산 실권리자 명의 등기에 관한 법률'을 줄여서 부동산 실명법이라 부른다. 부동산 실명법은 '부동산에 관한 소유권과 그 밖의 물권을 실체적 권리관계와 일치하도록 실권리자 명의로 등기하게 함으로써 부동산 등기제도를 악용한 투기·탈세·탈법행위 등 반사회적 행위를 방지하고 부동산 거래의 정상화와 부동산 가격의 안정을 도모하여 국민경제의 건전한 발전에 이바지하는 것을 목적으로 한다.

부정기형
형사재판에서 형의 기간을 확정하지 않고 선고하는 자유형(징역, 금고, 구류)을 말한다. 부정기형에는 상한과 하한을 정하지 않는 '절대적 부정기형'과 상한과 하한을 정하는 '상대적 부정기형'이 있다. 절대적 부정기형은 오늘날 죄형법정주의에 어긋난다고 보아 시행하지 않고 있다.

불법원인급여
불법에 해당하는 원인으로 인해 발생한 재산이나 노동의 제공을 말한다. 민법 제746조(불법원인급여)에 따라 불법원인급여에 대해서는 그 이익의 반환을 청구할 수 없다.

ㅅ

사적자치
개인의 신분과 재산에 관한 사법 관계를 각자의 의사에 따라 정하는 일을 말한다.

사해행위
채무자가 고의로 재산을 줄여서 채권자가 충분한 변제를 받지 못하게 하는 행위를 말한다.

소급
법률 등의 효과가 과거까지 거슬러올라가서 영향을 주는 것을 말한다. 과거의 행동을 처벌하거나 제한하는 등 과거에 영향을 주는 법률을 제정하는 것을 '소급입법'이라 하는데, 우리나라의 경우 헌법 제13조에 따라 소급입법이 금지되어 있다.

수강명령
유죄가 인정된 의존성, 중독성 범죄자를 교도소 등에 구금하는 대신 자유로운 생활을 허용하면서 일정 시간 보호관찰소 또는 보호관찰소 지정 전문기관에서 교육을 받도록 명하는 제도를 말한다.

신의칙
'신의성실의 원칙'을 줄여서 신의칙이라고 하며, 신의성실의 원칙은 민법 제2조(신의성실)를 일컫는다. 민법 제2조 1항은 "권리의 행사와 의무의 이행은 신의에 좇아 성실히 하여야 한다"라고 명시하고 있다.

ㅇ

연대보증

보증인이 채무자와 연대하여 채무를 이행할 것을 약속하는 보증. 보통 보증인과는 달리 연대 보증인은 최고(催告)와 검색(檢索)에 대한 항변권이 없으며, 흔히 "빚 보증 서는 자식은 낳지도 마라"라고 할 때 말하는 보증이 바로 연대보증이다.

유치권

다른 사람의 물건이나 유가증권을 담보로 하여 빌려준 돈을 받을 때까지 그 물건이나 유가증권을 맡아둘 수 있는 권리를 말한다.

ㅈ

자주점유

소유의 의사를 가지고 하는 점유를 말한다.

저당권

채무가 이행되지 않을 경우에 채권자가 저당물에 대해 일반 채권자에 우선하여 변제를 받을 수 있는 권리를 말한다. 부동산 등기부에서 을구에 기재된다.

전세권

타인의 부동산을 점유하여 그 부동산의 용도에 좇아 사용·수익하며, 그 부동산 전부에 대해 후순위 권리자 기타 채권자보다 전세금의 우선변제를 받을 수 있는 권리로, 전세권은 물권이다. 통상 '월세'와 함께 쓰이는 '전세'는 전세권이 아닌 임차권으로, 채권에 해당하니 주의해야 한다.

정관

법인의 목적, 조직, 업무 집행 따위에 관한 근본 규칙, 또는 그것을 적은 문서를 말한다.

조각

법률 용어 조각(阻却)은 방해하거나 물리친다는 뜻의 한자어로, 순우리말 조각과는 의미가 다르다. '위법성 조각 사유', '책임성 조각' 등의 용어로 사용된다.

증여

법률상의 증여는 당사자의 일방이 자기의 재산을 무상으로 상대편에게 줄 의사를 표시하고 상대편이 이를 승낙함으로써 성립하는 계약이다.

지상권

타인의 토지에 건물 기타 공작물이나 수목을 소유하기 위해 그 토지를 사용하는 권리를 지상권이라 한다.

ㅊ

채권

특정인(채권자)이 다른 특정인(채무자)에게 어떤 행위를 청구할 수 있는 권리로, 이때 채무자의 행위를 급부라고 한다.

ㅌ

타주점유

지상권자, 저당권자, 임차인, 운송인, 창고업자 따위와 같이 소유의 의사가 없이 특정한 관계에서 물건을 지배하는 일을 말한다.

ㅎ

후견인

법률상 '후견'이란 친권자가 없는 미성년자나 피한정후견인, 성년후견인을 보호하며 그의 재산 관리 및 법률행위를 대리하는 직무를 말하며, 후견인은 후견의 직무를 행하는 사람을 말한다.

대한민국 진짜 교양을 책임진다!
교과서를 기반으로 일반인의 교양지수를 높여줄 대국민 프로젝트

최고의 선생님이 뭉쳤다
〈휴먼 특강〉 프로젝트

HUMAN SPECIAL LECTURE

1. 사상 최초, 전무후무한 스타강사진

: 국내 최초로 스타강사, 일타강사를 과목별 저자군으로 선정,
그 어디에서도 볼 수 없었던 초호화 스타강사진 형성.
〈최진기·설민석·한유민·이현·이지영 등〉

2. 쉽고, 재미있게! 국민교양서

: 교과서를 기반으로 일반인의 교양지수를 높여줄 대국민 프로젝트.
인생을 살아가는 데 꼭 필요한 필수 교양을 마스터하는 대중 지식의 향연.

3. 검증된 〈휴먼 특강〉 기획위원단

: 교과서 출제위원, 사교육계 자문위원, 현직 고등학교 선생님, 대학 교수진 등
콘텐츠의 자문과 기획 등 조언을 해주는 검증된 기획위원 도입.

4. 개론과 각론 등 계속해서 이어지는 〈휴먼 특강〉 시리즈

: 긴 호흡을 갖고 종횡으로 스타강사진의 전공과목 및 주제 등을 선정하여 단행본화.
〈인문학·경제학·철학·역사학 등〉

쉽고! 재미있게!
실생활에 당장 써먹을 수 있는
생생한 글로벌 경제 이야기!

왜, 우리는 글로벌 경제를 알아야 하는가?

우리는 어떻게, 강대국의 상황을 파악하고 이해해야 하는가?

우리는 무엇을 배우고 어디로 가야 하는가?

최진기의
글로벌
경제 특강

살아 있는, 삶에 유용한 경제 이야기

최진기 지음

MBC 〈무한도전〉이 선택한
최고의 한국사 선생님 설민석과 함께하는
대국민 '한국사 바로 알기' 프로젝트!

꼭 알아야 하는 우리의 역사!
꼭 지켜야 하는 우리의 문화!

왜, 우리는 한국사를 알아야 하는가?
스타강사 설민석이 명쾌하게 말하는 쉽고 재미있는 한국사!

최진기의 끝내주는 전쟁사 특강 (전 2권)

최진기 지음

가장 대중적인 인문학 강사
최진기가 전쟁을 통해 바라본
세계 역사의 변화

왜 우리는 전쟁을 알아야 할까?
전쟁 속 전략과 정보를 통해 치열한 삶에서 승자가 되어보자!

한유민의 그럴법한 생활법률 특강

한유민·조태욱 지음

스타강사와 변호사가 말하는
쉽고 재미있는
생활밀착형 법률 이야기!

법을 알면 세상이 제대로 보인다

민사/형사/비즈니스 3개의 장으로 구성된 일상 속 법률 이야기!

〈근간〉

김성묵의 동양철학 특강 | **이현의 서양철학 특강** | **이지영의 인문학 특강**

휴먼 특강 시리즈는 계속 됩니다.

한유민의 그럴법한 생활법률 특강

ⓒ 한유민·조태욱 2014

1판 1쇄 2014년 11월 14일
1판 3쇄 2017년 7월 28일

지은이 한유민 조태욱
펴낸이 황상욱

기획 황상욱 윤해승 편집 황상욱 윤해승
디자인 최정윤 마케팅 방미연 최향모 오혜림
일러스트 홍원표
홍보 김희숙 김상만 이천희
제작 강신은 김동욱 임현식 제작처 영신사

펴낸곳 (주)휴먼큐브
출판등록 2015년 7월 24일 제406-2015-000096호
주소 10881 경기도 파주시 회동길 210 1층

문의전화 031-955-1902(편집) 031-955-1935(마케팅) 031-955-8855(팩스)
전자우편 forviya@munhak.com
ISBN 978-89-546-2632-3 03360

■ (주)휴먼큐브는 (주)문학동네 출판그룹의 계열사입니다. 이 책의 판권은 지은이와 휴먼큐브에 있습니다.
■ 이 책 내용의 전부 또는 일부를 재사용하려면 반드시 양측의 서면동의를 받아야 합니다.

이 도서의 국립중앙도서관 출판예정도서목록(CIP)은 서지정보유통지원시스템 홈페이지(http://seoji.nl.go.kr)와
국가자료공동목록시스템(http://www.nl.go.kr/kolisnet)에서 이용하실 수 있습니다. (CIP제어번호 : CIP2014030351)

트위터 @humancube44   페이스북 fb.com/humancube44